U1010651

家庭体育环境对青少年身体活动影响机制研究

阳家鹏 著

北京体育大学出版社

策划编辑： 李志诚
责任编辑： 李志诚　仝杨杨
责任校对： 原子茜
版式设计： 小　小

图书在版编目（CIP）数据

家庭体育环境对青少年身体活动影响机制研究/阳家鹏著. —北京：北京体育大学出版社，2021.12
ISBN 978-7-5644-3533-2

Ⅰ.①家… Ⅱ.①阳… Ⅲ.①青少年-体育锻炼-研究 Ⅳ.①G806

中国版本图书馆CIP数据核字（2021）第270213号

家庭体育环境对青少年身体活动影响机制研究
JIATING TIYU HUANJING DUI QINGSHAONIAN SHENTI HUODONG YINGXIANG JIZHI YANJIU
阳家鹏　著

出版发行：北京体育大学出版社
地　　址：北京市海淀区农大南路1号院2号楼2层办公B-212
邮　　编：100084
网　　址：http：//cbs.bsu.edu.cn
发 行 部：010-62989320
邮 购 部：北京体育大学出版社读者服务部010-62989432
印　　刷：北京建宏印刷有限公司
开　　本：710mm×1000mm　1/16
成品尺寸：170mm×240mm
印　　张：16
字　　数：256千字
版　　次：2021年12月第1版
印　　次：2021年12月第1次印刷
定　　价：89.00元

前　言

随着人类自动化水平不断提升，物质生活不断丰富，久坐不动、营养过剩导致青少年肥胖率攀升。身体活动不足已成为全球趋势，80%的青少年没有达到世界卫生组织建议的每天至少1小时的身体活动标准。身体活动缺乏、肥胖等引起一系列健康问题，如何采取有效措施来提高青少年身体活动，成为学界亟待解决的重要课题。我国政府将促进青少年身体活动作为健康中国和全民健身的重要组成部分，对其治理和改革已跃升至国家战略层面。

影响青少年身体活动的机制非常复杂而广泛，家庭可能是最重要的因素。身体活动的不平衡性，是青少年的家庭经历形成的，而且具有持续的影响效果。为此，本书尝试探讨家庭体育环境是如何影响青少年身体活动的，在家庭文化生产实践中父母的体育信念和行为是如何影响青少年的，其发生的机制是什么？上述问题的回答，为促进青少年身体活动提供理论与实践支撑，对健康中国建设有着重要的现实意义。

本书从“生态模型—期望价值—自我决定”整合理论的视角，以锻炼动机作为中介变量，解释了家庭体育物理环境、家庭体育行为环境、家庭体育心理环境影响青少年身体活动的发生机制。本书的研究具有较强的现实性、实践性，在研究方法上注重理论研究和实证研究相结合，定量研究与定性研究相交融，采用大样本问卷调查确立变量的关系，运用典型案例分析家庭影响青少年身体活动的发生过程，探索出五大作用机制观点：期望、信念改变行为，支持促进行为，强化亲子情感，心理需求满足，模仿重要他人。

笔者在借鉴前人研究基础上，努力探索家庭体育环境对青少年身体活动的影响机制，尽量做到内容新颖、方法得当、材料充实而鲜活，但本书仍存在一些不足，恳请读者斧正。最后，感谢我的恩师徐佶教授对本研究的指导，感谢我的老师李朝旭教授给予的帮助，感谢我的妻子全心全意的付出与支持。

目 录

1 绪 论 ……………………………………………………………………（1）
1.1 研究背景与问题提出 …………………………………………………（1）
1.2 身体活动与青少年体质 ………………………………………………（9）
1.3 研究意义 ……………………………………………………………（15）
1.4 研究内容与研究方法 ………………………………………………（16）
1.5 研究技术路线与论文结构安排 ……………………………………（19）
1.6 研究创新点 …………………………………………………………（21）
1.7 本章小结 ……………………………………………………………（22）
2 文献综述 …………………………………………………………………（24）
2.1 相关概念的界定 ……………………………………………………（24）
2.2 家庭体育环境对青少年身体活动影响的研究 ……………………（32）
2.3 锻炼动机对青少年身体活动影响的研究 …………………………（49）
2.4 本章小结 ……………………………………………………………（55）
3 概念模型与研究假设 ……………………………………………………（56）
3.1 模型构建的理论基础 ………………………………………………（56）
3.2 理论模型的实证支撑 ………………………………………………（61）
3.3 理论模型的整合 ……………………………………………………（64）
3.4 研究假设 ……………………………………………………………（69）
3.5 本章小结 ……………………………………………………………（75）
4 问卷设计与信效度检验 …………………………………………………（76）
4.1 问卷设计 ……………………………………………………………（76）
4.2 问卷信效度检验 ……………………………………………………（95）
4.3 本章小结 …………………………………………………………（141）
5 家庭体育物理环境、锻炼动机、身体活动之间的关系 ………………（142）
5.1 引 言 ………………………………………………………………（142）
5.2 研究方法 …………………………………………………………（143）
5.3 研究结果 …………………………………………………………（149）

5.4 讨　论 …………………………………………………………………………（169）
5.5 结　论 …………………………………………………………………………（176）
6 家庭体育行为环境、锻炼动机、身体活动之间的关系 …………（178）
6.1 引　言 …………………………………………………………………………（178）
6.2 研究方法 ……………………………………………………………………（179）
6.3 研究结果 ……………………………………………………………………（179）
6.4 讨　论 …………………………………………………………………………（191）
6.5 结　论 …………………………………………………………………………（193）
7 家庭体育心理环境、锻炼动机、身体活动之间的关系 …………（194）
7.1 引　言 …………………………………………………………………………（194）
7.2 研究方法 ……………………………………………………………………（194）
7.3 研究结果 ……………………………………………………………………（195）
7.4 讨　论 …………………………………………………………………………（205）
7.5 结　论 …………………………………………………………………………（207）
8 案例研究 …………………………………………………………………………（209）
8.1 研究方法 ……………………………………………………………………（209）
8.2 研究结果 ……………………………………………………………………（211）
8.3 讨　论 …………………………………………………………………………（224）
8.4 结　论 …………………………………………………………………………（226）
9 结论、启示与展望 …………………………………………………………（228）
9.1 结　论 …………………………………………………………………………（228）
9.2 研究启示 ……………………………………………………………………（229）
9.3 研究局限与未来展望 ……………………………………………………（233）
附　录 ………………………………………………………………………………（236）
附录一 ………………………………………………………………………………（236）
附录二 ………………………………………………………………………………（241）
附录三 ………………………………………………………………………………（243）
附录四 ………………………………………………………………………………（245）
附录五 ………………………………………………………………………………（247）

1 绪 论

1.1 研究背景与问题提出

1.1.1 青少年体质下降及其导致的严重后果

随着人类社会的不断发展和科学技术的逐渐普及，人的许多体力活动被机器所替代。汽车、电梯以及各种智能化的电器使人的生活更加安逸和舒适。青少年更是被各种电视节目、网络游戏、沉重的课业负担和各种名目的补习班包围，再加上各种高能量的食物、饮品，一方面导致青少年静止性活动增多而身体活动减少，另一方面导致青少年能量摄入过多。青少年中肥胖、近视等现象越来越多，青少年的体质状况令人担忧。

1985 年开始，我国建立了学生体质健康调研制度，每 5 年对学生体质进行一次大规模的调研。30 多年来，尽管随着我国经济的发展和物质生活水平的提高，青少年的身体形态有良好的发展态势，但学生体质等其他指标却呈现下降或波动状况。据 2014 年 7 月 28 日教育部网站发布的信息，1985—2013 年，青少年身高、体重、胸围的生长发育水平呈现持续良好的趋势；身体机能水平如肺活量出现先降后升趋势，2005 年为谷底，2010 年出现上升；爆发力素质在 1985—2013 年出现波浪式变化，1995 年 7 ~ 18 岁青少年立定跳远成绩达到顶点，之后下滑，2005 年到谷底，之后出现好转，但大学生和部分高中生的成绩仍然持续下降；耐力素质从 1995 年开始下降，2005 年至谷底，2010 年 7 ~ 18 岁青少年耐力素质止跌回升，但大学生耐力素质持续下降；速度素质从 1995 年开始下滑，2005 年下滑停止，2010 年 7 ~ 18 岁青少年速度素质开始上升，但是大学生速度素质仍然下滑；力量素质下降缓解，1995—2010 年，男生引体向上、女生仰卧起坐成绩持续下降，其后虽有反弹，但幅度很小；柔韧素质明显回升，但大学男生坐位体前屈测试成绩下降；青少年肥胖检出率 1985—2012 年一路飙升，视力不良检出率继续上升，并且出现低龄化现象。

从以上分析可知，学生体质似乎近两年出现了好转，但这一“好转”是经不住推敲的。第一，资料中报告学生的肥胖率一直上升，这一报告与体质好转自相矛盾。大量的研究表明，肥胖会导致学生肺活量和速度、力量、耐力等素质的下降。第二，为了督促学校认真做好学生体质测试工作，教育主管部门每年对高校进行学生体质测试的抽测，但抽测的比例很小。有学者认为这种抽测的威慑作用并不大。有学者从相关部门获得过部分高校学生体质测试结果与抽测结果的对比数据，发现“数据出现差异的学校不是少数，而是多数”。这说明在学生体质测试中存在弄虚作假现象[1]。第三，从1985—2013年学生体质变化分析中发现，学生体质变化虽有起伏，但下滑是总的趋势。虽然2011—2013年数据有所反弹，但变化不大。第四，报告中显示大学生的身体素质是持续下降的。第五，通过对学生体质测试标准的分析发现，每次测试修订的标准会有所下降，说明学生体质测试成绩提高是因为其标准降低了。通过以上分析，能得出这样一个基本的事实，学生体质从1995年以来是持续下降的。即使有所好转，也是疲软无力的，这正如教育部体育卫生与艺术教育司司长王登峰所担忧的：“青少年体质健康形势依然严峻，中小学生体质健康积极变化但仍很脆弱，而且是在很低水平上的状态性好转，维持上升势头的压力很大。超重和肥胖问题在农村学生中增长加快；视力不良比率仍在高位攀升且出现低龄化趋势。另外，大学生体质健康下滑趋势依然没有得到遏制 。”[2]

日本、美国非常重视青少年体质状况。日本于1879年（明治12年）就开始对学生体质进行测试。自1879年后，日本分别于1949年、1952年、1953年、1954年、1957年、1959年，对青少年的跑、跳、投、悬垂及灵活性进行了测试；1963年又对中学生、大学生进行了体质测试；1964年开始全国范围内的体质测试，对象为初中以上学生；1965年又追加对小学五、六年级的体质测试；1983年开始对全部学生进行体质测试。随后，日本规定体质测试为体育课的法定内容，测试时间规定为每年的5、6月份[3]。美国早在19世纪80年代后期，就有许多学校进行体质测试，1954年克劳斯（Kraus）等采用克劳斯－韦伯（Kraus－Weber）测试调研了美国儿童体质，其结果令艾森豪威尔总统震惊，促使青年体质总统委员会成立。1956年，美国健康、体育、娱乐与舞蹈协会（简称AAHPERD）制定了5～12年级学生体育及格测试标准。1958年，美国50个州进行了体质测试，1965年、1975年美国

---

〔1〕 慈鑫，郝玥．因毕业证挂钩高校学生体测治标不治本［N］．中国青年报，2014－07－27

〔2〕 邓晖，曹继军，颜维琦．我国学生体质健康有喜有忧［N］．光明日报，2014－07－29.

〔3〕 孙耀鹏．国内外体育锻炼、测验制度中项目设置的比较［J］．北京体育大学学报，1992（3）：15－19.

进行了全国范围的体质调研，以后每 10 年进行一次全国范围的普查[1]。

日本体质测试结果表明，日本学生身体形态发育水平有所增长，身体发育呈现“早熟”特征，而背肌力、柔韧性和耐力都在减弱[2]。在美国中学生肌肉力量测试和灵活性测试中，有 58% 的学生没有通过肌肉力量测试，44% 的学生没有通过灵活性测试。在 1958—1965 年，美国学生体质有所提高，但在 1975 年后几乎没有什么变化[3]；1985 年进行的全国体质测试表明，美国青少年儿童有氧体力活动能力不足；1989—1991 年，美国青少年超重占 21%，从过去 30 年来看，美国青少年在身体素质和机能方面的提高并不明显或停滞不前，甚至呈现明显的下降趋势，而体重呈明显上升趋势[4]。美国卫生和公众服务部调查结果显示，美国居民的健康状况持续下滑，这种健康状况下滑的部分原因是久坐不动的生活方式和各种形式的电子产品在人们生活和工作中的运用使人们的身体活动量减少。1996 年美国疾病控制和预防中心报告了美国青少年的身体活动和健康情况：将近一半的 12 ~21 岁的青少年没有进行有规律的高强度体育锻炼；仅有 19% 的高中生在体育课上进行身体活动超过 20 分钟。现今，美国有 17.1% 的 2 ~ 19 岁的儿童青少年肥胖，30% 的儿童青少年身体活动不足[5]。肥胖成为美国主要的公共健康问题，20% 的美国儿童青少年面临着肥胖的威胁。美国疾病控制和预防中心指出：16% ~33% 的青少年超重，将近一半青少年没有进行有规律的身体锻炼。来自美国健康与营养调查（NHANES）的数据显示，1976—2002 年青少年肥胖率直线攀升。1988—1994 年，这一比例上升到 11%，到 1999—2002 年上升到 16%。美国心脏协会和美国国家运动与体育教育协会的报告中指出，全国范围内，2003 年仅有 56% 的高中生上体育课（9 年级有 71%，10 年级有 61%，11 年级有 46%，12 年级有 40%）。Massachusetts 的研究显示，美国 14% 的校区减少体育课的时间从而使数学和英语上课时间增多。Chomitz[6]等的研究指出，美国 1991 年

---

[1] 徐世吉. 美国“青少年健康测试”的变革 [J]. 体育译文，1985 (4)：51 –52.

[2] 张敏先. 日本青少年身体发育状况 [J]. 国外体育动态，1985 (18)：5.

[3] 文强. 美国中学生体育现状与学生的健康 [J]. 体育译文，1985 (1)：55.

[4] 莱瑞 D · 翰斯利，托马斯 · M · 戴维斯，卞薇. 美国青少年身体测试标准的发展简介 [J]. 浙江体育科学，1989 (2)：58 –60.

[5] WINTERFELD, AMY. Nutrition rules [J]. State Legislatures, 2008 (5)：10.

[6] CHOMITZ V R, SLINING M M, MCGOWAN R J, et al. Is there a relationship between physical fitness and academic achievement? Positive results from public school children in the northeastern united states [J]. Journal of School Health, 2009, 79 (1)：30 –37.

有41.6%的高中生每天进行身体锻炼，而2003年仅有28.4%。Lowry、Brener和Lee[1]的研究表明，美国2003年仅有55.7%的高中生上体育课，而体育课期间，仅有39.2%的学生进行身体锻炼。Beets等研究发现美国8~11年级的学生上体育课的人数显著减少[2]。以上数据显示，美国学生肥胖检出率持续上升，学生身体活动水平一路下降。通过对国内外学生体质现状的分析发现，体质下降是一个全球性的问题，值得引起研究者们的注意。

科学研究证明，缺乏运动或久坐不动会导致个体身体机能和身体素质全方位的下降，特别是心血管系统功能的下降会导致患心血管疾病的风险增加。同时，缺乏运动也会增加超重或肥胖的风险。青少年肥胖会引起一系列的健康问题，如心脏病、2型糖尿病、脂肪肝、高血压、睡眠呼吸暂停综合征以及心理疾病等，并且70%少儿时期肥胖的人成年后仍然肥胖。中国成人高血压、糖尿病、冠心病等的经济负担达828.1亿元，其中有25.5%归因于超重和肥胖。因此，少儿的肥胖对国家是潜在的经济负担[3]。相反，青少年进行中等强度的体育锻炼，不仅能大大降低患心血管疾病和肥胖的风险，同时还能有效地缓解心理方面的疾病，如焦虑、紧张、抑郁等[4][5]。中小学生作为国家的未来，其体质下降，身体锻炼活动减少，将影响到一个民族未来的发展与繁荣。因此，青少年体育锻炼是世界各国研究者们关注的重要课题。

1.1.2 国家对青少年体质健康的重视

人民的体质水平、健康状况是一个国家强大与否的重要标志，能彰显一个国家政治、经济和文化水平，是综合国力的重要体现。清朝晚期，制度落后、政治腐败、民不聊生，人民体质孱弱。中华人民共和国成立后，国家非常重视人民的体质健康状况，从医疗卫生、营养和体育锻炼等多个方面给予了高度重视。中小学生是祖国

---

〔1〕 LOWRY R, BRENER N, LEE S, et al. Participation in high school physical education — united states, 1991—2003［J］. Morbidity & Mortality Weekly Report, 2010, 75 (2): 47-49.

〔2〕 BEETS M W, PITETTI K H. Contribution of physical education and sport to health - related fitness in high school students.［J］. J Sch Health, 2010, 75 (1): 25-30.

〔3〕 郝利楠. 北京市城区小学生身体活动干预效果及效果持续性研究［D］. 北京：中国疾病预防控制中心，2010.

〔4〕 STRONG W B, MALINA R M, BLIMKIE C J R, et al. Evidence based physical activity for school - age youth.［J］. J Pediatr, 2005, 146 (6): 732-737.

〔5〕 EATON D K, KANN L, KINCHEN S, et al. Youth risk behavior surveillance — united states, 2005［J］. The Journal of school health, 2006 (76): 353-372.

的未来，国家从学校体育层面、社会体育层面出台了一系列的体育法规，为中小学生进行体育锻炼保驾护航。

中华人民共和国成立初期，我国就针对学校体育工作制定了一系列政策法规，如《关于改善各级学校学生健康状况的决定》《准备劳动和保卫祖国体育制度》等，这些政策法规的制定，对于贯彻党的教育方针，保证学校完成学校体育的任务，保证学生享受应有的体育教育和体育锻炼的权利发挥了重要作用。1982 年我国颁布实施了新宪法，为全面推进我国的社会主义现代化建设奠定了坚实的法治基础，其中包括对体育事业发展地位和公民体育权利的确立与保障。我国宪法关于“国家发展体育事业，开展群众性的体育活动，增强人民体质”的规定，以及明确青少年儿童体质健康保护和政府体育职责的条款等，从根本大法的层面构建起体育保障的法治基础[1]。1982 年 6 月和 8 月，教育部分别颁布了《关于保证中小学生每天有一小时体育活动的通知》和《关于做好新〈国家体育锻炼标准〉推行工作的联合通知》，旨在督促全国各级各类学校有效开展学校体育工作，保障青少年学生参与体育锻炼的权利。1991 年在全国学生体质、健康调查研究的基础上，教育部等部门提出了《关于进一步加强学校体育卫生工作提高学生体质健康水平的意见》，并指出学校教育部门、体育部门和科研部门要将学生体质和健康状况的研究当作一项重要的工作来抓，要重点加强广大农村和少数民族地区的学校体育卫生工作[2]。国务院于 1995 年 6 月 20 日颁发了《全民健身计划纲要》，两个月后又颁布了《中华人民共和国体育法》（以下简称《体育法》）。《体育法》明确规定“国家推行全民健身计划”，在体育工作基本方针中着力强调开展群众性的体育活动，提高全民族身体素质。

教育部和国家体育总局于 2002 年制定了《学生体质健康标准（试行方案）》。2003 年国家体育总局又与有关部委联合发布了《国民体质测定标准施行办法》，使得无论是国民对个体体质情况的了解，还是国家对国民体质的系统掌握，都有了明确的制度保障。教育部在 2005 年出台了《中小学体育器材和场地》国家标准有关问题的通知，旨在统一标准，统一管理，塑造良好的体育锻炼环境，保障《国家学生体质健康标准》顺利实施。2006 年教育部、国家体育总局、共青团中央印发了《关于开展全国亿万学生阳光体育运动的通知》，教育部、国家体育总

---

〔1〕 于善旭．我国全民健身事业发展的法治之路［J］．天津体育学院学报，2006，21（2）：99－102.

〔2〕 彭雪涵．改革开放时期学校体育政策法规的文本解读［J］．北京体育大学学报，2009，32（5）：81－84.

局印发了《关于进一步加强学校体育工作切实提高学生健康素质的意见》。2007年中共中央、国务院印发了《关于加强青少年体育增强青少年体质的意见》（中央7号文件），教育部、国家体育总局、共青团中央印发了《关于全面启动全国亿万学生阳光体育运动的通知》，教育部、国家体育总局印发了《关于实施〈国家学生体质健康标准〉的通知》。其中，后2个文件按照中央7号文件的精神，要求各级学校深刻领会党中央、国务院这项重大战略决策的精神实质，充分认识加强青少年体育工作、增强青少年体质的重要性和紧迫性，广泛、深入地开展全国亿万学生阳光体育运动。

2012年，国务院办公厅转发教育部等部门《关于进一步加强学校体育工作的意见》，明确了“十二五”期间学校体育改革发展的基本思路和政策措施。同年12月，教育部在北京召开全国推进学校体育工作电视电话会议，进一步落实中央关于发展学校体育的战略部署，在全社会突出学校体育的战略地位。2013年，党的十八届三中全会召开，《中共中央关于全面深化改革若干重大问题的决定》提出“深化教育领域综合改革，必须全面贯彻党的教育方针，坚持立德树人”“强化体育课和课外锻炼，促进青少年身心健康、体魄强健”，为新时期学校体育改革发展指明了方向、提出了任务、明确了目标。2014年教育部出台了《高等学校体育工作基本标准》和《国家学生体质健康标准（2014年修订）》。

2016年4月，国务院办公厅下发《关于强化学校体育促进学生身心健康全面发展的意见》，提出到2020年，“学生体育锻炼习惯基本养成，运动技能和体质健康水平明显提升，规则意识、合作精神和意志品质显著增强”，并要求“各地要把学校体育工作列入政府政绩考核指标、教育行政部门与学校负责人业绩考核评价指标”，明晰的目标和有力的监督，对学校体育工作具有强大的推动力。

国家层面出台的一系列的体育政策和法规，体现了我国政府对青少年体质健康的重视，同时也为各部门开展体育活动指明了方向，为研究者进行课题研究提供了导向。但国家层面出台的相关法规不仅需要学校密切配合，更需要每个家庭引起重视。从青少年身体活动改变现状来看，国家与学校的重视没有引起青少年身体活动发生显著变化，社会生态模型认为，家庭是影响青少年身体活动的重要因素，为此，探讨家庭对青少年身体活动的影响非常必要。

1.1.3 终身体育成为人们的一种生活方式

1968年，联合国教科文组织讨论了法国成人教育家保罗·朗格朗（Paul Lengrand）所提出的终身教育的议题，之后，经过不断的研究与发展，终身教育成为最具影响的教育思想之一。终身体育是在终身教育的思想上发展起来的，是终身教育的重要组成部分。终身体育简单而言就是人一辈子从事体育锻炼和接受体育教育[1]。由于人的体力劳动逐渐被机器所代替，久坐不动成为现代人的一种生活状态，营养过剩以及现代生活节奏加快导致心理疾病增加，环境污染和各种化学食品等众多因素威胁到人的身心健康。很多人在身体和心理上处于一种亚健康状态，“文明病”在人群中快速蔓延。在这种环境下，想通过一次性体育锻炼来改善身体健康状况是绝不可能的，只有坚持体育锻炼并使其成为个体生活的一部分，才能从体育锻炼中受益，并造就一个科学、健康、文明的生活方式，充分体现人生的价值。因此，人类健康与终身体育的关系相当密切，且拥有健康的体魄是人类生存发展的基础和前提[2]。终身体育对我们而言意义极其重大，它保证我们一生具有充沛的体力去完成日常生活中的事情，使我们精力充沛地去享受余暇生活，从而提高我们的生命质量和生活质量。

研究者从不同的角度对构建终身体育教育体系进行了研究。有很多学者认为家庭体育、社会体育和学校体育三者应该有机结合，形成合力来共同构建终身体育教育体系，从而为提高人们体质健康水平和生活、生命质量服务。家庭是对儿童进行早期体育意识和技能培养的第一场所。家庭中浓厚的体育氛围有利于激发儿童对体育的兴趣，在兴趣的引导下，儿童逐步建立终身体育的意识，从小养成爱好体育活动的习惯，对终身体育习惯的养成具有重要的作用。儿童教育家蒙台梭利说过，“儿童对活动的需要几乎比对食物的需要更为强烈”，说明了家庭体育是一项不容忽视的内容。王则珊曾在《家庭体育保健》一书中指出，“家庭体育是家庭生活中的体育活动，它包括：父母或其他年长者在家庭里对儿童和青少年进行的体育教育、家庭成员在家庭生活环境中的体育活动以及家庭体育同家庭成员在各自工作、学习、劳动单位体育活动的配合。”家庭体育对培养儿童的体育兴趣、爱好具有积极的影响，是儿童形成终身体育习惯的保证和基础[3]。

因此，对终身体育的研究离不开对家庭体育的研究，人出生于家庭，最后回归家庭，家庭是人生活时间最长、最重要的场所，家庭体育是终身体育一个重要的有

---

〔1〕 韩勤英．从终身体育看家庭体育、学校体育和社会体育一体化［J］．北京体育大学学报，2004（3）：380－381.

〔2〕 施秋桂，李骁天．社会进步、人类健康与终身体育［J］．北京体育大学学报，2006（8）：18－20.

〔3〕 胡爱武．家庭体育奠定儿童终身体育基础的研究［J］．北京体育大学学报，2001（12）：462－473.

机组成部分。Birchwood D[1]等人关于决定个体进行体育锻炼的因素的观点与其他人不同，他们提供强有力的证据证明了决定人进行体育锻炼的首要因素是家庭文化，其他因素只是增强或减弱个体进行体育锻炼的倾向，而这种体育锻炼的倾向是在少儿时期形成的。虽然 Birchwood D 等人的观点存在争议，但至少说明了家庭对少儿体育锻炼行为的影响极其重要。鉴于家庭在社会生活中的重要地位和社会运行中的重要作用以及青少年与家庭的密不可分，我们研究青少年的身体活动不能不把研究的视野投向家庭。

1.1.4 家庭体育对培养青少年体育锻炼习惯的作用

1981 年以“家庭与体育”为议题的大会在瑞士洛桑召开，会议对家庭体育进行了全面的总结并指出体育组织和政府部门应该为家庭体育的开展提供便利的条件和良好的环境。世界各国也展开了家庭体育活动，如美国定期开展的“家庭健康和体育锻炼日”，芬兰的“家庭滑雪运动”，埃及的“家庭马拉松”，利比亚的“家庭友谊比赛”以及日本、瑞典举行的以家庭为单位的亲子体育活动。

我国颁布的《全民健身计划纲要》《中华人民共和国体育法》《国家体育锻炼标准》为人们开展体育锻炼提供了法律和制度保障。北京奥运会、广州亚运会等重大体育赛事接连不断地在中国成功举行，使人们对体育有了更深刻的了解，体育逐渐成为人们的一种生活方式，进入了寻常百姓家。有研究者预测，人们对体育的热情将会更强烈，健身将成为现代家庭的时尚潮流，家庭成员参与体育更加注重科学化的学习和运动处方，花钱买健康逐渐被人们认同，家庭成员体育意识不断增强，家庭体育活动的内容更加多元化[2]。这种预测从现在来看基本成为现实，一到下午或晚上，家庭成员就相继到家附近的广场、空地、公园进行各种体育锻炼活动。

过去，我们过多地将青少年身体活动水平下降归咎于学校体育教育，而忽视了家庭体育教育在培养孩子身体活动习惯中的重要性。社会生态模型强调了家庭、社区是影响青少年身体活动的重要因素；人境互动理论认为环境因素与个体动机

---

〔1〕 BIRCHWOOD D , ROBERTS K , POLLOCK G . Explaining differences in sport participation rates among young adults: evidence from the south caucasus [J] . European Physical Education Review, 2008, 14 (3): 283 - 298.

〔2〕 白莉，曹士云，寿文华．小康社会背景下家庭体育和全民健身体育的发展趋势［J］．体育文化导刊，2005（11）：5 -7.

相互作用导致行为发生；自我决定理论认为当个体的自主性、能力感和关联性得到满足时有助于激发某种行为的产生和坚持；期望价值理论认为父母的信念能影响孩子的身体活动。基于以上背景结合相关文献和理论研究，本研究从家庭的视角来探讨家庭体育环境对青少年身体活动的影响机制，并探讨动机在两者之间的中介作用。

1.2 身体活动与青少年体质

1.2.1 体质的定义

关于体质，到目前为止没有统一的定义。在我国，不同的学科有不同的定义，体质人类学中的体质包括形态结构特征、机能、代谢特征及心理行为特征等内容[1]。中医学中的体质是指个体在遗传的基础上，在环境的影响下，在其生长、发育和衰老的过程中形成的机能、结构与代谢上相对稳定的特殊状态。这种特殊状态往往决定着个体对某些致病因素的易感性及其所产生的病变类型的倾向性[2]。1982 年，中国体育科学学会体质研究分会对体质下的定义是：体质，是人体的质量，它是在遗传性和获得性基础上表现出来的人体形态结构、生理功能和心理因素的综合的、相对稳定的特征。

英文中描述体质的词有 constitution 和 physical，但二者都与我国“体质”的概念难以直接等同。美国体育教育研究会把 physical fitness 定义为：“有能力完成比较繁重和紧张的日常工作而不感到过度疲劳，有足够的活力进行休闲享受的追求，当遇到紧急情况能够以高水平的能力加以应对。”1996 年，美国卫生和公众服务部、美国疾病预防和控制中心、美国国家慢性病预防和健康促进中心、美国总统体质与竞技体育委员会联合发布了《体力活动与健康》一书，该书首次以宣言的形式号召民众为了促进健康，积极参加各种体力活动。该书对 physical fitness 的定义同美国体育教育研究会的定义基本相同。该书同时指出：physical fitness 包括心肺耐力、肌肉耐力、肌肉力量、肌肉爆发力、速度、柔韧、灵敏度、平衡力、反应时间和身体成分。

---

〔1〕 王琦．中医体质学［M］．北京：中国医药科技出版社，1995.
〔2〕 匡调元．人体体质学［M］．上海：上海中医学院出版社，1991.

对体质的研究，日本起步较早，并且研究学者众多，因此体质这一概念也内涵丰富、多种多样。在日语中“体力”一词的意思相当于我国目前使用的体质概念。日本广义的体质分为两种：防卫体质，是指作为一种生命基础的体质，即抵御外界刺激、维持健康的能力，如对病原菌、异常环境等的抵抗力，如果以生存为前提来考虑，则防卫体质是基础体质；行动体质，是指作为活动基础的体质，即随着环境的变化，克服因作业、运动所产生的刺激生存下去的能力[1]。

何仲恺博士通过对国内外体质概念的比较分析，将体质定义为：体质即人体的质量，是人体在先天遗传的基础上和后天环境的影响下，在生长、发育和衰老的过程中逐渐形成的身、心两方面相对稳定的特征。

1.2.2 影响青少年体质的因素

影响青少年体质的因素非常复杂。Humbert[2]提出了影响青少年体质因素模型，该模型认为影响青少年体质的因素包括四个方面：遗传、环境、成长和身体活动。(图1－1)

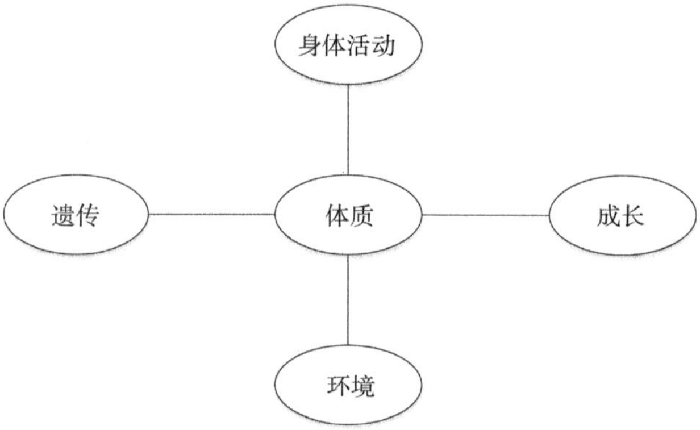

图1－1 影响青少年体质因素模型图

青少年的成长发育度会影响青少年的体质测试成绩。Humbert 与 Pangrazi 等

〔1〕 吴萍．中外国民体质研究的历史、现状及展望［J］．沈阳体育学院学报，2009（3）：70－73.

〔2〕 HUMBERT M L．Factors that influence physical activity participation among high－ and low－ses youth［J］．Qualitative Health Research，2006，16（4）：467－483.

人[1][2]的研究显示，青少年的实际年龄与骨骼成熟之间存在5～6年的变化幅度差异，也就是说，一个9岁的孩子，其骨骼成熟的年龄范围可能是5.5～10.5岁[3][4]。这种变化差异具有非常显著的意义，因为实际年龄仅仅相差3个月的青少年其体质测试结果就会有所不同。因此，用体质测试成绩来评价青少年体质时要谨慎，因为每个个体的发育程度可能不一样。例如，在儿童期，孩子的肌肉力量和耐力往往会随年龄的增加而呈线性增加。男孩在14岁之前的静止肌肉力量加速发展期内，肌肉力量往往随年龄增长呈线性增加。同样，女孩在17岁之前的静止肌肉力量也随年龄增长呈线性增加，但在这之后就没有强烈的肌肉力量加速发展期。在14岁之前，男孩和女孩的肌肉耐力和腹部力量随着年龄增长呈线性增加。

女孩的柔韧性在11岁之前随年龄增长呈线性增加，在这之后会经历一段加速发展期，直到15岁；相反，男孩的柔韧性在5～12岁随年龄增长呈线性下降，在12岁之后又会增长，直到18岁。

心血管耐力和最大摄氧量一样，随年龄增长呈线性增加，对男孩而言增加到16岁，女孩到13岁[5]。随着身体的发育，肌肉以及心脏腔室能提供更大的每搏输出量，在运动中会出现能量节省化现象。基于这个原因，孩子的身体活动强度提高与心血管功能的改善之间的关系会被人们误认为是因果关系。然而，事实上身体活动对最大摄氧量总体的贡献是相对较低的。Sallis[6]等人在控制了性别这一变量之后发现，在小学生群体中，身体活动对于心血管功能改善的贡献率只有3～11个百分点。因此，儿童和青少年心肺功能的很大一部分变动（80%～90%）并不是由身体活动或者不活动造成的[7]。心血管耐力在儿童身上也被表述为最大摄氧量，而最

---

〔1〕 HUMBERT M L . Factors that influence physical activity participation among high – and low – ses youth ［J］. Qualitative Health Research, 2006, 16 (4): 467 – 483.

〔2〕 PANGRAZI R P, BEIGHLE A. Dynamic physical education for elementary school children ［M］. 18th ed. Champaign, IL: Human kinetics, 2019.

〔3〕 HUMBERT M L . Factors that influence physical activity participation among high – and low – ses youth ［J］. Qualitative Health Research, 2006, 16 (4): 467 – 483.

〔4〕 PANGRAZI R P, BEIGHLE A. Dynamic physical education for elementary school children ［M］. 18th ed. Champaign, IL: Human kinetics, 2019.

〔5〕 MALINA R M , BOUCHARD C . Growth, maturation, and physical activity ［J］. Medicine & Science in Sports & Exercise, 1992, 24 (7): 858 – 859.

〔6〕 SALLIS J F , MCKENZIE T L , ALCARAZ J E . Habitual physical activity and health – related physical fitness in fourth – grade children. ［J］. Am J Dis Child, 1993, 147 (8): 890 – 896.

〔7〕 JANZ K F. Growth, maturation, and physical activity, 2nd edition ［J］. American Journal of Human Biology, 2004, 326 (57): 479 – 486.

大摄氧量多由成熟度、基因、身体成分以及环境影响决定。

随着孩子进入青春期，他们更有可能变得过于肥胖。在青春期，额外的脂肪是促进身体生长发育的一个重要的能量来源。因此，在生长发育期，青少年运动的低效率会使其学习一门新技能的能力以及较好地完成和健康相关的体质测试的能力大打折扣[1][2]。因此在生长发育期对青少年进行标准体质测试的可变性就会增加[3]。总之，当使用体质标准对青少年进行身体测试时，不应草率地认为在身体活动和改善体质之间存在因果关系，正如图 1－1 所示，青少年的体质受多重因素影响。遗传和成熟度都影响着青少年的运动效率。也就是说，那些几乎不运动但有运动遗传基因或是处于发育期的高级阶段的青少年都能很好地完成体质测试。因此，青少年体质测试成绩受身体活动以外的其他因素的影响[4]。

虽然体质受到体育锻炼以外的很多因素影响，但更多的证据表明身体活动对体质的影响是显著的。

1.2.3 身体活动与青少年体质的关系

不同的运动项目对大学生体质的影响不同，有研究通过 32 学时的跆拳道、田径、羽毛球和篮球课程学习，探讨 4 组大学生在体质指标方面的变化，发现除跆拳道组大学生体重指标明显改善以外，4 组大学生的肺活量在台阶试验前后均无差异，但组内大学生实验前后具有非常显著的差异。田径组大学生在 50m 和仰卧起坐项目上的指标都有显著提高；在立定跳远项目上，田径组大学生和跆拳道组大学生有显著差异，从改善程度上田径组大学生大于跆拳道组大学生；篮球组大学生在握力、坐位体前屈和 50m 项目上的指标有显著差异；羽毛球使大学生体质各项指标均有提高，但无统计学意义[5]。

---

〔1〕 HUMBERT M L. Factors that influence physical activity participation among high－ and low－ses youth [J]. Qualitative Health Research, 2006, 16 (4): 467－483.

〔2〕 PANGRAZI R P, BEIGHLE A. Dynamic physical education for elementary school children [M]. 18th ed. Champaign, IL: Human kinetics, 2019.

〔3〕 BOUCHARD C. Heredity and health related fitness [M]. President's Council on Physical Fitness and Sports, 1993.

〔4〕 JANSSEN I, LEBLANC A G. Systematic review of the health benefits of physical activity and fitness in school－aged children and youth [J]. International Journal of Behavioral Nutrition and Physical Activity, 2010, 7 (1): 40－40.

〔5〕 杨文学，邵艳，谢慧松. 不同体育项目对非体育专业大学生体质状况的影响 [J]. 北京体育大学学报，2012，35 (8)：95－97.

经过一个学年后，不同项目选项课大学生之间在《学生体质健康标准》各项指标的增幅方面也有差异，差异的产生取决于运动项目的特点和选项课的教学内容〔1〕。而同一项类似研究也表明通过 72 学时的武术、篮球、排球、健美操和乒乓球课程的学习后，学生体质发生了变化，且 5 组学生体质发生变化的指标不同，各指标变化的程度也不同〔2〕。另外一项横向研究比较了不同的选项课（体育舞蹈、篮球、足球、武术）对大学生体质的影响，结果表明，不同的选项课内容对大学生体质的影响不同〔3〕。但这两项横向比较研究存在一定的缺陷，就是没有对受试者进行前测，其实验结果是由于课程的影响还是抽样误差的影响我们不得而知。

太极拳运动风靡全世界，在改善学生体质方面有其独特的一面，通过 12 周的 24 式太极拳的练习发现，该练习可以降低女大学生的心率，增大其肺活量，增强其心肺功能，提高其柔韧和平衡素质，改善她们的心境状态。导引养生功十二法对普通大学生的身体形态、身体机能、身体成分、运动素质等方面具有显著性影响。

张杰等以反应速度、动作速度、移动速度素质练习项目为主要锻炼内容，对速度素质练习项目进行组合，通过实验编制了 8 套由 8 ~9 个锻炼项目组成的最佳效应速度组合运动处方。经过一个学期的实验，女大学生身体形态指标无明显变化，反映身体机能的闭气时间指标有非常显著的提高，反映身体素质的立定跳远、800m、50m、十字变向跑、十米复制误差走、两手夹尺子指标显著提高，身体成分中的体脂肪、体脂百分比指标有非常显著的降低〔4〕。张杰等设计了力量健身路径对女大学生进行了为期 8 周、每周进行 2 次练习、每次练习时间为 15 分钟左右的研究，发现除了身体形态没有变化外，学生其他体质指标均有显著性变化，特别是对力量素质的提高有较好效果〔5〕。李亚楠等对大学生进行了一个学期的

---

〔1〕 阿英嘎．不同项目选项课《学生体质健康标准》测试成绩的比较研究［J］．北京体育大学学报，2005，28（12）：1672－1674.

〔2〕 刘锦，李伟，林宁波，等．五项体育选项课程对促进大学女生体质健康变化的比较研究［J］．北京体育大学学报，2005，28（10）：1375－1377.

〔3〕 刘根发．体育选项课程对大学男生体质健康影响的研究［J］．山东体育学院学报，2008，24（7）：92－94.

〔4〕 张杰，颜非非．健身路径对大学女生体质健康影响研究［J］．北京体育大学学报，2011，34（7）：82－90.

〔5〕 张杰，梁若雯．力量健身路径对女大学生体质影响的研究［J］．广州体育学院学报，2011，31（5）：93－97.

灵敏素质健身路径练习，并对大学生练习前后的身体形态、身体机能、身体素质、身体成分进行比较分析，结果发现，灵敏素质健身路径对大学生身体形态影响较小，对大学生身体机能、身体素质及身体成分影响较大〔1〕。许坚进行了柔韧健身路径对女大学生的影响研究，发现实验所选用的柔韧健身路径能有效提高肺活量、改善平衡能力、提高柔韧素质、增加瘦体重，对女大学生的体质健康具有良好的促进作用。〔2〕

通过艺术体操锻炼，女大学生的体重有所下降，皮褶厚度减少，身体形态得到改善；肺活量、安静心率、心血管指数均有明显变化，促进了生理机能的提高；身体素质的各项指标均有所提高，对体质有良好影响〔3〕。另外一项研究表明，通过15周、每周3次、每次60分钟的健美操练习发现，健美操能有效地改善女大学生的体质〔4〕。丰萍〔5〕等人的研究也支持了这一结果。王冬〔6〕设计了有氧健身操对青少年体质影响的实验研究，实验前后对比表明，青少年的身体形态、机能和素质都有所提高。但该研究由于没有对照组，忽视了青少年体质提高的成长因素。

周瑞琪〔7〕通过为期一学年的实验教学，对实验组采用有氧耐力锻炼，对对照组采用传统体育教学，实验组和对照组男女学生实验后的体质较实验前有明显的改善。不同的是，采用针对学生体质个体差异实施有氧耐力运动处方教学的实验组学生体质改善的效果更为明显。有氧耐力锻炼的内容、时间和强度文中没有进行介绍，实验控制过程仍有待改善。

通过对文献的分析发现，通过不同的运动项目的实验干预，不同人群的体质在实验前后有所提高，其提高具有显著性的统计学意义，有力地证明了体育锻炼能有效改善体质。

---

〔1〕 李亚楠，张杰，李海峰．实施灵敏素质健身路径对大学生体质的影响［J］．体育学刊，2012，19（5）：104－107.

〔2〕 许坚．柔韧健身路径对大学女生体质健康的影响研究［J］．广州体育学院学报，2011，31（3）：113－116.

〔3〕 崔玉．艺术体操锻炼对女大学生体质的影响［J］．上海体育学院，2004，28（3）：87－91.

〔4〕 张桂玲，庄伟．健美操对大学女生体质影响的研究［J］．南京体育学院学报，2006，20（6）：86－88

〔5〕 丰萍，刘建国，张茂林．健美操锻炼对女大学生体型、体质及焦虑影响的研究［J］．山东体育学院学报，2005，21（4）：123－125.

〔6〕 王冬．有氧健身操锻炼对青少年体质和形体的影响［J］．广州体育学院学报，2009，29（5）：112－114.

〔7〕 周瑞琪．有氧耐力锻炼对改善大学生体质的研究［J］．武汉体育学院学，2002，36（6）：47－49.

1.3 研究意义

少年强，则国强。青少年的体质健康关系到中华民族的未来。《全民健身计划纲要》明确提出以青少年儿童为重点实施对象。对青少年儿童的培养，有赖于家庭、学校、社会的合力，是一项巨大的系统工程。而其中家庭的培养和塑造，又是这一系统工程的基础工程。所以，要培养青少年儿童体育锻炼的意识、技能与习惯，提高青少年儿童体育锻炼的参与程度与水平，从而增强青少年儿童体质健康、心理健康和幸福感，就要发挥家庭极为重要的特殊的作用。本研究具有现实和理论意义，具体如下。

1.3.1 现实意义

第一，为制定以家庭为基础的提高青少年身体活动水平的相关干预措施提供依据。通过对家庭体育环境与青少年身体活动的探讨，明晰家庭体育环境与身体活动的关系，探究家庭成员特别是父母影响青少年身体活动行为的机制，为制定以家庭为基础的干预措施增进青少年体质提供策略和思路。

第二，有利于进一步加强家庭、学校和社区合作，共同为增强青少年体质服务。通过研究，认清了家庭体育环境影响青少年身体活动的重要性，促使社区牵头，加强家庭、学校和社区合作，为青少年体育锻炼创造好的环境，营造好的体育锻炼的氛围，提供便于体育锻炼的场所，使青少年课内、课外的体育锻炼顺畅衔接。

第三，有利于加强父母对青少年身体活动的重视。本研究将探讨父母在体育锻炼行为中的榜样作用、支持作用以及父母体育意识对青少年的影响，希望能引起父母对青少年身体活动的重视。

1.3.2 理论意义

第一，本研究量化了家庭体育环境与青少年身体活动、锻炼动机，从微观层面探讨家庭体育环境如何影响青少年体育锻炼行为，丰富了家庭体育研究内容。

第二，验证相关理论和模型。本研究以社会认知理论、自我决定理论、社会生态模型等为理论框架，将多种体育锻炼行为模型进行整合，构建了家庭体育环境影响青少年身体活动的模型，从而进一步验证了相关理论和模型。

第三，丰富了体育锻炼行为理论和研究视角。通过对青少年身体活动的研究，了解青少年身体活动现状，厘清家庭体育环境和动机如何影响青少年的身体活动，为预测、干预和改变青少年身体活动的现状提供理论参考。

1.4 研究内容与研究方法

1.4.1 研究内容

本研究以青少年面临的身体活动减少而静止性活动增多的现实为背景，以行为学相关理论、社会认知理论、社会生态模型、社会学习理论、自我决定理论为理论基础，拟解决家庭体育环境、锻炼动机对青少年身体活动产生影响的内在作用机制。

具体而言，本研究的主要内容如下。

第一，回顾和评述国内外关于家庭体育物理环境、家庭体育行为环境、父母对青少年参与身体活动的期望信念与价值信念、青少年身体活动和锻炼动机等方面的相关研究，梳理和分析变量之间的关系，在前人的研究基础上发展和明确本文的研究问题。

第二，在充分占有文献和深度研读的基础上，以相关理论为指导提出研究假设，构建或移植家庭体育环境、青少年身体活动、青少年锻炼动机的问卷（重点构建家庭体育环境问卷），问卷初步形成后，进行小样本的调查，通过探索性因子分析确定各个变量的维度，同时对问卷的信度与效度进行检验。根据小样本数据分析结果修正相关问卷，然后进行第二轮调查，运用验证性因子分析对样本数据进行拟合，进一步检验问卷的信度与效度。

第三，对第二轮调查所得样本数据进行净化后，运用描述性统计分析、相关分析、多元回归分析和结构方程模型分析，进行假设检验，从量化研究的角度深入分析变量之间的作用关系，探讨变量之间相互作用的机制。

第四，通过对父辈与子辈配对进行各自分开的深度访谈，利用质性研究的优势，探讨家庭体育物理环境、家庭体育行为环境、家庭体育心理环境如何影响青少年锻炼动机及身体活动，其影响的机制是什么。

第五，通过量化与质化研究的结合，凝练研究结果，同时运用相关理论对研究结果进行深入的分析和讨论，在此基础上，从家庭体育环境、锻炼动机视角提出促进青少年身体活动的启示，为提高青少年身体活动水平及体质状况提供理论参考。

1.4.2 研究方法

风笑天认为，社会研究方法是一个有着不同层次和方面的综合的体系，这一体系一般包括方法论、研究方式和具体方法和技术[1]。

1.4.2.1 研究对象

本研究以广州市中小学生及其父母为调查对象，以中小学生的家庭体育环境、身体活动及锻炼动机为研究对象。

1.4.2.2 方法论

本研究采用实证主义方法论，同时注重理论研究和实证研究相结合，定量研究与定性研究相交融。首先，在一定理论框架和相关文献研究结果的指导下，确定了家庭体育环境、青少年身体活动及锻炼动机三个研究变量。通过对这三个研究变量相关文献的回顾，建立了家庭体育环境、锻炼动机和体育锻炼行为三者之间的相互关系，建构了研究的理论模型。其次，以家庭体育环境为前因变量，锻炼动机为中介变量，青少年身体活动为结果变量。通过对三个变量的测量，定量研究并确定三者之间的联系，并对各个影响因素、影响的路径和影响的效应量进行检验。最后，选取典型家庭作为案例，进行质性研究，探讨家庭体育环境影响青少年锻炼动机及身体活动的机制，并运用相关理论对研究的结果进行深入的讨论与分析，提出了促进青少年身体活动的启示，为今后干预青少年身体活动提供理论参考。

1.4.2.3 研究方式

本研究是一项横截面（cross - sectional）研究，采用的研究方式是文献研究、调查研究和访谈研究。运用文献研究对青少年体育锻炼行为的影响因素、锻炼动机以及家庭体育环境（物理环境、行为环境和心理环境）等方面进行了深入的梳理，并在剖析三个变量的基础上结合相关理论及文献研究构建出研究的理论模型。问卷在借鉴前人成熟的问卷基础上结合我国实际进行创编与修订，并通过专家主观评价与客观评价相结合的方式进行修改。修改后的问卷进行了两轮调研，第一轮调研不必将学生问卷与家长问卷进行配对，其目的是通过探索性因子分析对问卷维度进行

---

[1] 风笑天. 社会研究方法 [M]. 北京：中国人民大学出版社，2014.

科学划分，并对其信度与效度进行检验。第二轮调研需要将父母与学生问卷一一对应，其目的是进一步对问卷的信度与效度进行检验，同时为深入分析变量之间的关系收集数据。发放问卷之前，为学生讲解研究目的，消除学生的顾虑；发放问卷之后，指导学生填写问卷，现场填写，现场回收。家长问卷及知情同意书让学生带回家由其父母或监护人填写，并让班主任通过校讯通或微信群将调查目的告知家长，父母或监护人填写采取自愿形式，填好后由学生带回学校交给班主任。访谈研究是利用受访者“自己的话”获得数据最适宜的研究手段，通过访谈，受试者可以详细地描述和解释某种现象，从而为研究变量相互影响的作用机制提供数据。

1.4.2.4 具体方法

第一，对相关文献资料的收集与整理。通过中国知网、独秀知识库、Emerald外文数据库、EBSCOhost等国内外数据库收集了关于体育锻炼动机（physical activity motivation）、体育锻炼（physical activity）、体质水平（physical fitness）、心肺适能（cardiorespiratory fitness）、家庭体育物理环境（the home physical environment）、父母支持身体活动（parental support on physical activity ）、父母期望（parental expert）父母影响（parental influences）等方面的文献，通过对文献资料的阅读、整理与分析，为本文的研究框架和研究内容提供了参考。

第二，问卷的编制与发放。通过对研究者相关问卷的收集、翻译，重新编制了家庭体育环境预调查问卷，在对问卷条目进行分析后，删除了一些条目，对问卷的信度、效度进行研究后，校正了预调查问卷，确定了最终调查问卷。本文采用前人所发展起来的锻炼动机问卷，该问卷已被学者们进行了多次运用，具有非常好的信度与效度。青少年身体活动问卷运用我国学者陈佩杰、李海燕研发的“青少年休闲体力活动问卷”。为了提高问卷的真实性，学生问卷的发放与回收是调查员深入班级现场进行操作，经过培训的调查员现场对学生进行指导。特别是“青少年休闲体力活动问卷”，由于通常需要学生回忆一周静止性活动和身体活动的情况，调查员逐题引导学生，帮助学生回忆上周的情况，让学生全面地、真实地填写静止性活动和身体活动的情况。

第三，数据分析。本文运用的统计软件有Excel、SPSS 19.0和Amos 21.0。问卷回收后，将问卷输入Excel软件系统，对数据进行整理后输入SPSS 19.0软件系统。对样本的数据进行描述性统计分析，运用相关软件对变量进行相关分析、回归分析和结构方程模型分析，最终对研究假设进行检验。

第四，访谈法。本研究访谈的数据来源于 22 个半结构性的访谈，分别对 11 个家庭的孩子和家长进行了访谈。每个家庭访谈一位家长和一名学生，受访者由 5 名父亲、5 名母亲、1 名监护人（孩子姑姑）和 11 个孩子组成。访谈主题围绕家庭体育物理环境、父母支持行为、父母体育期望价值信念对青少年体育锻炼动机及身体活动的影响。

1.5 研究技术路线与论文结构安排

1.5.1 研究技术路线图

研究技术路线如图 1－2 所示。

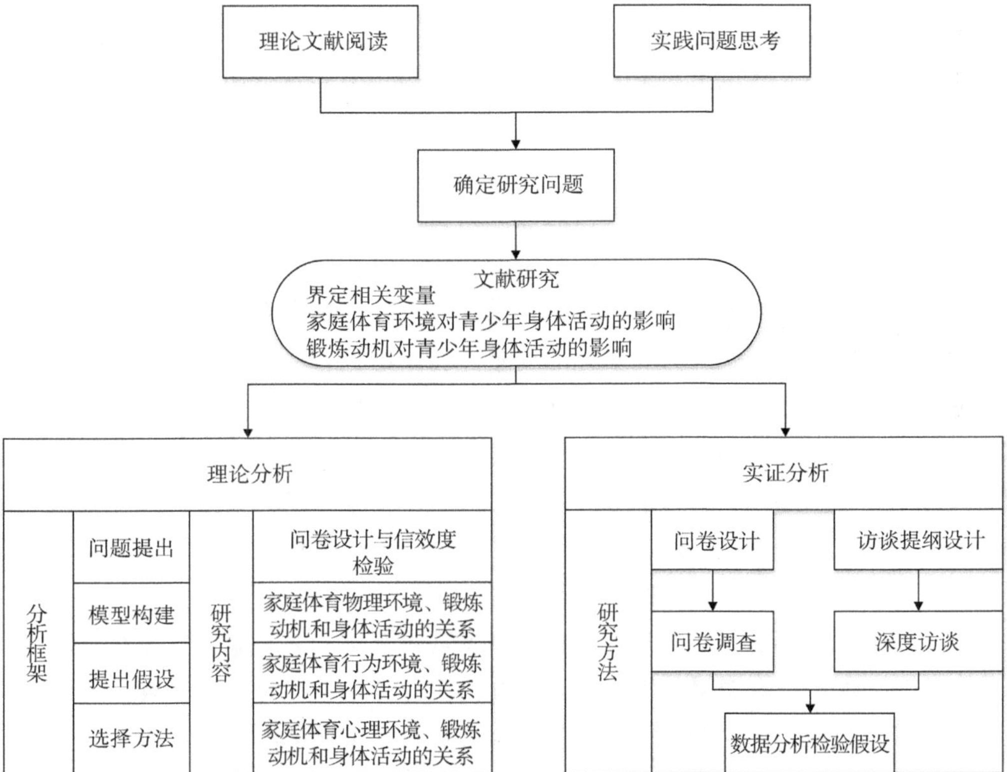

图 1－2 研究技术路线图

1.5.2 论文结构安排

本研究依据研究内容、研究方法及技术路线，确定了本书各章的内容。总体而言，第1章、第2章及第3章通过文献研究和理论研究提出研究问题，并论证了研究问题的意义和可能的创新点，为进一步实证研究打下坚实的基础。第4章是对研究工具的创编与修订，是研究的前提，是本研究的重要内容之一，为进一步研究提供了准备。第5章、第6章、第7章和第8章是对研究问题的实证与检验过程，也是研究结果形成的过程。第9章是研究的总结及未来研究的展望。需要强调的是，第1章对研究方法进行了概括性阐述，第4章、第5章、第6章和第7章根据解决问题的需要详细介绍了研究过程及操作层面的具体方法。具体内容安排如下。

第1章是绪论。绪论是对论文进行整体的介绍，具体包括研究背景、研究的理论与现实意义、研究内容与研究方法、研究技术路线及论文结构安排、研究可能的创新之处和不足。

第2章是文献综述。文献综述是对前人研究成果进行总结，当然这一总结的范围是本研究所关注的兴趣点，在总结的过程中找出以往研究的不足之处以及亟待解决的课题，并结合现实背景，为本研究找到切入点，并试图在前人研究的基础上有一点点的进步。本章分别对需要研究的变量进行了综述：第一，界定了家庭体育环境的概念及相关维度的定义，对身体活动、锻炼动机的概论进行了界定。第二，回顾了家庭体育环境中的各变量对身体活动的影响，包括家庭结构、经济状况等非过程性变量的影响。第三，回顾了锻炼动机对青少年身体活动的影响。在回顾文献的同时对以往研究进行评述。通过系统地回顾和评述前人的研究成果，为第3章概念模型的构建和假设的提出打下坚实的基础。

第3章是概念模型与研究假设。本章依据理论基础和第2章的文献综述，同时考虑到变量之间的内在逻辑关系，对本研究的整体理论模型进行了构建。在此基础上，提出了自变量、中介变量和因变量三者关系的研究假设。

第4章是问卷设计与信效度检验。本章首先对家庭体育环境问卷指标体系的构建进行了论述，主要包括各分问卷指标的来源。各分问卷题项（测量指标）初步形成后，让专家进行评价并结合小样本的调查对问卷进行修改。其次，对锻炼行为调节问卷和青少年休闲性身体活动问卷的形成进行了论述。在问卷设计的基础上，展开问卷调查。第一轮问卷调查的目的是了解问卷的内在结构，确定各问卷的维度，并通过探索性因子分析和内部一致性信度系数来检验问卷的建构效度和信度，并对问卷进行进一步的修改。之后，展开第二轮的问卷调查，运用验证性因子分析对探索性因子分析确定的维度进行进一步的检验，同时再次检验问卷的建构效度和信度。

第 5 章是家庭体育物理环境、锻炼动机、身体活动之间的关系。本章在第 4 章的基础上，对第二轮问卷调查的样本数据进行分析。主要内容包括详细描述样本的基本概况和数据初步整理的过程；对家庭体育物理环境、锻炼动机和身体活动进行描述性分析，了解各个变量的基本特征；运用非参数检验讨论不同背景下家庭体育物理环境、锻炼动机和身体活动的差异性；运用相关分析、回归分析和结构方程模型对研究假设进行检验。

第 6 章是家庭体育行为环境、锻炼动机、身体活动之间的关系研究。本章主要对家庭体育行为环境进行了描述性分析；运用非参数检验讨论了不同背景下家庭体育行为环境的差异性；运用相关分析、回归分析和结构方程模型对研究假设进行了检验。

第 7 章是家庭体育心理环境、锻炼动机、身体活动之间的关系。本章主要对家庭体育心理环境进行了描述性分析；运用非参数检验讨论了不同背景下家庭体育心理环境的差异性；运用相关分析、回归分析和结构方程模型对研究假设进行了检验。

第 8 章是案例研究，通过对父母子女的深度访谈，深入理解在日常生活中，家庭体育物理环境、父母支持行为及父母体育活动期望价值如何影响青少年身体活动及锻炼动机。

第 9 章是结论、启示与展望。本章是对本研究的一个总的概括。首先对研究结论进行梳理、总结。其次，根据本研究的结论，从家庭体育环境的视角，为促进青少年身体活动提出有指导性的启示。最后，指出本研究的不足之处及今后努力研究的方向。

1.6 研究创新点

本研究的创新点体现在以下几个方面。

（1）基于国内外关于家庭体育环境的研究，通过移植国外相关问卷并结合我国实际，创编了家庭体育环境问卷，运用统计分析工具对家庭体育环境问卷的构成维度进行了科学的划分，检验了家庭体育环境问卷在我国的适用性。关于家庭体育环境对身体活动的影响，大多数研究仅探讨家庭体育环境中的少数因素与青少年身体活动的关系，特别是我国关于家庭体育环境的研究才刚刚起步，关于家庭体育环境的问卷较少。本研究通过引进国外成熟的量表，结合我国现实，将家庭体育环境问卷分为了三个分问卷，分别为家庭体育物理环境问卷、家庭体育行为环境问卷和家庭体育心理环境问卷。通过探索性因子分析和验证性因子分析，确定了每个分问卷的维度，检验后发现该问卷具有较好的信度和效度，且在我国同样适用。但家庭体育心理环境问卷与国外存在一定的差异，删除了一些维度和条目。

（2）本研究以人境互动理论为指导，整合了社会生态模型、自我决定理论和期望价值理论，研究了家庭体育环境对青少年身体活动的影响机制，并引入中介变量——锻炼动机，探讨了环境、动机和身体活动行为的相互作用关系。已有研究关注家庭体育环境特别是父母对孩子身体活动的影响，但仅从家庭体育环境中的少数因素进行研究。本研究不仅系统考察了家庭体育环境对青少年身体活动的影响，还结合相关理论将个体心理层面的动机引入研究中来，详细分析了家庭体育环境影响青少年身体活动的机制，丰富了青少年身体活动促进理论。

（3）本研究为促进青少年身体活动提供了可操作性的策略。本研究回答了“家庭体育环境如何影响青少年身体活动，锻炼动机如何体现中介作用”的问题，为促进青少年身体活动提出了新的路径和策略。

1.7 本章小结

本章主要探讨了本研究的背景、研究目的与意义，阐述了研究方法和相关研究变量的定义。随着时代的发展、科技的发达及物质生活的丰富，人们的生活方式发生了极大的变化，其主要特点表现为脑力活动增加，身体活动减少。我国青少年身体活动减少和静止性活动增多导致肥胖率提高，视力不良检出率超出国际标准，青少年整体体质水平连续 30 年下滑。青少年体质水平下滑引起了国家和学界的广泛关注，青少年身体活动成为国内外研究的热点与重点问题。很多人把青少年体质下降及身体活动的减少归咎于学校教育，而忽视了家庭对青少年身体活动的影响。本研究试图从家庭体育环境、锻炼动机及青少年身体活动的现状出发，通过借鉴国外成熟问卷结合我国实际科学创编家庭体育物理环境问卷和家庭体育行为环境问卷，通过抽样，测量家庭体育环境、青少年身体活动和锻炼动机，定量研究家庭体育环境的三个层面即物理环境、行为环境和心理环境对青少年身体活动的影响，同时将青少年的锻炼动机作为中介变量来考察家庭体育环境对锻炼动机的影响以及锻炼动机的中介作用，并运用质性研究方法探讨家庭体育环境、锻炼动机对青少年身体活动的影响。通过上述的努力，希望本研究在理论和实践层面上有所突破。在理论层面上，本研究升华和拓展了青少年身体活动促进理论和锻炼动机理论。通过厘清家庭体育环境、锻炼动机和青少年身体活动的内在关联，为有效地干预青少年身体活动提供有益的理论支撑。在实践层面上，本研究希望能引起家长对青少年体质水平下降和身体活动减少的重视，更希望家长能积极主动地培养和注重青少年的身体活动，从而改善青少年体质水平下降和身体活动减少的现状，以实现家庭、学校、社会的联动与合作，为青少年身心健康服务。

2 文献综述

青少年身体活动缺乏及其所导致的一系列严重后果引起了世界各国的关注。研究者们从不同的视角研究了影响青少年身体活动改变的因素，如从环境、心理、政策、经济投入和社会支持等方面进行了探讨。家庭是每个人接受教育的第一站，父母是孩子的第一任教师。孩子的身心健康是父母最为关心的问题同时与家庭环境有着千丝万缕的联系，父母既对孩子的健康成长负有不可推卸的监护责任，又对孩子的身心健康负有义务。

2015 年 10 月 11 日，教育部印发了《关于加强家庭教育工作的指导意见》，明确了家长在孩子教育中的主体责任，明确指出家长要督促孩子坚持体育锻炼。可见，家庭特别是父母在孩子形成身体锻炼的习惯中起着非常重要的作用。本章的主要内容聚焦在以下几个方面：第一，对本研究的重要概念——家庭体育环境、青少年身体活动和锻炼动机进行分析界定。第二，回顾前人关于家庭体育物理环境、家庭体育行为环境和家庭体育心理环境对青少年身体活动的影响；回顾锻炼动机与身体活动的关系以及家庭体育环境、锻炼动机和身体活动三者的相互关系。通过对前人研究成果的梳理和回顾，更加明确了本文的研究问题，同时为本文的研究框架提供了一定的参考。

2.1 相关概念的界定

2.1.1 家庭与家庭体育的定义

家庭是人类最基本、最普遍和最具影响力的社会团体，是个人在其成长历程中最为重要的教育和社会化场所，能满足家庭成员的各种需要。家庭作为社会最基本的细胞，一直以来受到学者们的关注，人们对家庭的研究与人类历史一样悠久。美国社会学家博吉斯和洛克在《家庭》一书中指出：“家庭是被婚姻、血缘或收养的纽带联合起来的群体，各人以其作为父母、夫妻或兄弟姐妹的社会身份相互作用和交往，创造一个共同的文化。”[1]中国社会学家孙本文认为，“所谓家庭，是指夫妇子女等亲属所结合之团体而言。故家庭成立的条件有三：第一，亲属的结合；第二，包括两代或两代以上之亲属；第三，有比较永久的共同生活。”[2]台湾学者谢秀芬认为：“家庭的成立乃是基于婚姻、血缘和收养三种关系所构成，在相同的屋檐下共同生活，彼此互动，是意识、情感交流与互助的整合体。”[3]从以上的定义可以看出，家庭具有一定的结构性、功能性和交互性。结构性指家庭成员的构成，如父母、孩子和其他家庭成员；功能性指家庭的作用和任务，如教育孩子和使孩子社会化的作用，完善孩子的各种人格和让孩子学会各种社会技能，同时为家庭成员提供物质和精神上的支持；交互性指家庭成员的相互交往、沟通与作用，如家人之间的爱、情感沟通、关怀与承诺。

笔者查阅了与家庭体育有关的文献，对“家庭体育”的定义有20多种，见表2－1。

表2－1 家庭体育的定义

作 者	定 义
王则珊[4]（1990年）	家庭体育是家庭生活中的体育活动。它包括：①父母或其他年长者在家庭里对儿童和青少年进行的体育教育；②家庭成员在家庭生活环境中的体育活动；③家庭体育同家庭成员在各自工作、学习、劳动单位体育活动的配合
罗庆逵等[5]（1990年）	家庭体育是指家庭的绝大多数成员每周最少参加体育活动3次，每次30分钟以上，并被乡（镇）、区（县）、市（省）评定命名的体育家庭
叶展红[6]（1999年）	家庭体育是指以家庭成员为活动对象，家庭居室及其周围环境为主要活动场所，根据居室环境条件与成员的需要与爱好，利用属于自己的时间选择健身内容和方法，达到增进身心健康的目的，以促进家庭和睦和社会稳定发展
宛 霞[7]（1999年）	家庭体育是指在家庭范围内进行的身体练习和家庭文化活动，其形式主要为身体练习和体育娱乐

[1] 中国大百科全书编辑部．中国大百科全书·社会卷［M］．北京：中国大百科全书出版社，1991：102.

[2] 孙本文．社会学原理［M］．北京：商务印书馆，1935：441.

[3] 谢秀芬．家庭与家庭服务——家庭整体为中心的福利服务之研究［M］．台北：五南图书出版社，1998.

[4] 王则珊．家庭保健体育实用手册［M］．北京：海潮出版社，1990.

[5] 罗庆逵，罗跃新，罗冬梅．我国城市家庭体育的现状调查及分析［J］．哈尔滨体育学院学报，1990（4）：10－16.

[6] 叶展红．关于开展家庭体育的构想［J］．广州体育学院学报，1999（2）：49－52.

[7] 宛霞．21世纪中国家庭体育的发展趋势［J］．体育文史，1999（6）：48－49.

续表

作　者	定　义
谢军等[1]（1999年）	家庭体育是指以家庭内的成员为主体，以两个或两个以上的家庭成员为单位，根据成员的需要与爱好选择体育健身内容和方法，以达到增进身心健康、家庭和睦的目的，促进社会稳定发展
蔡传明等[2]（2001年）	家庭体育是指以家庭成员为活动主体，为满足家庭成员自身的体育需求，以两人或两人以上的家庭成员为单位而进行直接或间接的体育活动。该定义是以家庭的血缘关系、婚姻关系或收养关系为前提的，并不介意其体育活动的地点是否在家庭内。家庭体育是广泛涉及活动的动机、频度、内容、空间、组织形式和消费等，并涉及人们生存层次、享受层次和发展层次的一种休闲生活方式和消费生活方式
顾渊彦等[3]（2001年）	家庭体育是社会体育形态中的一种，是在家庭环境中家庭成员按照一定的体育要求所进行的旨在增进身体健康、养成良好锻炼习惯的各种体育活动
袁益民[4]（2001年）	家庭体育是指由家庭部分或全体成员参与的，旨在增进家庭成员健康、活跃家庭气氛、娱乐身心，以家庭为单位的体育活动
吴宗美等[5]（2002年）	家庭体育是由家庭成员共同参加为主的体育活动，旨在促进家庭中每位成员身心的健康发展，优化家庭教育，使每个家庭变得更加团结、和睦、充满生机，以满足人民日益增长的精神需要
张亚辉[6]（2002年）	家庭体育教育指的是家庭体育环境对家庭成员的体育教育影响和家庭成员之间的相互体育教育影响，主要指父母或其他年长者在家庭内自觉地、有意识地对子女进行体育教育，促进他们身心的全面发展
李国华等[7]（2004年）	家庭体育是指以家庭成员为活动的主体，为满足家庭成员自身的体育需求，以两人或两人以上的家庭成员为单位而进行的体育活动
杨文轩等[8]（2004年）	家庭体育是指以家庭成员为活动对象，以家庭居室及其周围环境为主要活动场所，根据居室环境条件与成员的需要与爱好，利用属于自己的时间选择健身内容和方法，达到增进身心健康的目的，以促进家庭和睦和社会稳定发展

〔1〕 谢军，刘明辉．21世纪中国家庭体育的发展趋势与对策［J］．体育科学研究，1999，3（2）：6－10.

〔2〕 蔡传明，黄衍存．现代家庭体育的社会学分析［J］．福建体育科技，2001，20（6）：1－3.

〔3〕 顾渊彦，李明．21世纪中国社区体育［M］．北京：北京体育大学出版社，2001：10－12.

〔4〕 袁益民．城市家庭体育活动形式的调查［J］．南京体育学院学报，2001（5）：125－126.

〔5〕 吴宗美，邓铭英，刘志英．城市现代家庭体育现状的调查与分析［J］．上海体育学院学报，2002（5）：2－6.

〔6〕 张亚辉．新世纪立体型家庭体育教育模式可行性探讨［J］．体育文化导刊，2002（4）：72－73.

〔7〕 李国华，邹瑜．中国城市家庭变化与家庭体育服务初探［J］．体育与科学，2004，25（1）：11－14.

〔8〕 杨文轩，陈琦．体育原理［M］．北京：高等教育出版社，2004.

续表

作 者	定 义
郭戈等[1]（2005 年）	家庭体育是指以家庭成员为活动主体，以两个或两个以上的家庭成员参与的旨在增进家庭成员健康、活跃家庭气氛、娱乐身心等满足家庭成员自身需求的以家庭为单位的体育活动
毛振明[2]（2005 年）	家庭体育是家庭生活中的体育活动，它包括父母或其他年长者在家庭里对儿童和青少年进行教育、家庭成员在家庭生活环境中的体育活动以及家庭体育同家庭成员在各自工作、学习、劳动单位体育活动的配合
尤双从[3]（2007 年）	家庭体育是指以家庭内的成员为主体，以两个或两个以上的家庭成员为单位，根据成员的需要与爱好选择体育健身内容和方法，以达到增进身心健康、家庭和睦的目的，促进社会稳定发展
吴玉华[4]（2007 年）	家庭体育是指在家庭生活中，以家庭成员活动为基本形态的活动，是家庭成员根据自己的爱好和需求，按照一定的体育要求所进行的以增进家庭成员的身心健康、养成良好的健身习惯为目的的各种体育锻炼活动形式的总和
郑祥荣[5]（2010 年）	家庭体育是人们在闲暇进行的以家庭亲情为纽带，以家庭成员共同参与为基础，以室内外场所、公园、社区健身场地为依托，以休闲、健身、康复、娱乐为目的，自发性的、有一定规律的各类健身活动
张永保等[6]（2010 年）	家庭体育是指一人或多人在家庭生活中安排的或自愿以家庭名义参与的，以身体练习为基本手段，以获得运动知识技能、满足兴趣爱好、丰富家庭生活、达到休闲娱乐、实现强身健体和促进家庭稳定为主要目的的教育过程和文化活动

从表 2 -1 可以看出，对家庭体育的定义非常多，各个定义在一定程度上反映了家庭体育的内涵和外延。以上的定义一般包括三个方面的因素即家庭成员、家庭体育目的和体育的界定。各个定义的分歧主要是由对这三个要素的理解不同所造成的。如在家庭成员这一要素上，有的定义为两人或两人以上，有的定义为一人或一人以上。在家庭体育目的上也是各有不同，由于家庭的复杂性，每个家庭组织开展体育活动的目的是不同的，有的是为了健身、娱乐，有的是为了教育、沟通情感，各个定义在家庭体育目的上产生了分歧；在体育这一要素上更是五花八门，因为目前对“体育”这一概念尚未有统一的定义。基于以上原因，要给家庭体育下一个非常准确的定义非常困难。这同时说明了家庭体育是一个动态的概念，随着时代的变迁其

〔1〕 郭戈，刘静霞，王耀文．我国家庭体育及其研究进展［J］．体育学刊，2005，12（5）：139 -140.
〔2〕 毛振明．学校课外体育改革新视野［M］．北京：北京体育大学出版社，2005：149.
〔3〕 尤双从．河南省城市市区居民家庭体育的现状调查与分析［D］．开封：河南大学，2007.
〔4〕 吴玉华．我国家庭体育现状及对策研究［J］．教学与管理，2007（1）：69 -71.
〔5〕 郑祥荣．城市家庭体育模式及其形成机制的理论与实证研究［D］．福州：福建师范大学，2010.
〔6〕 张永保，田雨普．“家庭体育”新释义［J］．北京体育大学学报，2010，33（6）：9 -12.

定义会发生一些变化。但这并不是说我们不能给家庭体育下定义，我们需要明白下定义的目的是什么。

下定义的目的就是将一事物同其他事物区分开来，特别是同与它类似的同一层次的事物区分开来。与家庭体育同一层次的类似的概念是学校体育和社区体育。从词语上看，这三个概念分别包括“家庭”“学校”和“社区”，区别在于地点不同，那么能否按活动地点来定义家庭体育呢？现实情况比想象的要复杂，如父母带孩子到附近的学校跑步，是学校体育还是家庭体育？社区是由家庭组成的，这两者更是有着密切的联系，对家庭而言，大多数体育活动是在社区中进行的，如果按开展活动的地点来定义概念，家庭体育就没有必要存在，因为家庭是社区的组成部分。体育活动是由人来组织和发起的，学校体育是由教师来组织或发起的，社区体育是由社区人员来组织的，家庭体育是由家庭成员来组织或发起的，这是三者的一个主要区别，但有时这三者之间会有一些交叉和配合，主要看谁是主要的组织者或发起者。家庭、学校和社区开展体育活动的目的有所不同，对家庭而言，开展体育活动的目的主要是家庭成员的情感沟通、社会化、教育、健身、娱乐、休闲和满足兴趣爱好等。

基于以上的分析和认识，本研究将家庭体育定义为“在家庭生活中，由家庭成员组织或发起的，以身体练习为基本手段，来达到情感沟通、社会化、休闲娱乐、健身、教育和满足兴趣爱好等目的而开展的文化活动”。

本概念需要说明以下几点：一是强调了体育活动的发起者是家庭成员，如父母、兄弟姐妹等。二是家庭成员的人数没有限制，可以是一人，可以是多人，还可以有非家庭成员的参与。三是家庭成员进行体育锻炼的形式有很多种，如父母与孩子一起进行体育锻炼，或父母观看孩子进行体育锻炼，或父母仅仅支持、鼓励、督促孩子进行体育锻炼而父母自身不锻炼，或父母送孩子到体育培训中心训练等多种形式。

2.1.2 家庭体育环境

目前，国内仍没有明确提出关于“家庭体育环境”的概念。但关于家庭体育、体育环境、学校体育环境等概念我国有研究者进行了论述。从“人类中心主义”的视角来看，环境是指与人相对的客体，即存在于人周围的事物。环境是相对某个中心或主体而言的客体。《韦氏新世界大学词典》中关于“环境”的定义为“影响个人或社会生活的社会和文化条件的总和”[1]。

---

〔1〕 马恒祥．对构建和谐竞技体育环境的思考［J］．沈阳体育学院学报，2006，25（6）：26－27.

《体育大辞典》中体育环境指影响体育开展的自然环境和社会环境。前者包括地理、气候、设施、器材等因素，后者包括民俗文化、社会关系、人际关系等因素[1]。熊茂湘[2]认为体育环境是指与体育这一主体相对的客体，是与体育相互联系、相互制约、相互作用的各种因素的总和。它们能够与体育发生物质、能量和信息的交换，并对体育产生直接、间接的正、负面的影响。

周登嵩[3]把学校体育环境划分为物质环境（活动场所、运动设备、时空要素）和社会心理环境（体育传统与风气、课堂教学气氛、人际关系、体育信息、教师）。邓跃宁[4]认为学校体育环境主要包括物质环境（硬件部分）、制度环境（学校的各种规章制度）和信息环境（体育锻炼的意识、风气和体育舆论）。

国外关于“家庭体育环境”的说法有 family activity enviroment 或 home environments for physical activity。Gattshall、Shoup[5]等人在前人相关文献以及将 Golan's 的环境模型与家庭环境影响青少年身体活动的相关因素进行整合的基础上构建了家庭体育环境的操作化概念。

有研究者将家庭环境分为非过程性变量和过程性变量[6]。非过程性变量包括家庭收入、家庭结构、父母教育程度。过程性变量包括父母与孩子的互动、家庭中可以用于学习和娱乐的物理性工具。非过程性变量较为稳定，过程性变量变化则相对较大，非过程性变量不直接作用于青少年，而是通过过程性变量起作用，过程性变量直接作用于青少年。

家庭环境中包含了大量的因素，而且这些因素之间存在着错综复杂的交互作用。主要矛盾和次要矛盾理论告诉我们，要抓住问题的主要矛盾。对于具体的目标事件而言，家庭环境中的一些因素起着特殊的作用，而另外一些因素起着一般性作用，起着特殊作用的家庭因素就是主要矛盾，而其他因素是次要矛盾。把青少年身体活动作为目标事件置于家庭这一环境中来看，影响青少年身体活动的因素就是主要矛

---

〔1〕 陈安槐，陈荫生．体育大辞典［M］．上海：上海辞书出版社．2000：26.

〔2〕 熊茂湘．论体育环境构建的系统观［J］．体育与科学，2003，24（6）：24－27.

〔3〕 周登嵩．学校体育学［M］．北京：人民体育出版社，2004.

〔4〕 邓跃宁．论学校体育环境及建设［J］．四川体育科学，1995（1）：36－40.

〔5〕 GATTSHALL M L，SHOUP J A，MARSHALL J A，et al. Validation of a survey instrument to assess home environments for physical activity and healthy eating in overweight children［J］．International Journal of Behavioral Nutrition and Physical Activity，2008，5（1）：3.

〔6〕 WILLIAMS N C．The relationship of home environment and kindergarten readiness［D］．Johnson City：East Tennessee state University，2002.

盾，这些因素系统称为家庭体育环境。

基于以上关于环境、体育环境、学校体育环境以及国外“家庭体育环境”等文献的分析，本研究将家庭体育环境定义为：影响家庭成员进行身体活动的各种家庭因素的总和。家庭体育环境的维度按“文化”结构三分法理论分为家庭体育物理环境、家庭体育行为环境和家庭体育心理环境。家庭体育物理环境是指家庭及家庭周边（社区或街道）中促进或抑制青少年儿童进行身体活动的实物，具体指家庭所拥有的体育器械、体育服装、体育书籍、体育媒介，家庭周围的体育设施（促进因素）以及家庭中所拥有的电脑、手机、游戏机等（抑制因素）。家庭体育行为环境是指父母与孩子进行身体活动的互动形式和父母对孩子身体活动的相关规定或限制等，如父母与孩子共同参与体育活动，父母观看孩子参与体育活动，父母送孩子到体育培训中心学习体育技能或进行体育锻炼，父母鼓励、督促或限制孩子进行身体锻炼。家庭体育心理环境指父母对孩子进行身体活动的期望信念、价值信念和态度。本研究家庭体育环境的操作化模型如图 2－1 所示。

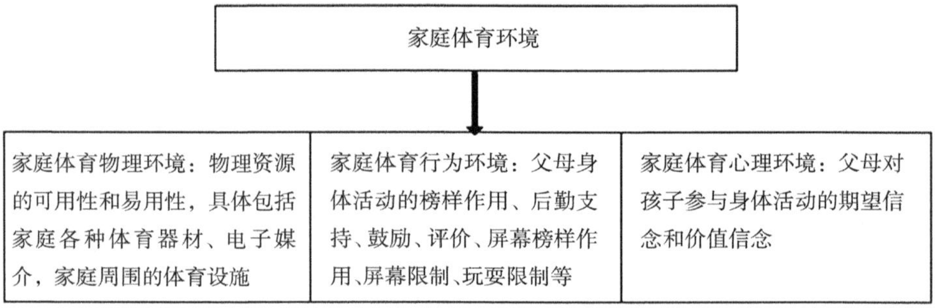

图 2－1　家庭体育环境操作化模型图

2.1.3　身体活动

1985 年 Caspersen[1]等人通过相关文献的收集，对身体活动的概念进行了归纳，将身体活动定义为“由骨骼肌收缩导致能量消耗的任何身体运动”。身体活动是一个涵盖比较广的词，包括任何的身体活动如睡觉、工作和休闲。人们有时将身体活动与身体锻炼混用。身体锻炼是指有计划的、结构性的和重复的身体运动，其目的是提高和维持体适能。身体活动与身体锻炼有很多相同的成分，如通

〔1〕 CASPERSEN C J, POWELL K E, CHRISTENSON G M. Physical activity, exercise and physical fitness: Definitions and distinctions for health－related research [J]. Public Health Reports, 1984, 100 (2): 126－131.

过骨骼肌收缩引起运动，导致能量消耗，与体适能正相关。不同之处在于身体锻炼是计划性的、结构性的和重复性的身体活动。身体活动是身体锻炼的上位概念，一般分为休闲性身体活动、职业性身体活动、交通性身体活动、家务性身体活动四类。Malina[1]等人认为身体活动包含三个主要成分：机械性的身体活动，测量指标有身体活动的力量、速度和功率；生理性的身体活动，测量指标有身体活动的最大摄氧量、代谢功率和能量消耗；行为性的身体活动，测量指标有活动类型（有氧、无氧）或环境（身体活动发生的环境）。对于公共健康而言，测量身体活动的指标主要是生理和行为方面的指标，如身体活动的强度、频率、身体活动持续时间以及身体活动的类型。

本研究的身体活动是指青少年在课余时间（课间和课后）所从事的结构性和非结构性的中高强度的身体运动，不包括学生体育课和课间操所进行的规定性的身体活动。虽然身体活动与体育锻炼、身体锻炼有差异，但本研究考虑的是青少年中高强度的身体活动，因此，将身体活动与体育锻炼、身体锻炼交互使用。

2.1.4　锻炼动机

当描述某种力作用于有机体或有机体内部，并发动指引行为时，便使用动机（motivation）这一概念。动机理论家用动机概念来解释行为强度（intensity）的差异，将较高行为看作较高动机水平的结果。动机理论家认为，当我们有所行动时，动机便存在，当我们无所事事时，动机便不存在（或者更确切地说，有另一种不同的动机在起作用）[2]。动机不能直接测量，但可以通过行为反应的强度来推测，动机有助于理解有机体行为的变化。动机在刺激—反应中起着中介变量的作用，并有助于将两者联系起来。（图 2 - 2）

刺激 ——动机——→ 反应

图 2 - 2　刺激—动机—反应关系图

动机具有激活性和指向性。动机的激活性最易在行为中看到。当有机体做出某种行为时，可以断定存在某种动机，如果没有观察到某种行为，那么说明有机体的动机水平可能还不足以激活行为。当然，没有外显的行为也不能武断地认为不存在

---

〔1〕 MALINA R M , BOUCHARD C . Growth, maturation, and physical activity [J] . Medicine & Science in Sports & Exercise, 1992, 24 (7): 858 - 859.

〔2〕 PETRI H L, GOVERN J M. 动机心理学 [M] . 郭本禹，等译. 西安：陕西师范大学出版社，2005: 10.

动机。激活性中的坚持性指锲而不舍地以某种行为方式行事，行为的坚持性在一定程度上取决于可供选择的行为。我们是怎样决定以某种方式而不是以另一种方式来指引我们的行为呢？对这一问题的回答需要考虑引导行为的某种机制。心理学家认为其中必定涉及动机。因此，指向性通常被认为是动机的一个指标。

按动机来源可以将动机分为内部动机和外部动机。一些动机理论家将不同的动机状态界定为需要（need）。需要通常被看作是动机的内部来源，它能激活并指引行为朝向环境中的对象，以缓解剥夺状态。与之相反，另外一些动机理论家强调目标（goal）提供的动机的外部来源。他们通常考察的是各种目标对象或社会关系的驱动效应。其核心观点是外部环境的变化可以激活动机。内部动机与外部动机可以同时存在，外部动机可以向内部动机转化〔1〕。

通过对以上动机的概念、特征和来源的分析，本研究将锻炼动机定义为“启动或维持体育锻炼的原因或感知到的刺激”，从自我决定理论视角来探讨锻炼动机对青少年身体活动的影响。在自我决定理论视角下，锻炼动机可以分为无动机、外部调节、内摄调节、认同调节、整合调节和内部调节。其中无动机、外部调节、内摄调节可以称为控制性动机，认同调节、整合调节和内部调节称为自主性动机。

2.2 家庭体育环境对青少年身体活动影响的研究

2.2.1 家庭非过程性变量对青少年身体活动的影响

2.2.1.1 家庭结构的影响

家庭结构（family structure）是指家庭中成员的构成及其相互作用、相互影响的状态。随着我国由传统农业社会向工业社会的转型，人口流动越来越频繁，家庭的稳定性受到挑战，离婚率逐年攀升，导致我国家庭结构发生了很大的变化。有研究表明，在单亲家庭中，父母由于生活和工作的压力，对孩子的关注、关心、照料和支持与完整家庭比较会打折扣。单亲家庭与完整家庭相比，其社会经济地位较低，完整家庭的孩子有着很好的情感和心理适应能力。家庭结构的变化可能影响孩子的

〔1〕 WILSON P M，RODGERS W M. The relationship between exercise motives and physical self－esteem in female exercise participants：an application of self－determination theory［J］. Journal of Applied Biobehavioral Research，2002，7（1）：30－43.

生活方式、习惯和身体活动的模式，单亲家庭中做决定更自由，说明家庭结构影响了孩子是否进行身体活动的决定。Gorman、Braverman 认为，家庭结构在决定孩子健康卫生行为方面起着关键性作用[1]。对孩子而言参与身体活动有两大作用：有利于身心健康，有利于全面发展及社会化。有研究者认为让青少年参与规律的身体活动能实现上述两个方面的目的。家庭是孩子社会化的重要场所，家庭影响孩子目前乃至未来的身体活动的参与。

Thomas Quarmby[2]等采用质性研究方法探讨了来自完整家庭和单亲家庭 11 ~ 14 岁青少年的身体活动与家庭结构的关系，该论文运用布尔迪厄（Bourdieu）的概念模型来解释家庭对青少年参与身体活动的影响。研究发现，家庭结构在帮助青少年形成身体活动习惯中起着重要作用，所有的青少年都倾向于传达父母对身体活动的态度和信念。然而，单亲家庭的孩子更容易显现出久坐不动的特性。Thomas Quarmby 认为，家庭环境对孩子的个人习惯以及参与身体活动的愿望起着重要的调节作用。

一般在单亲家庭中，经济负担比正常家庭大，母亲或父亲可能把大量精力放在工作上，没有太多精力和时间与孩子进行体育锻炼。家庭体育活动为增强青少年的身体健康、心理健康和社会适应力提供了一个平台，也是促进青少年终身体育意识和行为习惯养成的潜在催化剂。青少年的身体活动涵盖非结构性、零碎的休闲性活动和结构性的体育锻炼，因此，有研究者重点强调了不同社会、不同文化和习俗所形成的青少年生活方式、生活环境等因素对其身体活动的影响[3]。此外，Dagkas 和 Stathi 的研究显示，改变家庭结构可能影响孩子的生活方式、习惯和身体活动的模式，家庭结构在培养孩子身体活动习惯和偏好中起着重要作用[4]。

Quarmby、Dagkas 和 Bridge[5]采用定量与定性相结合的方法，探讨家庭结构对

---

〔1〕 GORMAN B K , BRAVERMAN J . Family structure differences in health care utilization among u. s. Children [J] . Social Science & Medicine, 2008, 67 (11): 1766 – 1775.

〔2〕 QUARMBY T , DAGKAS S . Children's engagement in leisure time physical activity: exploring family structure as a determinant [J] . Leisure Studies, 2010, 29 (1): 53 – 66.

〔3〕 MACDONALD D , RODGER S , ZIVIANI J , et al. Physical activity as a dimension of family life for lower primary school children [J] . Sport Education and Society, 2004, 9 (3): 307 – 325.

〔4〕 DAGKAS S , STATHI A . Exploring social and environmental factors affecting adolescents' participation in physical activity [J] . European Physical Education Review, 2007, 13 (3): 369 – 384.

〔5〕 QUARMBY T , DAGKAS S , BRIDGE M . Associations between children's physical activities, sedentary behaviours and family structure: a sequential mixed methods approach [J] . Health Education Research, 2011 (1): 63 – 76.

11～14岁青少年身体活动和静止性活动的影响。研究对象是来自三个城市的381名青少年，半结构性访谈的青少年为62人。结果显示，来自单亲家庭的青少年无论工作日还是周末均把更多的时间花在静止性活动上，与完整家庭比较差异具有显著性。其原因可能是单亲家庭父母缺乏时间为孩子参与锻炼提供交通便利以及承担额外的责任等，而对孩子身体活动的支持不够。这种家庭环境也更容易鼓励孩子从事静止性活动，而更多的静止性活动使得单亲家庭孩子的身体活动减少。来自完整家庭的青少年所从事的身体活动显著多于单亲家庭孩子，他们不仅有更多的机会参与个人的身体活动，而且有更多的机会参与家庭提供的身体活动，这进一步加强了其身体活动行为。

生态系统理论认为个体行为受环境影响，近端环境（如家庭）能通过行为风险因素如摄入过多的热量、身体活动不足和久坐导致青少年肥胖。虽然有一些研究认为单亲父母抚养的孩子体重指数相对较高，但也有研究认为孩子的体重指数与此没有关系。Gray[1]等人的研究表明，校正家庭收入后，父母的婚姻状况与孩子的体重没有相关性。我国研究者王梅[2]等人探讨了家庭结构与青少年健康行为的关系，研究显示，双亲家庭抚养的孩子在健康行为方面优于单亲家庭和隔代抚养的孩子。单亲家庭在管理孩子方面相对松散，家庭的集体活动更少；隔代抚养的孩子参与身体活动较少而久坐不动行为较多。

2.2.1.2 家庭社会经济地位的影响

社会经济地位（socioeconomic status，简称为SES）是对个体经济收入、受教育水平和职业的综合评价，个人或家庭的社会经济地位可以分为高SES、中SES和低SES。陈宝玲、卢元镇的研究发现，家庭经济水平会影响学生的体育消费。经济状况好的家庭，学生运动项目的可选择性较多，而经济状况较差的家庭，学生选择的项目可能较少，因为不同的项目消费不同。经济水平的不同还可能引起学生体育锻炼动机的不同。家庭所在地区经济越发达，学生体育锻炼的动机越强。城市学生体育锻炼的动机比农村强，发达地区比欠发达地区强，地区间体育锻炼

---

〔1〕 GRAY V B，BYRD S H，COSSMAN J S，et al. Family characteristics have limited ability to predict weight status of young children [J]. Journal of the American Dietetic Association，2007，107（7）：1204－1209.

〔2〕 王梅，温煦，吕燕，等．家庭结构对于青少年健康行为的影响［J］．体育科学，2012，32（5）：34－41.

动机的差异可能与不同地区体育场地和器材的丰富与短缺有关。董宏伟[1]的研究结果也显示家庭的经济收入对青少年的体育锻炼行为具有高度显著性意义。但日本金崎良三的研究却显示，家庭经济状况对高中生的体育锻炼行为没有显著性影响[2]。Vilhjalmsson 等人的研究表明，家庭社会经济地位和父母支持对孩子参与体育锻炼的次数有显著性的影响[3]。Patnode 等人的研究显示，为了发展孩子的技能和使孩子社会化，家庭会花费钱和鼓励他们的孩子去参与运动和身体活动[4]。Hasbrook[5]的研究结果显示，家庭社会经济地位较高的女孩参与体育锻炼的比例高，反之其参与率低，可能是因为较低社会经济地位的家庭为女孩身体锻炼提供了较少的支持与鼓励。而家庭社会经济地位因素似乎对男孩不起作用。Tandon[6]等人的研究认为，较低社会经济地位的家庭为孩子提供了更多的久坐不动的机会，而很少提供身体活动的机会。

In - Hwan Oh、Goeun Lee[7]等人研究了韩国青少年身体活动与家庭社会经济地位的关系，发现高 SES 家庭的孩子参与高等强度的身体活动的比例高于低 SES 的孩子。不富裕家庭孩子的久坐不动行为更多。

一项研究对小学一年级 630 名学生和 515 名家长进行了调查研究，探讨不同家庭社会经济地位与休闲性身体活动的关联。研究认为，一年级学生在空闲时间里的身体活动是不充分的，有 60.4% 的学生没有参与体育俱乐部或舞蹈俱乐部；学生更多的时间花在看电视或玩电脑游戏上；有 45.1% 的学生在工作日看电视的时间为 2 小时，而 41.5% 的学生在周末看电视的时间达到 3 小时或更多；有 1/3 的学生在工

---

〔1〕 董宏伟. 家庭社会资本对青少年体育锻炼意识与行为的影响及反思 [J]. 沈阳体育学院报，2010，29 (2)：33 -37.

〔2〕 刘德佩. 家庭对日本高中生参与体育的影响 [J]. 福建体育科技，1994 (2)：75 -81.

〔3〕 VILHJALMSSON R，THORLINDSSON T. Factors related to physical activity：a study of adolescents. [J]. Social Science & Medicine，1998，47 (5)：665 -675.

〔4〕 PATNODE C D，LYTLE L A，ERICKSON D J，et al. The relative influence of demographic，individual，social，and environmental factors on physical activity among boys and girls [J]. International Journal of Behavioral Nutrition and Physical Activity，2010，7 (1)：79.

〔5〕 HASBROOK，C. A1. The sport participation - social class relationship：Some recent youth sport participation date [J]. Sociology of sport Journal，1986，3 (2)：154 -159.

〔6〕 TANDON P S，ZHOU C，SALLIS J F，et al. Home environment relationships with children's physical activity，sedentary time，and screen time by socioeconomic status [J]. International Journal of Behavioral Nutrition&Physical Activity，2012，9：88 -96.

〔7〕 OH I H，LEE G，OH C M，et al. Association between the physical activity of korean adolescents and socioeconomic status [J]. J Prev Med Public Health，2009，42 (5)：305 -314.

作日玩电脑的时间为 1 小时，而有 28.5% 的学生在周末玩电脑的时间为 1 小时；家庭社会经济状况与身体活动之间有关联，低收入和低文化程度家庭的孩子参与体育俱乐部或舞蹈俱乐部的比例较低。

Lioret 和 Maire[1]等人研究了法国 1016 名 3 ~ 14 岁孩子的超重与休闲性身体活动、静止性行为与 SES 的关系。结果显示，6 岁以上孩子的超重与 SES 负相关；3 ~ 5 岁孩子中，休闲性身体活动与超重负相关；对所有孩子而言，静止性行为与超重正相关；6 岁以上的孩子中 SES 与静止行为负相关。

Oanh L. Meyer、Laura Castro - Schilo[2]等人研究了 SES 对 44921 名成年人的心理健康和自我评价健康的影响。结果显示，SES 与身体活动正相关，与心理健康和自我评价健康正相关。这说明 SES 是影响心理健康和自我评价健康的重要因素，研究者提出的模型认为种族、性别对 SES 影响的效果具有差别。

有一项研究检验了青少年身体活动和久坐不动行为与 SES 的关系。研究一中，通过采用加速测量仪器连续 6 天测量 339 名孩子（Y = 4.2 ± 0.3）的身体活动和久坐不动行为。研究二中，同样测量了 39 对来自不同 SES 区域的孩子（Y = 5.6 ± 0.3）身体活动和久坐不动行为。SES 的测量采用卡斯戴尔斯（Carstairs）量表（其组成包括社会阶层、拥有汽车量、房子拥挤程度）。研究结果显示，研究一中，男孩身体活动水平高于女孩，九月份测量的身体活动高于十月份，考虑性别和测试月份因素后，SES 对身体活动和久坐不动行为的影响没有显著性。研究二中，富裕区域的孩子与贫困区域孩子的身体活动比较来看，配对 t 检验表明当校正性别与测量月份以后两者没有差异性[3]。

Hyo Lee、Bradley J. Cardinal[4]等人运用加速测试仪对 153 名墨西哥裔美国男孩和 169 名墨西哥裔美国女孩的中、高等强度身体活动进行了连续 7 天的测量，用

---

〔1〕 LIORET S , MAIRE B , VOLATIER J L , et al. Child overweight in france and its relationship with physical activity, sedentary behaviour and socioeconomic status [J] . European journal of clinical nutrition, 2006, 61 (2): 509 – 516.

〔2〕 MEYER O L , CASTRO – SCHILO L , AGUILAR – GAXIOLA S . Determinants of mental health and self – rated health: a model of socioeconomic status, neighborhood safety, and physical activity. [J] . American Journal of Public Health, 2014, 104 (9): 1734 – 1741.

〔3〕 KELLY L A , REILLY J J , FISHER A , et al. Effect of socioeconomic status on objectively measured physical activity [J] . Archives of Disease in Childhood, 2006, 91 (1): 35 – 8.

〔4〕 LEE H , CARDINAL B J , LOPRINZI P D . Effects of socioeconomic status and acculturation on accelerometer – measured moderate – to – vigorous physical activity among mexican american adolescents: findings from nhanes 2003 – 2004. [J] . Journal of Physical Activity & Health, 2012, 9 (8): 1155.

收入—贫困比例（poverty – to – income ratio）来评价 SES。研究发现，在墨西哥裔青少年中 SES 不是影响其身体活动的风险因素。R. Stalsberg 和 A. V. Pedersen 对家庭社会经济地位影响青少年身体活动的相关研究进行了综述。按一定的标准收集了 62 篇相关研究，SES 的测量一般采用教育程度、职业、收入、社区相关指标以及混合测量五种分类方法。分析发现，以社区或区域作为 SES 的参数，似乎 SES 与身体活动之间正相关的比例非常少，仅仅 20% 的研究结果是正相关的。进一步分析发现，以混合方法测量 SES 的文献揭示了一个有趣的趋势：在美国的相关研究中，如果以收入作为 SES 的一个参数，SES 与身体活动正相关，如果没有以收入作为 SES 的一个参数，SES 与身体活动没有相关性。仅有两项美国的研究以父母的职业作为青少年 SES 的参数。在北欧的研究中，五项研究显示 SES 与身体活动具有积极正向关联，八项研究显示没有相关性。总之，在美国的研究中，以经济作为 SES 的参数与以其他变量作为 SES 的参数比较而言，前者与身体活动的关联更密切。对身体活动采用不同的测量方法，其与 SES 的相关性也不同，61% 的研究（32 项研究以持续时间作为身体活动的参数）表明 SES 与身体活动的持续时间正相关。90% 的研究（20 项中有 18 项以活动频率作为身体活动的参数）显示 SES 与身体活动没有相关性。在北欧的研究中，仅有两项以强度作为身体活动的参数，不管身体活动是以强度还是以持续时间为参数都与 SES 没有相关性。有 36 项研究以混合方法测量身体活动，其中 25 项表明 SES 与身体活动有正相关性。从所收集的 62 篇文献中，58% 的文章报告了较高 SES 的青少年比较低 SES 的青少年在身体活动方面更活跃，42% 的研究结果表明 SES 与身体活动没有相关性或负相关。经济因素能解释青少年身体活动倾向的差异性可能是因为身体活动需要花费资金（如运动装备、培训费用或交通）。此外，较少的身体活动也可能是因为居住在低社会经济地位的群体中，没有身体活动的场地，社区缺乏安全感（如犯罪比例高），没有组织性的身体活动。另外，因为来自低收入家庭，父母闲暇时间可能去加班，孩子可能要帮父母处理家务或照顾更小的孩子。教育水平作为影响身体活动的因素可能是因为不同教育水平的人对身体活动所产生的益处认识程度不同。教育水平与个人收入、职业都有密切的关系，这些因素可能交互影响孩子的身体活动。SES 操作化定义的不同，可能是由不同国家的政治体制不同所致，而 SES 操作化不同导致研究结果的不一致。同样地，对身体活动的测量不同，也会导致研究结果的不一致，如有研究者运用四种不同的方法测量身体活动，会得到不同的研究结论[1]。

Seabra、Mendonca[2]等人以683名8～10岁的孩子为对象，探讨性别、体重和社会经济地位对学龄孩子身体活动的影响。研究结果发现，高SES水平的孩子与低SES水平的孩子比较而言认为体育锻炼更重要；同样，高SES水平的女孩比低SES的女孩更喜欢运动性的身体活动；高SES水平的孩子更能感受到父母积极的榜样作用以及更喜欢身体活动。

Pooja S. Tandon、Chuan Zhou[3]等人研究了不同社会经济背景下SES与孩子身体活动、久坐不动时间和看电视时间的关系。以715名6～11岁的孩子为对象，以家长受教育程度和收入来表示SES，身体活动用加速传感器进行测量，通过问卷调查来测量家庭环境。研究结果显示，低SES家庭的卧室与高SES家庭比较而言有更多的电子媒体（TV：52%vs 14%，DVD：39% vs 14%，游戏机：21% vs 9%），但可用的运动器械较少（自行车：52% vs 14%，跳绳：69% vs 83%）。低SES家庭对孩子的身体活动有更多的限制，父母与孩子一起看电视的时间比高SES家庭多（2.4小时/天 vs 1.7小时/天）。该研究认为，低SES家庭为孩子提供了更多的久坐不动的机会和较少的身体活动，把一些电子媒体从孩子的卧室中移除，能有效地减少患慢性疾病的风险。

Voorhees、Catellier[4]等人探讨了社区经济地位与青少年课外身体活动和体重指数的关系。以来自六个区36所小学的1554名六年级女生为对象，社区SES以汤生指数（Townsend Index）作为参数，用加速度传感器测量课外身体活动，身体活动的类型、地点和内容用三日身体活动回忆量表进行测量。结果表明，校正种族后，父母教育程度越低的女生体重指数越高，SES与客观测量的身体活动没有关联性。但是，在身体活动的地点和类型方面有下面的特征：低SES的女生参与中、高强度

---

〔1〕 STALSBERG R，PEDERSEN A V. Effects of socioeconomic status on the physical activity in adolescents：a systematic review of the evidence［J］. Scandinavian Journal of Medicine & Science in Sports，2010，20（3）：368－383.

〔2〕 SEABRA A，MENDONCA D，MAIA J，et al. Gender，weight status and socioeconomic differences in psychosocial correlates of physical activity in schoolchildren［J］. Journal of Science & Medicine in Sport，2013，16（4）：320－326.

〔3〕 TANDON P S，ZHOU C，SALLIS J F，et al. Home environment relationships with children's physical activity，sedentary time，and screen time by socioeconomic status［J］. International Journal of Behavioral Nutrition&Physical Activity，2012，（9）：88－96.

〔4〕 VOORHEES C C，CATELLIER D J，ASHWOOD J S，et al. Neighborhood socioeconomic status and non school physical activity and body mass index in adolescent girls.［J］. J Phys Act Health，2009，6（6）：731－740.

的身体活动的地点一般倾向于家，而高 SES 的女生进行身体活动的地点一般是学校或社区；低 SES 女生所从事的是自发的、非组织性身体活动，而高 SES 女生则参与组织性的身体活动（运动队、健身项目和健身课堂）。

Jorge Mota、Rute Santos〔1〕等人的研究认为，较高 SES 的女孩比低 SES 的同龄女孩身体活动更为活跃（OR = 2.4；95% CC =1.3 –4.4），与中等 SES 女孩比较其优势比为 OR = 1.6；95% CC =1.14 –2.3。

Earl S. Ford 和 Robert K. Merritt〔2〕等人认为身体活动习惯可以分为休闲性身体活动、工作性身体活动、家务性身体活动和行走。他们比较了低 SES 的 172 名妇女、84 名男子与高 SES 的 208 名妇女、95 名男子的身体活动。研究结果显示，低 SES 的妇女是身体活动最少的群体，为 1536 ± 1701 分钟/周，而高 SES 的妇女是身体活动最活跃的群体，为 2079 ± 1807 分钟/周。高 SES 男子身体活动为 1952 ± 1799 分钟/周，而低 SES 男子为 1948 ± 1916 分钟/周。高 SES 妇女把更多的时间花在休闲性身体活动上，而低 SES 妇女则把更多的时间花在工作性身体活动和家务性身体活动上。低 SES 男子把更多的时间花在行走和家庭琐事上，而高 SES 男子则把更多的时间花在休闲性身体活动上。以上结果提示我们，不同阶层的群体，身体活动的类型有所不同，这与各群体的职业、收入状况有着密切的联系。

Mohammad Talaei 等人对居住在伊朗城市的 6622 名成年人的身体活动进行了研究，通过问卷调查收集了休闲性身体活动、职业性身体活动、家务性身体活动和交通性身体活动的信息。研究发现，在四类身体性活动中，除了家务性身体活动以外，男性的其他三类身体活动及总的身体活动显著高于女性。高 SES 男性和女性的休闲性身体活动均高于低 SES 的男性和女性。而高 SES 男性的总体身体活动水平显著低于低 SES 男性，原因在于低 SES 男性的职业性身体活动比高 SES 男性的高出许多。而女性的职业性身体活动在 SES 上没有差异性。在家务性身体活动方面，中 SES 女性高于低 SES 和高 SES 的女性，而高 SES 女性最低，女性的交通性身体活动在 SES 上没有差异性。不同的国家，由于其文化、风俗习惯的差异，男女在社会分工上存在差异性，这些因素也会导致身体活动方面存在差异性。

---

〔1〕 MOTA J，SANTOS R，PEREIRA M，et al. Perceived neighbourhood environmental characteristics and physical activity according to socioeconomic status in adolescent girls［J］. Annals of Human Biology，2011，38（1）：1 –6.

〔2〕 FORD E S，MERRITT R K，HEATH G W，et al. Physical activity behaviors in lower and higher socioeconomic status populations［J］. American Journal of Epidemiology1991，133（12）：1246.

Santos〔1〕等人研究了家庭社会经济地位对孩子参与组织性身体活动和非组织性身体活动关系的影响。通过问卷调查收集了受试者身体活动的相关信息（强度、次数、时间）以及父母的职业、收入和教育程度等信息。研究结果显示，来自高 SES 家庭的孩子参与更多的组织性身体活动（组织性身体活动是指有教练或运动专家指导的各种运动，而非组织性身体活动是没有人指导的各种运动），非组织性身体活动除了在母亲受教育程度方面有显著性差异外，家庭其他因素对孩子的非组织性身体活动没有影响。组织性身体活动具有强度大、频率高和集体性运动项目的特点，而非组织性身体活动则具有强度小、频率低和个体性运动项目的特点。不同社会经济地位的家庭的孩子，可能在身体活动的类型、时间、频率方面具有差异性。

2.2.1.3 家庭非过程性变量对青少年身体活动影响的评述

从以上对家庭结构、父母文化程度和家庭社会经济地位对青少年身体活动的影响研究的文献回顾中发现，大多数研究认为家庭非过程性变量会影响青少年的身体活动及其他一些健康行为。但也有相当一部分研究认为非过程性变量对青少年的身体活动没有影响。在认为有影响的研究中，正常家庭结构的孩子身体活动水平比单亲家庭孩子身体活动水平要高，原因可能是单亲家庭的经济负担较大，父母工作压力较大，无闲暇时间管理孩子的学习和健康行为。父母的文化程度一般用母亲的文化程度作为控制变量，有的研究认为家庭文化程度正向影响孩子的身体活动，但有些认为没有影响，甚至负向影响孩子的身体活动。父母文化程度影响孩子的身体活动可能与不同国家的文化、风俗习惯及体育锻炼氛围有关系。家庭社会经济地位对青少年身体活动的影响也没有得出一致性的结果，但大多数研究认为家庭社会经济地位正向影响青少年身体活动。

总之，家庭结构、父母文化程度和家庭社会经济地位影响青少年身体活动的结论不具有一致性，可能与测量身体活动的方法、控制变量的评价不同有关，还可能与不同社会的文化、风俗习惯和体育锻炼的氛围有关。为此，需要有更多的研究来进一步检验不同地域的家庭结构、父母文化程度和家庭社会经济地位对青少年身体活动的影响。

---

〔1〕 SANTOS M P, ESCULCAS C, MOTA J. The relationship between socioeconomic status and adolescents' organized and nonoragnized physical activities［J］. Pediatric ecercise science. 2004. 16（3）: 210－218.

2.2.2 家庭过程性变量对青少年身体活动的影响

青少年的身体活动与他们一系列的健康利益相关，包括预防肥胖、提高骨密度、降低心血管疾病的风险因素以及积极正向影响和调节心理健康。促进青少年身体活动成为发达国家公共健康领域的一个备受关注的问题。为了干预策略的发展，厘清影响青少年身体活动的关键因素显得尤为重要。家庭体育环境可能在诸多方面影响孩子的身体活动，父母作为孩子的一面镜子，起着榜样示范的作用，同时通过控制孩子身体活动的机会支持或限制孩子的身体活动。家庭其他成员同样也有可能通过榜样示范作用和社会性支持影响孩子的身体活动。家庭体育物理环境既能为孩子提供身体活动的机会（如为孩子进行身体活动提供可用装备），也可能为孩子营造久坐不动的环境（如电视、电脑以及其他电子娱乐设备等）。

关于家庭体育环境与青少年身体活动的关系这一问题，前人已经有了一些研究，对前人研究成果的梳理有助于我们更好地理解这一问题。下面将按前文中所定义的“家庭体育环境”的结构对前人的相关成果进行总结与评述，从而为本研究提供理论指导和研究的框架。

2.2.2.1 家庭体育物理环境对青少年身体活动的影响

2.2.2.1.1 实验性研究证据

在实验性研究中，改变家庭体育物理环境主要采用两种策略：一种是采用电视限制装置，另一种是运用身体活动视频游戏。研究发现，运用电视限制装置成功地减少了观看电视的时间，从而改善了受试者的体重指数[1]。

有研究者通过控制家庭体育物理环境来减少久坐行为。French[2][3]、

---

〔1〕 MAITLAND, BRAHAM, REBECCA, et al. A place for play? The influence of the home physical environment on children's physical activity and sedentary behaviour [J]. International Journal of Behavioral Nutrition & Physical Activity, 2013, 10 (1): 99 -99.

〔2〕 FRENCH S A, GERLACH A F, MITCHELL N R, et al. Household obesity prevention: take action—a group - randomized trial [J]. Obesity, 2011, 19 (10): 2082 -2088.

〔3〕 FRENCH S A, MITCHELL N R, HANNAN P J. Decrease in television viewing predicts lower body mass index at 1 - year follow - up in adolescents, but not adults [J]. Journal of Nutrition Education & Behavior, 2012, 44 (5): 415 -422.

Mhurchu[1]等人通过减少观看电视的时间来改变久坐不动的行为，研究结果显示这是行之有效的方法。有不少研究通过安装、启用体育锻炼装备来增加体育锻炼行为。Jakicic[2]等人的随机对照试验结果显示，控制组因在家中安装了跑步机，其体育锻炼的坚持性比对照组好。Canning[3]等人的研究结果也支持 Jakicic 的研究结果。有研究使用体育锻炼的 DVD 作为成年人家庭体育锻炼的干预手段，结果显示这种干预手段对成年人影响比较小。但使用体育锻炼的视频资料是一种比较简单的、经济的干预方法。有研究通过改变使人久坐不动的装备（电子游戏机、电视、手机等设备常常使人处于久坐不动的状态）来增加体育锻炼。最普遍的研究是将标准的电子游戏系统改变成电子健身游戏系统，关于这方面的研究结果显示取得了非常好的效果。

2.2.2.1.2 横向研究证据

有研究者对家庭媒介资源如电视、电脑、游戏机等的数量与久坐不动的时间进行了相关性研究。Bauer[4]、Gorin[5]等人关于家庭所拥有电视数量与观看时间相关性的研究结果比较混杂，当研究者考虑性别因素时，女孩家中所拥有的媒介装备与观看时间有较高的正相关性。与男孩比较而言，家中媒介装备的数量更可能影响到女孩的行为。Dennison[6]、Sirard[7]、Van Zutphen 等人检验了电子媒介的位置与行为的关系，研究了青少年卧室有电视对其行为的影响，研究结果都显示，卧室有电视影响身体活动，卧室有电视与体育锻炼行为呈负相关而与静止性行为呈正相

---

〔1〕 MHURCHU C N , ROBERTS V , MADDISON R , et al. Effect of electronic time monitors on children's television watching: pilot trial of a home - based intervention [J] . Preventive Medicine, 2009, 49 (5): 413 -417.

〔2〕 JAKICIC J M, WINTERS C, LANG W, et al. Effects of intermittent exercise and use of home exercise equipment on adherence, weight loss, and fitness in overweight women: a randomized trial [J] . Jama, 1999, 282 (16): 1554 -1560.

〔3〕 CANNING C G , ALLEN N E , DEAN C M , et al. Home - based treadmill training for individuals with Parkinson's disease: a randomized controlled pilot trial [J] . Clinical Rehabilitation, 2012, 26 (9): 817.

〔4〕 BAUER K W , NEUMARK - SZTAINER D , FULKERSON J A , et al. Familial correlates of adolescent girls' physical activity, television use, dietary intake, weight, and body composition [J] . International Journal of Behavioral Nutrition and Physical Activity, 2011, 8 (1): 25.

〔5〕 GORIN A A , PHELAN S , RAYNOR H , et al. Home food and exercise environments of normal - weight and overweight adults [J] . Am J Health Behav, 2011, 35 (5): 618 -626.

〔6〕 DENNISON B A , ERB T A , JENKINS P L . Television viewing and television in bedroom associated with overweight risk among low - income preschool children [J] . Pediatrics, 2002, 109 (6): 1028.

〔7〕 SIRARD J R , LASKA M N , PATNODE C D, et al. Adolescent physical activity and screen time: associations with the physical home environment [J] . International Journal of Behavioral Nutrition & Physical Activity, 2010, 7 (1): 1 -9.

关。Saillis[1]认为，人久坐不动的懒惰的生活方式是现代建筑环境的结果，城市环境是步行和骑车的最大障碍。Aarnio[2]等人认为 16 岁孩子的体育活动倾向主要是由环境因素决定的。

研究者们研究了家庭体育器械（exercise equipment）数量与身体活动行为的关系。Dunton[3]等人以青少年女孩为对象，研究发现，女孩使用体育器械的频率与体育器械的可用性和多样性有相关性。用各种体育器械来预测个体的体育锻炼行为是有显著意义的，但仅限于成年女性。其他研究结果也显示家庭体育器械最有可能被青少年和成年女性使用。研究者们研究了身体活动与家庭中小型体育器械（physical activity materials）的关系，研究结果具有性别差异。Patnode[4]等人研究发现，家庭中可用的和容易接触的小型体育器械能预测男孩的中高等强度的体育锻炼行为，但对女孩不起作用。Sirard 等人的研究结果认为，家庭体育器械对青少年男女身体活动行为有影响，但影响很小。研究显示，家庭中的电子媒介与孩子静止性活动呈正相关，部分研究证明了家庭体育器械与孩子静止性活动呈负相关。

2.2.2.1.3 小 结

不论是横向的相关性研究，还是实验性的因果关系研究，大多数研究支持家庭体育物理环境影响孩子的身体活动。家庭能为孩子提供容易接触和可用的体育装备，这些体育装备能促进孩子进行身体活动。反之，家庭也能为孩子提供久坐不动的物理环境，如电视、手机、游戏机、电脑等。弄清家庭体育物理环境与孩子身体活动的关系，有利于家长改变家庭的物理环境，从而促进孩子的体育锻炼，进而使整个家庭的生活方式更健康。目前，国内关于家庭体育物理环境与孩子身体活动的关系的研究不多，值得我们去探讨。

---

〔1〕 SALLIS J F . Environmental influences on physical activity: applying ecological models [J] . Journal of Sport & Exercise Psychology, 2000, 63 (11): 1 – 10

〔2〕 AARNIO M, WINTER T, KUJALA U M, et al. Familial aggregation of leisure – time physical activity – a three generation study [J] . International journal of sports medicine. 1997, 18 (7): 549 – 556.

〔3〕 DUNTON G F , JAMNER M S , COOPER D M . Assessing the perceived environment among minimally active adolescent girls: validity and relations to physical activity outcomes [J] . American Journal of Health Promotion Ajhp, 2003, 18 (1): 70.

〔4〕 PATNODE C D , LYTLE L A , ERICKSON D J , et al. The relative influence of demographic, individual, social, and environmental factors on physical activity among boys and girls [J] . International Journal of Behavioral Nutrition and Physical Activity, 2010, 7 (1): 79.

2.2.2.2 家庭体育行为环境对青少年身体活动的影响

2.2.2.2.1 家庭体育行为环境的形式

家庭体育行为环境是父母与孩子进行身体活动的组织互动形式，这种互动形式一般可以分为两种，一种是父母对孩子的要求，另一种是父母对孩子的应答。前者是控制性的，而后者是支持性的。

父母对孩子体育锻炼的支持主要表现为鼓励孩子参与体育锻炼、与孩子一起进行体育锻炼、观看孩子进行体育锻炼、和孩子一起谈论体育锻炼方面的事情等。父母对孩子的控制主要指奖励或惩罚、体育锻炼的规章制度及限制三个方面。奖励或惩罚是指父母用体育锻炼来奖励或惩罚孩子的行为，也包括父母利用屏幕来控制孩子的行为，如孩子表现出色或完成了父母规定的学习内容就允许孩子看屏幕，反之则反。体育锻炼的规章制度是指父母制定的一些在家或家外进行体育锻炼的规定，如规定孩子与同学或朋友进行体育锻炼的时间、地点、运动项目。限制是指父母因为天气原因限制孩子进行体育锻炼，或为了保障孩子的学习时间而限制孩子玩耍的时间和机会。孩子从事体育锻炼是一个做决定的过程，这一过程就是孩子与父母合作的过程，父母的支持与控制可能促进或阻止孩子的身体活动行为〔1〕。

2.2.2.2.2 父母支持对孩子身体活动的影响

父母支持包括鼓励、榜样、为孩子提供后勤支持等方面。有研究表明，父母为孩子参与体育运动或其他形式的身体活动提供交通支持与孩子身体活动水平显著正相关。在另外一些研究中发现，父母的口头鼓励和督促孩子参与身体活动与孩子的身体活动水平显著正相关。Golan 和 Weizman〔2〕以社会生态理论为基础研发了一个概念模型来治疗孩子的肥胖，该模型认为，在影响孩子身体活动的因素中，父母是最具影响的变量，突出体现在以下几个方面：父母对健康生活方式的知识、父母培养孩子的技能、家庭体育物理环境和父母健康生活方式的榜样。但也有一些研究不

---

〔1〕 KALAKANIS L E , GOLDFIELD G S , PALUCH R A , etal. Parental activity as a determinant of activity level and patterns of activity in obese children ［J］ . Research Quarterly for Exercise & Sport, 2001, 72 (3): 202 - 209.

〔2〕 GOLAN M , WEIZMAN A . Familial approach to the treatment of childhood obesity: conceptual model ［J］ . J Nutr Educ, 2001, 33 (2): 102 - 107.

支持上面的结论。例如，Cislak[1]等人的文献综述表明，没有一致性的证据证明父母的支持与孩子的体育锻炼行为呈正相关。但同时指出在干预性的研究中，随着父母卷入程度的增加，孩子体育锻炼和减肥的效果也会增加。Pugliese 和 Tinsley[2]的 meta 分析表明，父母的榜样、鼓励和工具性支持与孩子的身体活动显著相关。有些研究表明父母参与身体活动与孩子的身体活动有中度甚至高度相关性[3][4]，而另外一些研究表明两者之间有较弱或没有相关性[5][6][7]。研究差异性可能是由测量指标不同导致的，如有的用客观指标，而有的用孩子感知和父母自我报告。Stewart G. Trost[8]等人认为，父母身体活动的榜样作用可能不能充分影响孩子进行身体活动，因为父母的身体活动不能帮助孩子清除身体活动的障碍，如不能帮助孩子形成运动技能，不能帮助孩子与其他同伴形成密切联系或不能帮助孩子到最合适他们的地点去锻炼。

有文献运用各种不同的测量方法测量身体活动水平包括父母自我报告，进行详细的行为观察以及使用加速传感器，发现父母身体活动水平与孩子身体活动水平高度相关，父母身体活动越多其孩子身体活动也越多。这说明父母身体活动在发展孩子身体活动中起着重要作用，可能是因为父母的榜样作用为孩子进行身体活动提供了社会性的支持或父母为孩子提供了一个可分享的体育锻炼环境，如可接触的体育器材。

父母参与体育活动的频率影响子女体育参与的坚持性，调查结果发现，父母每周进行三次锻炼与孩子参加体育协会或俱乐部活动这种参与体育锻炼的情况有显著

---

〔1〕 CISLAK A. Family – related predictors of body weight and weight – related behaviours among children and adolescents: a systematic umbrella review [J]. Review Article, 2011, 38 (3): 321 – 331.

〔2〕 PUGLIESE J, TINSLEY B. Parental socialization of child and adolescent physical activity: a meta – analysis. [J]. J Fam Psychol, 2007, 21 (3): 331 – 343.

〔3〕 FREEDSON P S, EVENSON S. Familial aggregation in physical activity [J]. Research Quarterly for Exercise & Sport, 1991, 62 (4): 384 – 389.

〔4〕 MOORE L L, LOMBARDI D A, WHITE M M J, et al. Influence of parents' physical activity levels on activity levels of young children [J]. The Journal of Pediatrics, 1991, 118 (2): 215 – 219.

〔5〕 BRUSTAD, ROBERT J. Who will go out and play? Parental and psychological influences on children's attraction to physical activity [J]. Pediatric Exercise Science, 1993, 5 (3): 210 – 223.

〔6〕 DEMPSEY J M, KIMIECIK J C, HORN T S. Parental influence on children's moderate to vigorous physical activity participation: an expectancy – value approach [J]. Pediatric Exercise Science, 1993, 5 (2): 151 – 167.

〔7〕 KIMIECIK J C, HORN T S. Parental beliefs and children's moderate – to – vigorous physical activity [J]. Res Q Exerc Sport, 1998, 69 (2): 163 – 175.

〔8〕 TROST S G, SALLIS J F, PATE R R, et al. Evaluating a model of parental influence on youth physical activity [J]. American Journal of Preventive Medicine, 2003, 25 (4): 277 – 282.

相关，但与孩子每天锻炼1小时没有显著相关。父母每次锻炼30分钟与孩子每天锻炼1小时有显著相关。父母与孩子一起观看体育比赛，谈论体育比赛，也会影响孩子体育锻炼行为的坚持性〔1〕。董宏伟〔2〕的研究结果支持父母参与体育锻炼的频率对中小学生体育锻炼行为的影响具有高度的显著性。父母体育锻炼行为的程度与子女参与体育活动的水平呈正相关，父母或兄弟姐妹的体育经历、运动能力也会影响青少年的体育锻炼行为。父母年轻时的体育经历对男高中生体育锻炼行为有影响，其参与体育锻炼的比例要高于父母年轻时没有体育经历的男高中生，但这种影响存在性别差异，父母年轻时的体育经历对女高中生没有显著性影响〔3〕。

Alison M. McMinn 和 Simon J. Griffin〔4〕等人对1608名9～10岁的学生及其家长进行了调查。研究发现，课后中高强度的身体活动与父母受教育程度相关；与父母允许孩子到街区玩耍正相关；与限制孩子步行或骑自行车外出负相关；与家庭支持正相关。周末身体活动与家庭兄弟姐妹的个数正相关；与家庭鼓励和家庭社会支持正相关。从研究结果可知，家庭支持与孩子课外身体活动正相关。而父母的规定与限制仅对孩子工作日的身体活动有重要作用。这一研究结果提示我们，加强孩子身体活动应该考虑到合适的时间段。

XiaoLin Yang 和 Risto Telama〔5〕等人进行了一项12年的跟踪研究，探讨父母身体活动、社会经济地位和教育程度对青少年身体活动的预测能力。对1980年年龄为9岁、12岁、15岁的青少年各635人、648人和598人的身体活动进行了最初的测量，然后每3年对受试者进行同样的测量。研究结果显示，父母特别是父亲积极参与身体活动对孩子的身体活动特别是休闲性的身体活动有积极影响。身体活动活跃的父亲与身体活动消极的父亲相比，前者的孩子比后者的孩子更有可能参与运动锻炼，并且前者对孩子参与身体活动影响的时间比后者长。参与身体锻炼的母亲仅影响女孩参与身体活动。父亲的身体活动能显著预测孩子未来的身体活动。从孩子未

〔1〕 陈宝玲，卢元镇．家庭对大学生体育意识与行为的影响［J］．体育文化导刊，2008（1）：100－102.

〔2〕 董宏伟．家庭社会资本对青少年体育锻炼意识与行为的影响及反思［J］．沈阳体育学院报，2010，29（2）：33－37.

〔3〕 刘德佩．家庭对日本高中生参与体育的影响［J］．福建体育科技，1994（2）：75－81.

〔4〕 MCMINN A M，GRIFFIN S J，JONES A P，etal. Family and home influences on children's after－school and weekend physical activity［J］. European Journal of Public Health，2013（5）：805－810.

〔5〕 YANG X L，TELAMA R，LAAKSO L. Parents physical activity，socioeconomic status and education as predictors of physical activity and sport among children and youths － a 12－year follow－up study［J］. International Review for the Sociology of Sport，1996，31（3）：273－291.

来参与身体活动的角度来看，当孩子 9 岁或更小时，父亲的身体活动水平对孩子的影响似乎更为重要。

Kashica J. Webber 与 Lois J. Loescher[1]对非裔父母的榜样作用影响孩子健康饮食和身体活动进行了综述。研究者按照一定的筛选文献的标准，选取了 21 篇文章。在父母身体活动的榜样作用方面主要有如下发现：父母的自我效能有助于帮助孩子从事身体活动；父母的行为是孩子身体活动的促进者；父母身体活动的信念影响他们个人的身体活动。父母缺乏体育锻炼影响孩子维持健康体重；父母相信自己的行为在维持孩子身体活动中起着主要作用；父母把身体活动作为自己的孩子的目标与孩子把身体活动作为自己的目标比较来看，前者能使孩子从事更多的身体活动；父母榜样作用的障碍主要包括时间的限制和环境因素。

2.2.2.3　家庭体育心理环境对青少年身体活动的影响

家庭体育心理环境主要是指父母对孩子从事身体活动的价值信念、期望信念和态度。有调查结果显示，珠三角地区家庭中，家长的体育意识对大学生体育行为的形成是有显著相关意义的，家长对学生参与体育活动的支持也得到学生的认可，家长与学生对参加体育锻炼的必要性的认识是一致的[2]。Jay C. Kimiecik、Thelma S. Horn[3]等人运用家庭影响孩子参与中高强度身体活动模型探讨了孩子的体育锻炼信念与孩子感知父母对他们参与体育锻炼的信念及孩子体育锻炼行为的关系。研究结果显示，孩子体育锻炼的信念与体育锻炼行为相关，感知父母对孩子体育锻炼的信念作为父母和孩子体育锻炼信念的中介变量，也与孩子体育锻炼的信念紧密正相关。多元分析结果显示，孩子体育锻炼行为的最强预测变量是孩子的体育锻炼相关的能力感和任务定向，孩子直接受到父母对自己的信念的影响，如果孩子感知到父母认为他们有很强的体育能力，他们就会更加积极地参与到体育锻炼中去。

Eccles 等人（1983，1998）提出了期望价值模型和父母社会化理念，这一模型

---

〔1〕 WEBBER K J, LOESCHER L J. A systematic review of parent role modeling of healthy eating and physical activity for their young African American children [J]. Journal for Specialists in Pediatric Nursing Jspn, 2013, 18 (3): 173 – 188.

〔2〕 陈宝玲，卢元镇．家庭对大学生体育意识与行为的影响［J］．体育文化导刊，2008（1）：100 – 102.

〔3〕 KIMIECIK J C, HORN T S, SHURIN C S. Relationships among children's beliefs, perceptions of their parents' beliefs, and their moderate – to – vigorous physical activity [J]. Res Q Exerc Sport, 1996, 67 (3): 324 – 336.

指出父母的态度、信仰、价值观和行为会影响孩子的感知、价值观、态度和行为。研究发现，感知父母运动投入、儿童运动期望价值信念与孩子身体活动显著正相关[1]。吕树庭[2]等人的研究认为，在家庭诸多因素中，父母对孩子参与体育运动的态度是影响孩子体育锻炼行为的主要因素，其次是父母年轻时喜欢体育的程度，再次是父母现在参与体育运动的态度和所拥有的运动技能，最后是父母的体育价值观和家庭经济状况。有研究表明家长的体育态度对青少年体育锻炼行为具有显著性的影响。Yang、Telama[3]等人经过12年的纵向跟踪研究发现，孩子体育锻炼的坚持性与父母体育锻炼的频率呈高度的正相关。Julien E. Bois[4]等人发现母亲身体活动的榜样作用能直接影响孩子的身体活动，母亲对孩子运动能力的信念能间接影响孩子的身体活动。但父亲对孩子身体活动能力的信念能直接影响孩子的身体活动。父母在孩子社会化和形成孩子的价值和信念系统中起着关键性作用[5]。

2.2.2.4 分析与评述

前人研究结果表明，青少年身体活动与家庭环境呈现出一种混杂不清的关系。研究结果的不一致，可能与样本的大小、评价身体活动的方法或家庭体育环境各变量测量的方法不同有关，也可能与身体活动测量的方法及测量的有效性不同有关。另外还有一些因素如身体活动测量的时间、特定的场景也可能影响测量的结果。例如，孩子冬天与夏天的身体活动可能有所不同，工作日的身体活动可能与周末的身体活动有差异，校内的身体活动与校外的身体活动也可能不同。因为对身体活动的测量本身就是一个很大的挑战，无论是回忆性的测量，还是运用各种可佩戴性仪器进行所谓的客观测量，都不可能精确无误。家庭体育环境与身体活动的关系不具有

[1] 许欣，姚家新，杨剑，等．儿童运动期望－价值信念对运动行为的影响——以儿童感知父母运动投入程度为中介变量［J］．武汉体育学院学报，2013，47（3）：53－58.

[2] 吕树庭，刘一隆，宋会军，等．家庭对中学生参与体育的影响［J］．上海体育学院学报，1995（3）：9－14.

[3] YANG X L, TELAMA R, LAAKSO L. Parents physical activity, socioeconomic status and education as predictors of physical activity and sport among children and youths － a 12－year follow－up study［J］. International Review for the Sociology of Sport, 1996, 31（3）：273－291.

[4] BOIS J E, SARRAZIN G P, BRVSTAD R J, et al. Elementary schoolchildren's perceived competence and physical activity involvement: the influence of parents' role modeling behaviours and perceptions of their child's competence［J］. Psychology of Sport and Exercise, 2005, 6（4）：381－397.

[5] SPERA C. A review of the relationship among parenting practices, parenting styles, and adolescent school achievement. Educational Psychology Review, 2005, 17（2）, 125－146.

一致性，甚至出现一些相反的结论也在情理之中，但这并不妨碍我们对家庭体育环境对青少年身体活动的影响的研究，反而更需要我们从不同地域、不同人群中去探讨家庭体育环境与青少年身体活动的关系。另外，我们需要思考的是家庭体育环境与青少年身体活动关系不明朗，是否因为存在其他中介变量影响了两者的关系。为此，我们的研究将引入中介变量来考察家庭体育环境与青少年身体活动的关系。

2.3 锻炼动机对青少年身体活动影响的研究

锻炼动机是启动或维持体育锻炼的原因或感知到的刺激。自我决定理论（SDT）已经被广泛地运用到健康、教育和体适能等各个领域，它被认为是新颖而独特的，因为它不仅关注动机本身，还关注动机的方向和目标〔1〕。也就是人们为什么做这件事，以及他们做这件事要达到何种程度。SDT 在预测青少年儿童学习身体活动的能力、坚持性和学业成绩方面非常有用和可靠，在锻炼领域最广泛的应用就是自主性动机的水平与锻炼行为的关系。

动机是锻炼行为的关键决定因素〔2〕〔3〕，这种动机可能源于个体内在的兴趣（内部动机）或外部的动力源（外部动机）。在大多数的身体活动中，两种形式的动机可能同时存在。外部动机需要意志力控制而内部动机在本质上是自主的。

2.3.1 国外相关研究

有研究者认为，动机与锻炼的频率、强度、持续时间、意图有关系。Duncan 等人运用“锻炼行为调节问卷”第二版评价受试者的动机，同时测量了受试者的锻炼频率、强度和持续时间。测量结果显示得分情况为：认同调节 > 内部调节 > 整合调节 > 内摄调节 > 外部调节 > 无动机，锻炼频率、强度和持续时间与内部动机和自主

〔1〕 DECI E L , RYAN R M . The what and why of goal pursuits: human needs and the self – determination of behavior [J] . Psychological Inquiry, 2000, 11 (4): 227 – 268.

〔2〕 BARBEAU A , SWEET S , FORTIER M . A path - analytic model of self - determination theory in a physical activity context [J] . Journal of Applied Biobehavioral Research, 2010, 14 (3): 103 – 118.

〔3〕 STANDAGE M , SEBIRE S J , LONEY T . Does exercise motivation predict engagement in objectively assessed bouts of moderate – intensity exercise? A self – determination theory perspective. [J] . J Sport Exerc Psychol, 2008, 30 (4): 337 – 352.

性形式的外部动机的相关性强[1]。可见，报告自主性动机高的人如认同调节、内部调节，其参与身体活动的可能性要高。而报告控制性动机高者有较低的身体活动参与率。Edmunds[2]等人发现，内摄调节能正向预测总体的身体活动，内摄调节和认同调节能正向预测高强度的身体活动，而外部调节与高强度的身体活动负相关。

自主性动机高者报告了较高的身体活动自尊，而控制性动机高者报告了较低的身体活动自尊。能感受到身体活动带来的积极健康效益或体会到身体活动的乐趣会有较高的身体活动自尊[3]。能力感和关联性与锻炼乐趣正相关，在一项运动中能力感比自我效能感显得更重要，就身体活动的坚持性而言，要考虑到锻炼的乐趣、能力感与关联性。感知到重要他人的自主性支持，会选择更自主的锻炼调节，继续锻炼的意图也更明显[4]。感知自主性支持与认同调节、内部调节与将来的锻炼意图正相关。

SDT 表明，越是内部调控的动机，心理健康的水平越高。有几项研究支持了这一观点。外部动机与幸福感负相关，而内部动机与幸福感正相关。Maltby 和 Day 发现，有规律锻炼超过六个月的个体，其内部调节和自尊的得分高，外部调节、躯体症状、焦虑、社交障碍和沮丧比规律锻炼不到六个月者低[5]。内部调节与某项运动的坚持性有很强的关系。Ryan 发现能力感和兴趣能显著预测锻炼活动的坚持性[6]。Ingledew 等人的研究支持了这一结论，发现连续锻炼超过六个月的锻炼人群的内部调节比连续锻炼不足六个月的人群强[7]。可见，内部动机是锻炼坚持性的重要因素。重要他人的自主性支持对青少年身体活动的影响较大，为青少年提供一

---

〔1〕 DUNCAN L R , HALL C R , WILSON P M , etal. Exercise motivation: a cross – sectional analysis examining its relationships with frequency, intensity, and duration of exercise ［J］. International Journal of Behavioral Nutrition and Physical Activity, 2010, 7 (1): 7.

〔2〕 EDMUNDS J , NTOUMANIS N , DUDA J L . A test of self – determination theory in the exercise domain ［J］. Journal of Applied Social Psychology, 2006, 36 (9): 2240 –2265.

〔3〕 WILSON P M , RODGERS W M . The relationship between exercise motives and physical self – esteem in female exercise participants: an application of self – determination theory ［J］. Journal of Applied Biobehavioral Research, 2002, 7 (1): 30 –43.

〔4〕 WILSON P M , RODGERS W M . The relationship between perceived autonomy support, exercise regulations and behavioral intentions in women ［J］. Psychology of Sport & Exercise, 2004, 5 (3): 229 –242.

〔5〕 MALTBY J , DAY L . The relationship between exercise motives and psychological well – being ［J］. J Psychol, 2001, 135 (6): 651 –660.

〔6〕 RYAN R M , FREDERICK C M , LEPES D , etal. Intrinsic motivation and exercise adherence ［J］. International Journal of Sport Psychology, 1997, 28 (4): 335 –354.

〔7〕 INGLEDEW D K I , MARKLAND D , MEDLEY A R . Exercise motives and stages of change ［J］. Journal of Health Psychology, 1998, 3 (4): 477 –489.

种能胜任的身体活动，或让青少年在身体活动中感知到胜任感，能满足青少年对能力需要的基本心理。在参与身体活动过程中为青少年提供一个有意义的解释，能使其减少压力，从个人情感角度认可目标，让青少年有充分的自主性。从自我决定理论的视角，在一些健康行为促进的研究中，提高自主性支持的技巧被运用。Wilson 和 Rodgers 验证了感知自主性支持在锻炼中的作用，感知到自主性支持与认同调节、内部调节、锻炼意向乃至外部调节都有相关性[1]。

锻炼动机在性别上有较大差异。女性锻炼的动机更关注自我形象，如体重、形体和外表[2]。反观男性，锻炼的动机可能是为了挑战、竞争、社会认同或能力达到一定的水平[3]。男女在认同调节和内摄调节上有差异[4]。但 Eva Guérin、Elena Bales 的一项研究却不支持男女之间在锻炼行为调节的几个维度上有差异，认为男女在自我决定理论视角下的锻炼动机是没有差别的，在这几种动机类型上男女具有同等水平[5]。

一项来自各个领域（肥胖、戒烟等）的关于实施干预健康行为的 meta 分析认为满足基本心理需要与自我决定形式的动机类型（如整合调节、认同调节）相关，并且会取得好的健康效果。相反，不能满足基本心理需要与控制性的动机（如内部调节和认同调节）相关，而且不会取得好的健康效果[6]。

内部调节需要自发性地偏爱某种行为，这种行为具有挑战性和可能检验某种技能，这种类型的动机与基本心理需求如自主性和能力感有正向相关关系[7]。相反，无动机和外部调节与基本心理需求呈负相关性。内摄调节、认同调节和整合调节是

---

〔1〕 WILSON P M , RODGERS W M . The relationship between perceived autonomy support, exercise regulations and behavioral intentions in women [J] . Psychology of Sport & Exercise, 2004, 5 (3): 229 -242.

〔2〕 DIBARTOLO P M , SHAFFER C . A comparison of female college athletes and nonathletes: eating disorder symptomatology and psychological well - being [J] . Journal of Sport & Exercise Psychology, 2010, 24 (1): 33 -41.

〔3〕 KILPATRICK M , HEBERT E , BARTHOLOMEW J . College students' motivation for physical activity: differentiating men's and women's motives for sport participation and exercise. [J] . Journal of American College Health, 2005, 54 (2): 87 -94.

〔4〕 JENNIFER, BRUNET, AND, et al. Social physique anxiety and physical activity: A self - determination theory perspective [J] . Psychology of Sport & Exercise, 2009, 10 (3): 329 -335.

〔5〕 GUÉRIN E, BALES E, SWEET S, et al. A meta - analysis of the influence of gender on self - determination theory's motivational regulations for physical activity [J] . Canadian Psychology, 2012, 53 (4): 291 -300.

〔6〕 NG J Y Y , NTOUMANIS N , THOGERSEN - NTOUMANI C , etal. Self - determination theory applied to health contexts: a meta - analysis [J] . Perspect Psychol, 2012, 7 (4): 325 -340.

〔7〕 DECI E L , RYAN R M . The \" what \" and \" why \" of goal pursuits: human needs and the self - determination of behavior [J] . Psychological Inquiry, 2000, 11 (4): 227 -268.

内化价值或外在需求的不同阶段，内摄是一种不完整的同化行为，两种需求之间会产生冲突。例如，希望去取悦某人并感觉与其关系很近（关联需求心理的满足）与对某行为缺乏意志（自主性需求没有得到满足）。认同和整合是同化过程的最后阶段，同时三种基本心理需求得到了满足。自主性动机和控制性动机都会影响行为，但会导致不同的结果，自主性动机会使个体对某行为具有极大的热情和长期坚持性，控制性动机则使个体很容易放弃行为。

一些关于青少年身体活动的研究运用了自我决定理论，在这些研究中，内部调节和认同调节与社会心理学方面的变量如爱好、态度、价值、行为规范、信念、情感、努力、自我感知以及身体活动的行为意向正向相关〔1〕〔2〕〔3〕。内部调节与认同调节与自我报告的身体活动正相关。内部调节与认同调节与其他变量的相关性很相似，可能是因为这两个变量在青少年中具有较高的相关性。例如，Hagger 等人在 18 项研究中发现，内部调节与认同调节的平均相关性系数 $r=0.73$，为此，他们在研究中将这两个变量合并〔4〕。虽然内部调节与认同调节在理论上有差别，但在青少年样本中，两者差异的实证证据是缺乏的。内摄调节与认同调节、内部调节具有较高的正相关性。Ullrich – French 和 Cox〔5〕等人的研究认为，内摄调节与身体活动有显著性的正相关。外部调节与自我报告的身体活动的相关性不具有一致性。Chatzisarantis〔6〕等发现外部调节得分高的青少年，其身体活动水平高；而 Ullrich –

〔1〕 BIDDLE S, SOOS I, CHATZISARANTIS N . Predicting physical activity intentions using goal perspectives and self – determination theory approaches ［J］. European Psychologist, 1999, 4 (2): 83 – 89.

〔2〕 CHATZISARANTIS N L D, HAGGER M S, BIDDLE S J H, et al. The cognitive processes by which perceived locus of causality predicts participation in physical activity. ［J］. Journal of Health Psychology, 2002, 7 (6): 685 – 699.

〔3〕 WANG C K J, CHATZISARANTIS N L D, SPRAY C M, et al. Achievement goal profiles in school physical education: differences in self – determination, sport ability beliefs, and physical activity ［J］. The British Journal of Educational Psychology, 2002, (72): 433 – 445.

〔4〕 HAGGER M S , CHATZISARANTIS N L D , BIDDLE S J H . The influence of autonomous and controlling motives on physical activity intentions within the theory of planned behaviour ［J］. British Journal of Health Psychology, 2002, 7 (3): 283 – 297.

〔5〕 ULLRICH – FRENCH S , COX A . Using cluster analysis to examine the combinations of motivation regulations of physical education students. ［J］. J Sport Exerc Psychol, 2009, 31 (3): 358 – 379.

〔6〕 CHATZISARANTIS N L D , HAGGER M S , BIDDLE S J H , etal. The cognitive processes by which perceived locus of causality predicts participation in physical activity ［J］. Journal of Health Psychology, 2002, 7 (6): 685 – 699.

French 和 Cox 的研究发现两者没有关系[1]。

2.3.2 国内相关研究

自我决定理论是 20 世纪 80 年代由美国学者 Edward L. Deci 和 Richard M. Ryan 提出的，这一理论引进我国可能更晚。笔者在中国知网上以“自我决定理论”为关键词，共搜索到文献 444 篇（截至 2016 年 9 月 3 日），其中发表在核心刊物上的为 228 篇。最早提到“自我决定理论”的文献是斯图尔特·比德尔撰写的《心理学在锻炼及与健康相关的身体活动中的应用》（该文为第 3 届亚洲暨南太平洋地区国际运动心理学大会主题报告），发表在《体育科学》杂志上。之后，我国以自我决定理论为基础的研究不断增多，主要集中以下几个方面。

2.3.2.1 锻炼动机与锻炼行为关系研究

丁维维和毛志雄探讨了锻炼动机对锻炼行为的预测能力，通过采用问卷调查的方法，运用结构方程模型进行分析，结果表明，当高中生的三种基本需求得到满足时，能提升个体的自主性动机和内化外部动机，锻炼动机能显著预测锻炼行为[2]。陈福亮、杨剑等人的研究支持了丁维维等人的研究结果，他们探讨了自我决定理论在体育课堂教学情境中的运用，锻炼动机能预测锻炼行为，还能影响锻炼意向和情绪，这启示我们，当教师提供自主性支持课堂氛围时，有助于激发学生内部动机[3]。有研究探讨了自主性支持、基本心理需求与青少年课外锻炼行为的关系，结果显示，自主性基本心理需求可以正向预测课外锻炼行为，基本心理需求在自主性支持与课外锻炼间起完全中介作用，而能力需要和关系需要不起任何中介作用[4]。还有一些研究也支持当满足个体基本心理需求时，个体表现出很强的自主性动机，

---

[1] ULLRICH – FRENCH S , COX A . Using cluster analysis to examine the combinations of motivation regulations of physical education students [J] . J Sport Exerc Psychol, 2009, 31 (3): 358 – 379.

[2] 丁维维，毛志雄．自我决定理论在中学生锻炼行为促进领域的应用 [J] ．北京体育大学学报，2014，37 (5): 84 – 91.

[3] 陈福亮，杨剑，季浏．自我决定理论在中国学校体育课情境下的初步检验 [J] ．首都体育学院学报，2014，26 (5): 465 – 470.

[4] 项明强．体育自主性支持与青少年课外锻炼之间关系 [J] ．体育与科学．2014，2 (35): 96 – 100.

能有效提高锻炼行为[1][2]。

2.3.2.2 锻炼动机与心理变量关系研究

曾明、刘伟探讨了运动性心理疲劳、运动动机和坚韧性的关系，发现运动性心理疲劳与回避倾向的运动动机具有显著性正相关，与运动员参与倾向的运动动机具有显著性负相关[3]。蔡端伟、吴贻刚研究了领导行为对任务导向型激励氛围的作用机理以及激励氛围内化对运动员行为选择的影响。结果显示，教练员的任何领导行为和管理意图，必须通过综合沟通与激励转化为运动员的团队归属感。只有在运动员内在动机与组织发展动机保持一致的时候，运动员才能将团队精神转化为内在激励和正确的行为选择[4]。有研究者以自我决定理论为指导，探讨了教练员的领导方式对运动员心理幸福感的影响，认为教练员采用家长式领导能有效预测大学生运动员心理幸福感，激励气氛在领导行为与大学生运动员的基本心理需求之间起正向调节作用[5]。

2.3.3 分析与评述

以自我决定理论为基础的锻炼动机，在国内外都引起了学者的关注。从锻炼动机与锻炼行为的关系来看，一些研究结果支持控制性动机与锻炼行为负相关，而自主性动机与锻炼行为正相关，但也有不一致的研究结果。大多数研究结果从自我决定理论视角出发，认为当满足个体自主性、能力感和关联性时，能有效提高内部动机和内化外部动机。以往研究还认为，满足个体自主性需要能有效促进自我效能、幸福感等心理变量。从我国研究现状来看，基于学校情境来研究锻炼动机对青少年锻炼行为的影响已经有研究者做了一些工作，前人的研究工作给本研究提供了参考，但基于家庭环境的视角来探讨家庭环境如何影响青少年锻炼动机的研究目前还比较

---

〔1〕 付桂芳，项明强．城市居民参加体育锻炼的动机路径模型建构［J］．心理科学，2013，36（5）：1048－1053.

〔2〕 董宝林，张欢，陈敲，等．女大学生课外锻炼动机与行为关系研究［J］．体育文化导刊，2014（4）：141－144.

〔3〕 曾明，刘伟．运动员心理疲劳与运动动机的关系［J］．武汉体育学院学报．2013，11（47）：76－80.

〔4〕 蔡端伟，吴贻刚．教练员领导行为、激励氛围与运动员激励内化［J］．天津体育学院学报，2014，2（29）：142－146.

〔5〕 张海军，郭小涛，陈波，等．家长式领导行为对大学生运动员心理幸福感的影响［J］．武汉体育学院报，2015，6（49）：82－88.

少。以往我们过多地把青少年锻炼活动的减少和其体质水平下滑的责任归咎于学校和教师，而忽视了家庭和家长的作用。基于此，本研究希望通过探讨家庭特别是父母对青少年身体活动及锻炼动机的影响，来强调家长对孩子身体活动的重要作用，为加强家庭、学校和社区的联动提供有力的理论支撑，为促进孩子的身体健康提供正确的指导。

2.4 本章小结

本章开篇对研究变量进行了界定，系统回顾了非过程变量，即家庭结构、家庭社会经济地位对青少年身体活动的影响，综述了前人关于家庭体育环境、锻炼动机和身体活动关系的研究。在深入分析以往研究的基础上，本研究对前人研究成果进行了评述。前人的研究成果为本研究指明了研究的方向、提供了研究的框架，笔者希冀在此基础上有所进步。

3 概念模型与研究假设

上一章系统回顾了家庭体育环境、锻炼动机与青少年身体活动的相关研究，在此基础上，本章将构建家庭体育环境对青少年身体活动作用机制的理论模型，并以相关理论为基础，对各变量间的关系进行假设推演，将研究问题具体化，用可操作性的、可检验性的变量来探讨家庭体育环境、锻炼动机、身体活动三者之间的关系。

3.1 模型构建的理论基础

现今，研究发现导致疾病和死亡的根本原因与个体的行为有关，如酗酒、抽烟、不良饮食习惯、久坐不动、缺乏锻炼等。不健康的生活方式导致疾病和死亡的观点被人们逐步证实和接受。因此，科学研究和实践开始重视健康行为在疾病预防中的作用。理论引领着科学研究和指导着实践，理论可以解释行为的结构和决定因素，在理论框架的指导下将在健康促进研究过程中积累的实践经验进一步发展，提炼成新的理论，并最终在实践中得到进一步的检验和完善。

在健康行为研究领域，学者从个体、组织和社区层面提出了很多理论，关注影响健康行为的环境因素和个体因素。本研究聚焦家庭体育环境对青少年身体活动的影响，并把锻炼动机作为中介变量。因此，本章所采用的理论主要涉及行为学相关理论、社会学习理论、社会认知理论、社会生态模型以及期望价值理论和自我决定理论。

3.1.1 行为学相关理论

达尔文的进化论主张动物和人类的身体特征和行为是由他们的生理构造引起的，所有物种的生理构造持续地经受环境压力导致的改变。一个物种在身体或行为特征上能够更好地适应环境压力的成员将生存下来并得到繁衍。更进一步说，进化论意味着观察人类行为的路径在于对人类及其环境的观察，成长中的儿童的行为是通过教育以及父母与其他成人的积极影响而被教化的。

华生（J. B. Watson）是行为主义学派的创立者，他认为行为是有机体在外界环境刺激下所引起的反应，包括内在的生理和心理变化，并用公式 S（刺激） – R（反应）来表示行为的变化。伯尔赫斯·弗雷德里克·斯金纳（Burrhus Frederic Skinner）的强化理论强调应用外部奖赏来根本性地改变行为。库尔特·勒温（Kurt Lewin）认为个体特征（P）和环境（E）共同作用形成行为（B），其行为产生模式是：B = f（P，E），也就是说个人的认知、情感、动机和需要与环境共同影响人的行为。

3.1.2 社会学习理论与社会认知理论

社会学习理论家认为人们可以通过模仿其他人的行为来学习，也可以仅仅通过观察其他人的行为得到期望的结果，而获得一种新行为。青少年往往会模仿重要的人（如父母）在某个情景中所做的行为[1]。社会学习理论家还主张人类行为来自人类对环境进行加工的信息，这能够很好地解释人类为什么会做出大量的没有直接生存价值的行为。个体经常能够提前认识到什么行为会带来痛苦（惩罚）以及什么行为会带来满足，因此，个体能够设计一条最理想的行为路线来获得期望的结果。总之，社会学习理论家的核心思想是：许多人类行为由人类过去所观察的信息引起。

阿尔伯特·班杜拉（Albert Bandura）的社会认知理论认为认知、行为和环境交互影响，人的行为是三者相互影响的结果。该理论被广泛地运用于研究人与人之间的关系和身体活动干预。Taylor[2]等人指出，关于环境的影响与社会认知理论一致，如父母的榜样作用、社会化的影响与支持（提供后勤支持）能积极地影响孩子的身体活动。

3.1.3 社会生态模型

在过去的 30 年中，社会生态模型作为一个理论框架或研究范式被运用到很多领域，如戒烟、人类行为的发展、慢性疾病的预防和身体活动。1988 年 McLeroy[3]和其同事提出了社会生态模型，将与身体活动有关的因素分为下面几类：①心理因素，如个性特征、知识、信念和态度；②人际过程和主要社会群体，包括家庭、朋友和

---

〔1〕 ROBERT E，FRANKEN. 人类动机［M］. 郭本禹，等译. 西安：陕西师范大学出版社，2005.

〔2〕 TAYLOR W C，BARANOWSKI T，SALLIS J F. Family determinants of childhood physical activity：a social – cognitive model［J］. Advances in Exercise Adherence，1994：319 – 342.

〔3〕 MCLEROY K R，BIBEAU D，STECKLER A，etal. An ecological perspective on health promotion programs［J］. Health Educ Q，1988，15（4）：351 – 377.

教师，为个体提供了社会性支持和角色定位；③社会机构因素，包括学校、健康部门和卫生设施；④社区因素，包括各个组织间的关系和社区体育设施的普及程度；⑤公共政策，包括国家法规、政策和规划等。

Stokols[1]检验了社会生态模型中所关注的几个核心原则和主题，如环境与健康行为的相互作用。第一，社会生态模型所描述的环境是一个多维度的环境，包括社会的、物理的和文化的环境，都影响了健康行为。第二，个体健康行为不仅被环境因素影响，也被一系列的心理因素如心理倾向、知识、态度和以前的健康行为影响。第三，社会的、物理的环境与个体健康行为交互作用和形成动态关系。第四，社会生态模型强调特定情境中环境因素的相互独立，强调多维度因素与行为模式的相互联系。

社会生态模型在健康促进上引起了广泛的关注，因为该模型承认多层面的因素影响健康行为，而不是像传统的一些理论仅局限于单一层面。尤其是多层面水平方法同时考虑到个体因素与多层面环境的相互作用。社会生态模型既解决了个人健康行为的动力，同时也为有效干预健康行为指明了方向。

Sallis[2]等人在 McLeroy（1988） 和 Stokols 基础上，将社会生态模型实际运用到身体活动促进中，研究结果认为多层面的所有变量均影响青少年的身体活动。他们断定社会生态模型能被用于整合与身体活动相关的变量。他们认为需要更多的研究去探讨社会生态模型运用到特定的身体活动类型中，因为不同类型的身体活动发生在特定的环境中。基于社会生态视角的多层面的身体活动干预比基于社会心理学视角的激励和促进身体活动可能更强大。

社会生态模型的特点是提出了多层面的变量影响身体活动，但该模型没有给出不同层面的变量中，哪个变量可能对身体活动影响更重要，该模型在各个层面明显缺乏具体性或专一性。为此，社会生态模型需要去整合其他模型或理论来提高该模型的具体性[3]。社会生态模型虽然提出了多水平的干预策略，但没有对各个水平的干预策略如何影响青少年身体活动进行深入的研究。另外，各个水平的干预策略之间有着怎样的关系也有待于研究者们进行精细化的研究。

---

〔1〕 STOKOLS, DANIEL. Establishing and maintaining healthy environments: toward a social ecology of health promotion [J]. American Psychologist, 1992, 47 (1): 6 – 22.

〔2〕 SALLIS J F, OWEN N, FISHER E B. Ecological models of health behavior [J]. Health Education and Behavior, 2008, (4) 465 – 485.

〔3〕 ELDER J P, LYTLE L, SALLIS J F, ET AL. A description of the social – ecological framework used in the trial of activity for adolescent girls (TAAG) [J]. Health Education Research, 2006.

3.1.4 期望价值理论

Eccles 和她的同事以经典的成就动机理论为基础提出了期望价值理论来解释文化因素之间的关系，如一个人的经历、价值和成就行为。该理论假定不是现实本身（过去的成功或失败）而是对现实的解释直接决定孩子的期望、价值和行为。该理论认为对现实成功或失败的归因误差、感知个人的需要、期望、价值和任务感知对现实成就结果起着中介影响作用。上面这些因素影响着与任务相关的期望和价值。期望和价值影响着个人成就相关的行为。Eccles 和 Wigfield〔1〕认为与学生成绩相关的行为选择和执行，直接受到期望信念和主观价值的影响。反过来，期望信念又受到特定任务的信念和感知如个人目标、自我图式、任务困难感和能力感的影响。所有这些社会认知的变量受到重要他人的信念和行为、青少年能感知到的他人的期望和解释以及情感反应和记忆的影响。

期望信念指学生短期或长期执行某任务效果程度的信念，也就是在特定领域个体的能力信念。因此，期望信念的测量与班杜拉的自我效能类似。任务价值不仅与任务本身的特点有关，而且与需要、目标和个人的主观评价有关。价值信念包括三个方面即获得价值、内部价值和实用价值。Eccles〔2〕等人认为，父母对青少年身体活动的期望价值信念可能会影响青少年参与身体活动的期望价值信念，进而影响青少年身体活动的行为表现及活动选择。Dempsey、Kimiecik 和 Horn〔3〕的研究检验了父母对青少年参与中、高强度活动的期望、价值及能力知觉信念与青少年本身的期望、价值、能力知觉信念及行为，研究结果显示父母感知青少年的运动能力与青少年运动行为有显著相关。父母认为孩子的运动能力不错，会影响孩子持续参与身体活动。Eccles〔4〕等人在期望价值理论的基础上，提出了父母社会化的模型，该模型认为在父母与孩子的互动过程中，孩子的信念会受到父母的影响，从而学习到一些应有的及符合既定角色的行为。

---

〔1〕 ECCLES J S , WIGFIELD A . Motivational belief, values, and goals ［J］ . Annual Review of Psychology, 2002, 53 (1): 109 -132.

〔2〕 ECCLES J S , ADLER T F , FUTTERMAN R, et al. Expectancies, values and academic behaviors ［M］ . Perspective on achievement and achievement motivation, 1983.

〔3〕 DEMPSEY, KIMIECIK, HORN. Parental influence children's moderate to vigorous physical activity participations: An expectancy -value approach ［J］ . Pediatric Exercise Science, 1993, 5 (2): 151 -167.

〔4〕 ECCLES J S , ADLER T F , FUTTERMAN R , et al. Expectancies, values, and academic behaviors ［M］. Perspective on achievement and achievement motivation, 1983.

3.1.5 自我决定理论

1980 年 Deci 和 Ryan 首先提出自我决定这一概念，Deci 和 Pyan 认为自我决定是指个体所感知到的对环境和将要发生的事情的控制能力。随着该理论的发展，其内涵不仅仅是单一的自我控制感。自我控制感能促进内部动机和维持个体行为的坚持性。1985 年，Deci 和 Ryan 提出动机有三种类型：内部动机、外部动机和无动机。内部动机是一种内在的、自然地去从事自己感兴趣事情的倾向，换句话说，内部动机是指受内在驱动去完成一项任务。外部动机也是自我决定的一种形式，是为了获得奖赏或避免惩罚而完成一项任务。外部动机的驱力源于个体外部，如青少年做某件事是因为他父母夸他这样做事是一个好孩子。孩子参与锻炼并不是因为他喜欢锻炼或从锻炼中获得了内在的满足，而是外在的价值使得孩子的行为有某种程度的内化。这就是外部动机的本质。无动机不像外部动机或内部动机有一个目标，而是完全缺乏完成任务的愿望。这三种形式的动机受个体差异和环境的影响。

认知评价理论（CET）是自我决定理论的一个下位理论。认知评价理论基于这样一个前提：每个个体与生俱来就有满足自身心理需要的倾向，三种心理需要是自主性的需要、能力感的需要和关联性的需要，每一个需要的满足都能产生自我决定动机。自主性是个体感知到自己能控制自己的行为而不是被他人所控制。身体活动具有自我决定的特征，个体从事某些活动是为了达成自己的目的而不是其他人的目的。能力感是个体相信自己能完成任务。当孩子选择一项游戏时，如果游戏的难度太大，孩子会很快地对游戏失去兴趣，而转向与他们能力相匹配的游戏。奖励和反馈影响能力感。关联性需要是一项复杂的需要，其强度取决于任务。一个人可能在某一个任务上不需要与其他人联系，但是在其他任务上则需要与朋友、同学或家人进行关联。他们认为关联对幸福感而言是最基本的，因为人毕竟是社会的人，具有社会属性。

有机整合理论（organismic integration theory），突破了传统的二元动机划分方法，提出个体的自我整合受到环境的影响，是一个从无自我决定到自我决定的连续体。有机整合理论也是自我决定理论的一个下位理论，其聚焦点在于动机的流动变化与整合。内化的过程是从外部动机逐步转变成内部动机的过程，其一端是无动机，另一端是内部动机，中间是外部动机。外部动机根据内化的程度不同分为四个阶段：第一阶段是外部调节，外部调节是指个体行为是为了得到奖赏或避免惩罚，这一阶段具有较少的自我决定成分。例如，一个孩子进行体育锻炼是因为父母给他钱。第二阶段是内摄调节，内摄调节是一种自我的卷入，如学生进行体育锻炼是为了得到其他人的认同。内摄调节是第一阶段的进一步内化，如孩子锻炼不是为了获得父母所给的金钱，而是他知道锻炼能得到父母的认可。第三阶段是认同调节，即个体开始承认完成任务的目的与自身的价值相一致。例如，孩子参与体育锻炼是因为他喜欢锻炼或存在锻炼友谊。第四阶段是整合调节，该阶段是个体充分的整合，虽与内部动机非常相似，但仍不属于内部动机，不是纯粹的兴趣和喜欢，还有其他目的。

个体的外部动机可以向内部动机转化，因为人天生具有一种整合的倾向，但这种从无动机向内部动机发展的先天趋势并不是必然的，需要外部环境的滋养，就是满足自主性、能力感和关联性三大心理需要。当一个人感觉能胜任时，从外部动机转化成内部动机的过程就变得简单。例如，孩子最初进行一项体育锻炼是因为父母给予的奖励，但随着他在锻炼的过程中感受到他具有从事某项运动的能力，他就可能开始喜欢上这项运动。控制评价在内化的过程中也非常重要。如个体感觉失控或感到外部压力源给予的过大压力，内化的过程就会受到阻碍。相反，如个体感到能控制环境，向内部动机转化的过程就会很顺畅。

3.2 理论模型的实证支撑

3.2.1 父母期望价值信念的影响

信念的力量是强大的，信念如滚雪球一样，对结果有更长远的影响，因为信念左右人的思考、感受和行动。当某种信念启动时，它会带来一系列想法、情绪和目标，这些会决定后续的反应。在父母与孩子的人际互动中，父母的期望信念形成了父母对孩子参与身体活动的思维方式，父母会依据这种期望采取某些行为，正是父母对孩子身体活动采取的某种行为，使孩子身体活动行为与父母的期望相符。孩子的信念会受到父母的影响而学习到一些应有的及符合既定角色的行为。

父母对青少年体育锻炼的信念影响青少年的锻炼行为。例如，家长的体育意识对青少年锻炼行为的形成显著相关，家长、青少年对参加体育锻炼的必要性的认识是一致的[1]。Jay C. Kimiecik[2]等人的研究表明，感知父母对孩子体育锻炼的信念与孩子体育锻炼的信念紧密正相关。吕树庭[3]等人的研究认为，影响孩子体育锻炼行为的主要因素首先是父母对孩子参与体育运动的态度，其次是父母年轻时喜欢体育的程度，再次是父母现在参与体育的态度和所拥有的运动技能，最后是父母的体育价值观和家庭经济状况。Julien E. Bois[4]等人发现母亲对孩子运动能力的信念能间接影响孩子的身体活动，但父亲对孩子身体活动能力的信念能直接影响孩子的身体活动。

父母的信念是如何影响青少年的锻炼行为的？当父母认识到身体活动的价值时，为了孩子的健康，父母可能改变以往的生活方式，以一种积极健康的生活方式来与孩子进行人际互动，父母会花一些时间和精力来关注孩子的健身运动，更愿意从事改善健康的行为，对孩子和自身的健康更负责，更主动、更投入地与孩子一起进行体育锻炼，来应对健康危机。相反，父母如果认识不到身体活动的价值或持有错误的信念，就不会产生对青少年锻炼行为的社会性支持，这不仅直接减少了青少年身体活动行为，还降低了青少年的锻炼动机而间接减少了锻炼行为。更糟的情况是父母甚至阻碍孩子参与体育锻炼。例如，父母认为孩子参与体育锻炼是浪费时间或不务正业。父母信念能影响青少年，也与父母与孩子在社会互动过程中权利不对等有关。这种权利不对等使父母有权对孩子施加对情景的定义，影响孩子的生活历程，导致孩子的生活方式发生一些改变。

3.2.2 家庭体育行为环境的影响

动机是青少年参与锻炼的内部机制，父母支持行为不仅影响孩子参与身体活动，更重要的是能激发和培养孩子参与锻炼的动机。父母的支持行为是指为孩子参与运动提供后勤支持、鼓励孩子和父母榜样的作用。父母被认为是促进孩子从事身体活

〔1〕 陈宝玲，卢元镇. 家庭对大学生体育意识与行为的影响［J］. 体育文化导刊，2008（9）：100－103.

〔2〕 KIMIECIK J C，HORN T S，SHURIN C S. Rela－tionships among children's beliefs，perceptions of their parents' beliefs，and their moderate－to－vigorous physical activity［J］. Research Quarterly for Exercise and Sport，1996（6）：324－336.

〔3〕 吕树庭，刘一隆，宋会军，等. 家庭对中学生参与体育的影响［J］. 上海体育学院学报，1995（3）：9－14.

〔4〕 BOIS J E，SARRAZIN G P，BRUSTAD R J，et al. Elementary school children's perceived com－petence and physical activity involvement：the influence of parents' role modeling behaviours and perceptions of their child's competence［J］. Psychology of Sport and Exercise，2005，6（4）：381－397.

动的关键因素。在青少年社会化过程中，父母是其学习榜样的重要他人。父母既是孩子行为学习的榜样，又是孩子学习过程中经验的诠释者。父母支持孩子参与身体活动，孩子才最有可能参与到身体活动中去〔1〕。

父母为孩子参与体育运动或其他形式的身体活动提供交通支持与孩子身体活动水平显著正相关。在另外一些研究中发现，父母口头鼓励和督促青少年参与身体活动与青少年中高强度身体活动水平显著正相关。父母支持与否是决定孩子是否参与身体活动的重要指标，父母参与身体活动的时间增加，孩子身体活动的时间也会增加〔2〕。Cislak〔3〕在干预性的研究中发现，随着父母参与体育锻炼程度的增加，其孩子进行体育锻炼和减肥的效果也会增加。

榜样作用是班杜拉社会学习理论的中心概念，认为青少年能通过观察重要他人的行为而学习或模仿。人们经常通过观察他人而习得社会态度和行为。在观察学习中，父母是孩子重要的信息来源。观察学习可以在没有任何外部强化的情况下发生。父母爱好身体活动，能为孩子树立身体活动的榜样。在家庭互动中，父母是孩子经验的诠释者，父母对孩子参与体育锻炼的评价或对锻炼行为价值的解读，能影响孩子参与体育锻炼的信念和行为。父母提供的各种后勤保障是孩子参与锻炼的基础。不论是父母的鼓励、评价，还是父母自身榜样的作用，都直接促进孩子的锻炼行为，也深深影响孩子的锻炼动机，激励他们参与更多的体育活动。

3.2.3 家庭体育物理环境的影响

有研究者对家庭媒介资源（如电视、电脑、游戏机等）的数量与久坐不动的时间进行了相关性研究。Dunton〔4〕等人以青少年女孩为对象，研究结果发现体育器材的可用性和多样性与女孩使用体育器械的频率之间具有相关性。用各种体育器械来预测个体的体育锻炼行为是有显著意义的。其他研究结果也显示，家中有体育器械

---

〔1〕 HAYE K, HEER H, WILKINSON A V, et al. Predictors of parent – child relationships that support physical activity in Mexican – American families [J]. Journal of Behavioral Medicine, 2012, 37 (2) : 234 – 244.

〔2〕 CONG Z, FENG D, LIU Y, et al. Sedentary be haviors among hispanicchildren: influences of parental sup port in a school intervention program [J] . American Journal of Health Promotion, 2012, 26 (5) : 270 – 280.

〔3〕 CISLAK A. Family – related predictors of body weight and weight – related behaviours among children and adolescents: a systematic umbrella review [J]. Review Article1, 2011, 38 (3) : 321 – 331.

〔4〕 DUNTON G F, JAMNER M S. Assessing the perceived envi ronment among minimally active adolescent girls: validity and relations to physical activity outcomes [J]. Am. J. Health Promot, 2003, 18 (1) : 70 – 73.

时，青少年和成年女性会经常使用。Patnode[1]等人的研究发现，家庭中可用的和容易接触的小型的体育器械（physical activity materials）能预测男孩的中高等强度的体育锻炼行为，但对女孩不具预测作用。Sirard[2]等人的研究结果认为，家庭体育器械（exercise equipment）影响了青少年男女身体活动行为。家庭中的电子媒介与青少年静止性活动之间呈正相关，家庭所拥有的体育器械与青少年静止性活动呈负相关。Jakicic[3]等人所做的随机对照试验结果显示，控制组因在家中安装了跑步机，其体育锻炼的坚持性比对照组好。因而，French[4]等人指出，通过减少电视观看的时间来改变久坐不动的行为是行之有效的，并指出家中增设体育锻炼器材可增加锻炼行为。

家庭体育物理环境对青少年身体活动的影响存在正反两个方面。良好的体育设施能增强青少年锻炼行为的自主性动机及正向影响青少年参与身体活动的时间。电子媒介的可达性和可用性会增加青少年静止性活动时间。当家庭环境为青少年提供了可选择的锻炼地点、锻炼器材，满足了青少年自主性的需要时，锻炼行为的坚持性就会增加。电子媒介对青少年的吸引力很大，特别是电子游戏、网络游戏可能会使青少年上瘾。家庭为青少年提供促进性或抑制性的物理环境，对青少年的锻炼行为具有截然不同的影响。

3.3 理论模型的整合

华生在巴普洛夫条件反射学说的基础上创立了行为主义心理学，认为行为是有机体在外界环境刺激下所引起的反应，包括内在的生理和心理变化，并用公式S（刺激）－R（反应）来表示行为的变化。在华生看来，人类行为是后天习得的（除了少数几个反射），环境决定了一个人的行为模式，无论是正常的行为还是病态

---

〔1〕 PATNODE C D, LYTLE L A, ERICKSON D J, et al. The relative influence of demographic, indi vidual, social, and environmental factors on physical activity among boys and girls ［J］. Int. J. Behav. Nutr. Phys, 2010, 7 (1)：79.

〔2〕 SIRARD J R, LASKA M N, PATNODE C D, et al. Adolescent physical activity and screen time：associations with the physical home environment ［J］. Int. J. Behav. Nutr. Phys, 2010, 7：28.

〔3〕 JAKICIC J M, WINTERS C, LANG W, et al. Effects of intermittent exercise and use of home exercise equipment on adherence, weight loss and fitness in overweight women：a randomized trial ［J］. JAMA 1999, 282 (16)：1554－1560.

〔4〕 FRENCH S A, GERLACH A F, MITCHELL N R, et al. Household obesity prevention：take action—a group－randomized trial ［J］. Obesity, 2011, 19 (10)：2082－2088.

的行为都是通过学习获得的，也可以通过学习更改、增加或消除。勒温认为个体特征（P）和环境（E）共同作用于行为（B），其行为产生模式是：B = f（P，E），也就是说个人的认知、情感、动机和需要与环境共同影响人的行为。勒温为了准确地分析一个人在特定情境中的行为，提出实际影响一个人发生某一行为的心理事实，这些事实主要包括三个方面：一是对个体行为产生影响的自然物理环境；二是对个体行为产生影响的社会环境；三是个人行为时思想上的某种概念。本研究以华生和勒温的理论为基本要点。华生的理论强调外在刺激（家庭体育环境）引发生理和心理（锻炼动机）的变化是个体对环境信息的解释和处理过程。勒温认为人和环境共同作用导致行为变化，孩子对家庭体育环境的感知以及自身的锻炼动机共同导致身体活动行为的发生。

我们把孩子这一主体置于家庭中，以勒温的人境互动理论来考察其身体活动行为。家庭中的物理环境如各种体育器械为孩子进行体育锻炼提供了锻炼设施的可接触性和锻炼的机会，而电视、电脑、手机和游戏机则使孩子久坐不动，从而抑制孩子从事身体活动，这是显而易见的物理环境对孩子身体活动的影响。

父母在培养孩子成长的过程中，与孩子的人际交往互动非常关键，孩子的社会化受到父母行为的影响。在身体活动培养过程中，父母为孩子提供好的身体活动榜样，父母为孩子身体活动给予后勤支持，如付费为孩子进行体育技能培训、提供交通便利、购买各种体育器材等，可以增加孩子锻炼的机会，激发孩子身体活动的动机。相反，父母如果爱好电子屏幕，孩子观看电子屏幕的时间会抢占身体活动的机会。可见，家庭为孩子提供的行为环境或社会环境影响了孩子的身体活动。

在一个家庭中，孩子的成长依赖父母，父母能够满足孩子生理和心理的需要。对孩子而言，父母无疑是最重要的人。孩子出生后首先接触的人就是父母，其人生观、价值观形成的重要时期是与父母度过的，父母的言行举止给孩子留下了第一印象（first impression）。社会心理学有关研究已经证明第一印象形成时获得的信息量比后来获得的信息量的影响更大，而且，第一印象建立后，对后来获得信息的理解和组织有强烈的定向作用。期望价值理论强调父母的言行举止会影响孩子，父母的期望、父母的鼓励、父母的支持、父母的评价等都会深深地影响孩子的信念和行为。因此父母的态度、信念和行为会影响到孩子的态度、信念和行为。

Tao Zhang 和 Melinda Solmon 提出了一种将自我决定理论和社会生态模型相互整合的理论模型。Tao Zhang 和 Melinda Solmon 借鉴 Grzywacz、Fuqua 和 Sallis 等提出的

理论模型，通过严密的理论论证提出了如图 3－1 所示的理论模型。该模型清楚地描绘了外部因素与内部因素共同影响身体活动，提供了探讨社会环境和物理环境影响身体活动内部机制的方法。两者的整合可以互补地、高效地解释动机在改变身体活动行为中的作用。

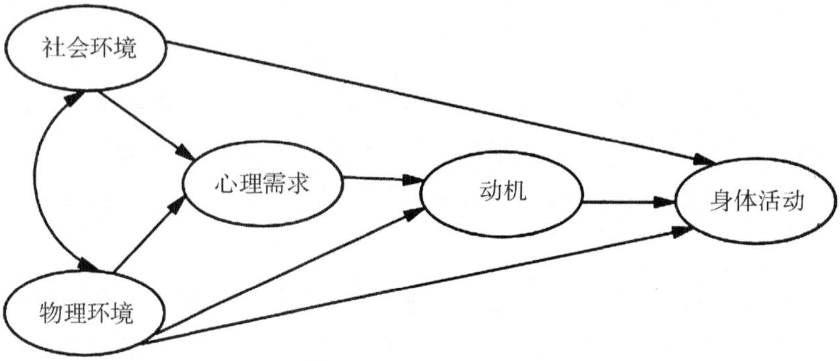

图 3－1　整合模型图

刘宏哲[1]在其博士论文《高校环境与学生动机对自主参与的调节机制研究》中，根据 Astin 的“I－E－O”（input－environment－output）模型、帕斯卡雷拉的“变化评定模型”以及 Kuh 的“学习产出模型”提出了高校环境、学生的动机和学生的参与以及学生收获四个变量之间的关系模型（图 3－2），该模型图给予本研究一些启示。

图 3－2　概念模型框架

我国著名心理学家孟昭兰在其主编的《普通心理学》中提出，动机涉及活动的所有内在机制，只有准确把握个体的动机，才能很好地解释个体的行为，动机是解释行为差异的重要变量，动机是不可见的，它是联结刺激和反应（行为）的中介变量。孟昭兰教授进一步认为，要使动机具有科学的应用价值，必须将动机

〔1〕 刘宏哲．高校环境与学生动机对自主参与的调节机制研究［D］．天津：天津大学，2013.

概念与可测量的外显行为指标和研究者可操纵的外部刺激条件这两种因素联系起来，才能发现刺激条件的变化、作为中介变量的动机的变化以及行为的变化这三者之间的关系。

张力为、毛志雄主编的《运动心理学》一书认为，环境因素是产生动机的外部条件，行为可以由需要引起，也可以由环境引起，但往往是两种因素交互影响的结果。环境因素是外部条件，即个体之外的各种刺激，包括各种生物性和社会性的因素。

期望价值理论认为父母的信念能影响青少年的行为。自我决定理论确定了可解释部分身体活动变量的个人因素和社会因素。社会生态模型可在内部、人际、机构、社区和公共政策层面协助多层次的身体活动探究。虽然这三种理论基础各异，并在之前的研究中分别进行了检验，但把期望价值理论、自我决定理论和社会生态模型进行整合可为深入理解青少年锻炼动机和行为改变过程提供一个独特视角。近年来，学界鼓励理论的整合，通过理论整合可以充分发挥各自理论的优势，有助于缩短理论和实践的差距。下面将分析这三种理论的内在关系和整合的可能性。

期望价值理论认为父母的信念能影响青少年的行为、态度等，但却忽略了父母信念本身可能导致父母对孩子参与身体活动所采取的策略与行为，如支持孩子参与体育锻炼，为孩子提供和创造各种锻炼的条件。也就是说，不同信念的父母为孩子提供了不同的社会环境和物理环境。可见，需要将期望价值理论与社会生态模型进行整合，全面考虑家庭为青少年提供的社会环境和物理环境。

自我决定理论是关注个体变量的理论，不能指导超越个体层面的身体活动干预策略的发展。自我决定理论用于身体活动研究的关注点是个人因素和社会因素，往往忽视了引起身体活动行为的物理环境因素，可能会对身体活动干预措施实施的有效性产生负面影响。

社会生态模型为理解锻炼行为提供了一个总体框架或一套理论原则。但有学者指出，旨在以社会生态学视角检验影响锻炼行为的不同因素的研究甚少。迄今为止，大多数研究主要侧重于个体因素（如自我效能感、动机），很少聚焦于社会支持等社会环境因素以及体育场地可达性等物理环境因素。只有少量研究评估了环境和个人因素如何相互关联，如何交互解释身体活动行为。在身体活动研究中较少应用社会生态模型理论的原因可能是缺乏具体的指导问题的操作化概念，缺乏适当的干预措施等。鉴于上述缺陷，其他模型或理论可以并且需要被整合到社会生态模型中以进行具体层面的研究，这显然需要更多的工作来确定这种复杂概念模型的功效和可操作性。

综合来看，自我决定理论和期望价值理论可以融入社会生态模型以在特定层面提出具体假设，并阐明身体活动相关因素之间的潜在相互作用。将自我决定理论个人层面和期望价值理论的重要他人层面（父母信念的影响）与环境因素进行整合，可明确解释影响锻炼行为的因素。期望价值理论强调父母信念对孩子行为的影响，信念可以在代与代之间进行传递。自我决定理论认为外界环境能满足个体基本需求，有助于锻炼行为的发生和坚持。而社会生态模型指出了动机、重要他人和物理环境都能影响锻炼行为。因此，可将期望价值理论和自我决定理论整合到社会生态模型中。父母的期望价值信念会导致父母为孩子提供不同的社会环境和物理环境，而社会环境和物理环境影响孩子心理需求的满足，进而影响孩子的动机和随后的锻炼行为。

本研究通过对上述相关理论的分析，结合学者们的相关研究，将社会生态模型、自我决定理论和期望价值理论相结合，作为变量之间关系的假设理论支撑。把青少年这一主体置于家庭中，将家庭体育环境作为刺激因素，这一刺激因素来源于家庭的物理环境，来源于孩子社会化过程中父母的行为环境，来源于父母对孩子特定的健康行为——身体活动的期望和价值信念。青少年在家中所处的物理环境（自然环境），父母对青少年参与身体活动或静止性活动所采取的促进或抑制策略（行为环境），父母对孩子参与身体活动的期望和价值信念（心理环境）等外部环境因素会导致孩子动机和行为的变化。为此，家庭体育环境、青少年锻炼动机和锻炼行为的作用关系如图 3－3 所示。

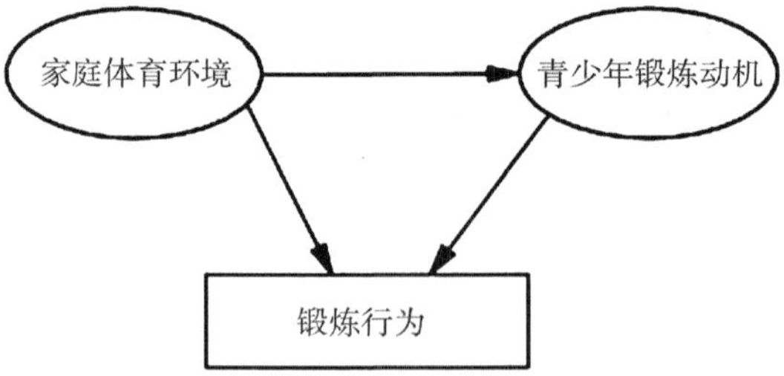

图 3－3　家庭体育环境、青少年锻炼动机和锻炼行为的作用关系图

3.4 研究假设

3.4.1 家庭体育物理环境与锻炼动机、青少年身体活动的假设

3.4.1.1 家庭体育物理环境与青少年身体活动的关系

有一些研究探讨了家庭中体育器材的数量和电子媒介的数量与孩子身体活动及静止性活动之间的关系，但研究结果具有不一致性，为了系统研究家庭体育物理环境与青少年身体活动的关系，本研究扩展了家庭体育物理环境的概念，除了测量家庭中可能存在的各种体育器材以外，将电子媒介也作为家庭体育物理环境因素之一。另外，将家庭周围如社区的体育器材、户外场地也纳入家庭体育物理环境。家庭及其周围有充足的体育设施，青少年能很方便地进行各种身体活动，可以增加青少年身体活动的机会。相反，青少年被电子媒介所包围，可以非常便利地使用各种电子媒介，可能增加孩子静止性活动时间而减少身体活动时间。基于以上分析结合文献综述，本研究提出了下面的假设。

假设 1：家庭体育物理环境对青少年身体活动有显著的影响。

家庭体育物理环境是一个多维度的概念，按研究目的将家庭体育物理环境分为两类：一类是家庭体育设施类，另一类是电子媒介类。本研究分别探讨了家庭体育设施与电子媒介对青少年身体活动的影响，认为家庭体育设施能显著正向预测青少年身体活动，而家庭电子媒介显著负向预测青少年身体活动。

3.4.1.2 锻炼动机与青少年身体活动的关系

以自我决定理论为基础，Mullan、Markland 和 Ingledew（1997）研发了锻炼行为调节问卷，在此基础上，研究者们进行了拓展，目前第二版的锻炼行为调节问卷包括了无动机、外部调节、内摄调节、认同调节、整合调节和内部调节。关于锻炼动机与身体活动关系的研究结果比较混杂，但大多数研究结果支持自主性动机与身体活动正相关，而外部调节与身体活动负相关，内摄调节与身体活动正相关。基于文献分析结果，本研究提出了下面的假设。

假设 2：锻炼动机各维度能显著预测青少年身体活动。

锻炼动机是一个多维度的概念，不同的动机类型对身体活动的影响不同，具体

而言：外部调节能显著负向预测青少年身体活动；内摄调节能显著正向预测青少年身体活动；自主性动机能显著正向预测青少年身体活动。

3.4.1.3 锻炼动机在家庭体育物理环境与青少年身体活动之间起中介作用

人境互动理论认为，个体和环境相互作用影响人的行为。锻炼动机是青少年参与身体活动的关键因素，自我决定理论认为，个体当基本心理需求得到满足时，能激发内部动机和内化外部动机。家庭既可能为青少年提供促进身体活动的体育设施，也可能为青少年提供抑制身体活动的设施，如电子媒介等。当家庭提供给青少年充足的体育器材，让青少年有选择的机会，满足青少年的自主性需求时，有利于促进青少年锻炼的自主性动机；当家庭呈现给青少年更多的电子媒介时，可能削弱青少年锻炼的自主性动机。因此，本研究提出了下面的假设。

假设3：锻炼动机在家庭体育物理环境与青少年身体活动之间起中介作用。

由于锻炼动机类型的复杂性，家庭体育物理环境的多维度性，不同的家庭体育物理环境可能对不同类型的锻炼动机有不同的影响。根据自我决定理论，我们推断出家庭体育物理环境不仅直接影响青少年身体活动，还可能通过锻炼动机间接影响青少年身体活动。

3.4.2 家庭体育行为环境与锻炼动机、青少年身体活动的假设

3.4.2.1 家庭体育行为环境与青少年身体活动的关系

家庭体育行为环境是父母与青少年进行身体活动的互动形式和父母对青少年身体活动的相关规定或限制。家庭体育行为环境具体包括父母鼓励、父母榜样、父母后勤支持，还包括屏幕限制、玩耍限制、利用屏幕、屏幕榜样与偏爱等维度。父母社会性支持有助于青少年参与身体活动，而父母屏幕榜样与偏爱强化了青少年静止性活动，父母对屏幕的限制为青少年参与身体活动提供了时间准备，玩耍限制不利于青少年参与身体活动。基于此，本研究提出了下面的假设。

假设4：家庭体育行为环境能显著影响青少年身体活动。

家庭体育行为环境是一个多维度的概念，不同的维度对身体活动的影响不同，各维度与身体活动关系的研究假设如下：父母社会性支持（鼓励、榜样和后勤支持）各维度能显著正向影响青少年身体活动；屏幕限制能显著正向影响青少年身体

活动；玩耍限制能显著负向影响青少年身体活动；利用屏幕能显著负向影响青少年身体活动；屏幕榜样与偏爱能显著负向影响青少年身体活动。

3.4.2.2 锻炼动机在家庭体育行为环境与青少年身体活动之间起中介作用

社会生态模型强调，社会环境和个体层面的动机共同影响人的行为。锻炼动机在青少年长期维持某项特定的身体活动中起关键性作用。当青少年对参与身体活动的理由和身体活动的价值能够深刻理解和内化时，长期坚持身体活动成为可能。可见，提高青少年的自主性动机水平尤为重要。自我决定理论认为动机依赖环境并且强调重要他人在动机改变中的作用，对青少年而言，父母是他们主要的依赖，父母支持青少年基本心理需求（自主性、能力感和关联性）能有效提高青少年的自主性动机。相反，如果父母在与青少年的人际互动或身体活动过程中，将命令式的、控制性的行为施加给青少年，青少年会感到压力，没有自主性，此时父母削弱了青少年的自主性动机，而增强了青少年的外部动机，不利于青少年从事身体活动。可见，父母社会性支持及其他与身体活动有关的行为能影响青少年锻炼动机，而锻炼动机能影响青少年身体活动。基于以上分析，本研究提出了下面的假设。

假设 5：锻炼动机在家庭体育行为环境与青少年身体活动之间起中介作用。

家庭体育行为环境和锻炼动机都是多维度的概念，家庭为青少年提供与身体活动有关的社会性支持时，能积极正向影响青少年自主性动机，负向显著影响外部调节，而这两种动机都能显著影响青少年身体活动。

3. 4. 3 家庭体育心理环境与锻炼动机、青少年身体活动的假设

3.4.3.1 家庭体育心理环境与青少年身体活动的关系

家庭体育心理环境包括能力期望、工作价值、工作难度、失败心理代价、需求努力和重要他人期望等维度，主要测量父母感知孩子参与身体活动的价值、能力，父母感知其他人要求青少年参与身体活动的愿望以及青少年参与身体活动的努力程度。青少年参与身体活动的兴趣，最初的身体活动的参与，都与父母自身的身体活动的信念有关。在家庭中，父母对青少年身体活动能力的期望，父母对青少年参与身体活动带来的良好结果的期盼（工作价值），不仅会通过父母与青少年的人际互动潜移默化地传递给青少年，也会影响父母实际对青少年身体活动的支持，为青少

年创造合适的物理环境，给予青少年言语的鼓励和安慰，能极大地激励青少年参与身体活动，也能提高青少年内部动机和内化外部动机。相反，父母感知青少年参与身体活动非常困难，害怕青少年身体活动失败给青少年带来心理伤害（害怕被别人讥笑），可能导致青少年身体活动的能力比较差。基于以上分析，结合相关理论和文献综述，本研究提出了下面的假设。

假设6：家庭体育心理环境能显著影响青少年身体活动。

家庭体育心理环境的每个维度与身体活动的关系不同。为此，本研究分别对各维度与身体活动关系提出了研究假设：工作价值能显著正向预测青少年身体活动；能力期望能显著正向预测青少年身体活动；工作难度能显著负向预测青少年身体活动；失败心理代价能显著负向预测青少年身体活动；重要他人期望能显著正向预测青少年身体活动。

3.4.3.2 锻炼动机在家庭体育心理环境与青少年身体活动之间起中介作用

父母身体活动信念的形成，与父母身体活动的实践和早期的运动经验有关。父母作为青少年经验的诠释者，会将个人信念传递给青少年，传递的过程是青少年社会化的过程。父母通过自身身体活动的实践，感受到身体活动带来的益处，为了青少年的健康，父母会促进青少年参与身体活动。在这一促进的过程中，父母所采取的策略和方法有可能影响青少年的锻炼动机。当父母为青少年创造一种自主性环境时，能满足青少年自主性的需求，青少年的自主性动机会得到提高。相反，父母如果没有认识到身体活动的价值或错误地认识身体活动价值（浪费时间、非常辛苦），就不可能为青少年提供自主性的环境，青少年的自主性动机就不能被激发。如果父母感知到青少年参与身体活动非常困难并把这种感知传递给青少年，青少年也会感知自身的能力很差，从而抑制青少年基本心理需求，对自主性动机也是一种伤害。可见，锻炼动机在家庭体育心理环境与身体活动之间起着中介作用，即家庭体育心理环境通过锻炼动机间接影响身体活动。为此，本研究提出了下面的假设。

假设7：锻炼动机在家庭体育心理环境与青少年身体活动之间起中介作用。

期望价值理论认为，个体完成某种任务的动机都是由个体对这一任务成功的期待和完成这一任务所带来的价值决定的，而父母对青少年的期望信念和价值信念会通过父母与青少年的人际互动及社会化过程传递给青少年，从而形成青少年自己的信念。父母身体活动能力期望信念与身体活动价值信念是一个多维度的概念，父母认为青少年具有较好的身体活动能力时，能力期望可以正向预测自主性动机而负向预测外部调节动机，而锻炼动机能显著预测身体活动。父母认识到身体活动对青少年的价值时，工作价值能正向预测自主性动机而负向预测外部调节，进而间接影响身体活动。父母认识到青少年从事身体活动有困难时，工作难度负向预测自主性动机而正向预测外部调节，进而间接影响身体活动。

3.4.4　家庭体育环境、锻炼动机和青少年身体活动关系概念模型的形成

3.4.4.1　家庭体育物理环境、锻炼动机和青少年身体活动关系概念模型的形成

家庭体育物理环境为青少年进行身体活动提供了必要的条件准备，有可能增加青少年参与身体活动的机会，但动机是青少年参与身体活动的内驱力，是青少年参与身体活动的原因。家庭及其周边体育设施的可用性、可达性是引起青少年锻炼动机的因素，因为充足的体育设施，满足了青少年选择锻炼项目的自主性需求，因而能激发其内部动机或自主性的外部动机，进而激励他们从事身体活动。因此，家庭体育物理环境、锻炼动机和青少年身体活动三者的关系如图 3 –4 所示。

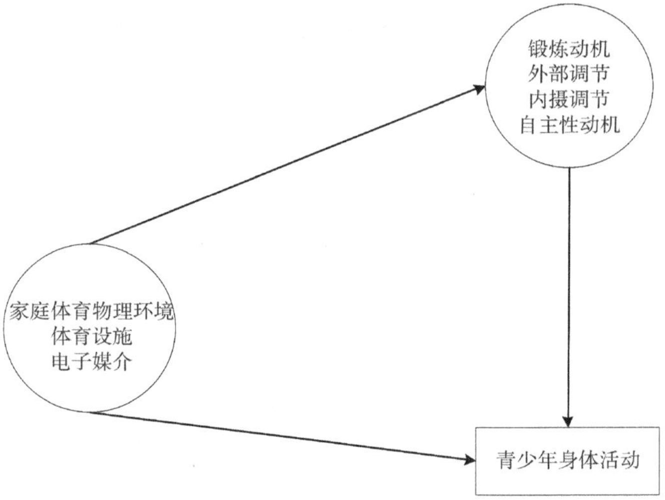

图 3 –4　家庭体育物理环境、锻炼动机、青少年身体活动关系模型图

3.4.4.2　家庭体育行为环境、锻炼动机和青少年身体活动关系概念模型的形成

通过上述分析，家庭体育行为环境、锻炼动机和青少年身体活动三者之间的关系如图 3 –5 所示。

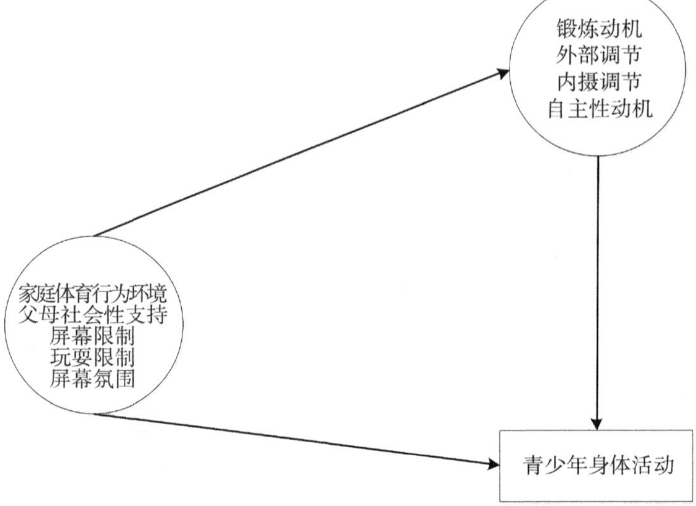

图 3-5　家庭体育行为环境、锻炼动机、青少年身体活动关系模型图

3.4.4.3　家庭体育心理环境、锻炼动机和青少年身体活动关系概念模型的形成

通过对家庭体育心理环境、锻炼动机和青少年身体活动关系的分析，结合前述理论基础和文献综述，得出三者的关系如图 3-6 所示。

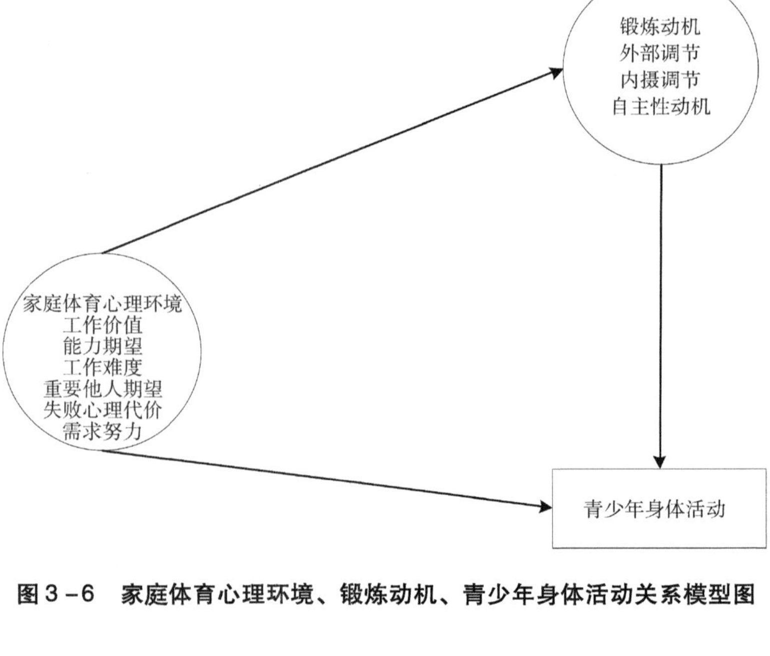

图 3-6　家庭体育心理环境、锻炼动机、青少年身体活动关系模型图

3.5 本章小结

通过对社会生态模型、自我决定理论、期望价值理论及其他相关理论的深刻理解与把握，并将社会生态模型、自我决定理论、期望价值理论中的变量进行有机整合，以人境互动理论为指导，构建了本研究的理论框架。在此基础上，结合第2章的文献综述，提出了本文的研究假设，为下一步工作——验证研究假设打下了基础。

4　问卷设计与信效度检验

本章的问卷设计在文献综述和研究假设的基础上，将理论模型中的变量进行操作化，便于测量。要准确、真实、可靠地测量研究变量，问卷的设计是关键。本研究涉及的问卷有家庭体育环境问卷、锻炼动机问卷和青少年身体活动问卷。其中，家庭体育物理环境问卷和家庭体育行为环境问卷，是借鉴国外相关成熟问卷，结合我国实际情况编制而成的。家庭体育心理环境问卷是以期望价值理论为基础编制的问卷，已经相当成熟。锻炼动机问卷和青少年身体活动问卷同样来源于比较成熟的问卷。本研究将会对各问卷的创编、修订过程进行详细报告。

在问卷设计的基础上，通过主观与客观评价，将编制的问卷进行完善，之后进行第一轮调研，根据收集的数据运用科学的统计方法对问卷的维度和条目进行修订，并检验问卷的信度与效度。在此基础上，进行第二轮调研，运用验证性因子分析进一步确定问卷维度的适切性并检验问卷的信度与效度。

4.1　问卷设计

4.1.1　家庭体育环境问卷测量指标体系构建

4.1.1.1　家庭体育环境问卷测量指标的来源

家庭体育环境从三个方面进行测量——家庭体育物理环境、家庭体育行为环境和家庭体育心理环境。

4.1.1.1.1　家庭体育物理环境问卷测量指标的来源

社会生态模型认为环境对身体活动行为的影响非常重要，其前提假设是个体改变自己的行为来回应所处的外部环境。斯金纳认为物理环境作为一种可辨别的刺激物能促进人类可预测的行为。过去 10 年中大量的研究认为社区的环境能预测个体的身体活动行为。随着越来越多的证据支持社区环境影响身体活动，有些研究者提出家庭环境对身体活动的影响也值得引起注意[1]。与社区环境比较而言，个体更有可能沉浸于家庭环境刺激中。例如，家庭在吸烟行为和食物选择上起决定作用。随着科学技术的便利与发展（如笔记本电脑、电子游戏机、平板电脑、手机等），人的生活方式更有可能向“坐”的方式发展。有报道指出美国成人平均每天有 8 小时久坐不动的静止性活动，而青少年大约每天花 7.5 小时进行各种电子媒介的娱乐活动（如看电视、上网和玩手机）[2]。

家庭既能为个人提供一个舒适的环境从事各种静止性活动，也能为个人提供各种身体活动的设备，如跑步机、自行车等，使个人很方便地在家里进行各种身体活动。我国目前鲜有关于家庭体育物理环境与身体活动关系的文献。为此，将国外关于家庭体育物理环境测量的问卷进行改编，并结合我国家庭的实际情况合理地创编一套具有较好信效度的家庭体育物理环境问卷具有较大意义。

家庭体育物理环境应该包括两个领域即家内和家附近的一些促进或抑制身体活动的设施或装备。John R. Sirard 等人将家庭体育物理环境分为以下几个维度：体育用品、健身器材、交通类器材、水上活动器材、运动鞋类、户外的设施和电子媒体装备。前 6 个维度包括 42 种身体活动器材的条目。电子媒体装备包括 5 个条目。每个条目的评分包括两个方面：一是家中有没有某种器材，二是家中该器材或装备是否经常使用。某器材得分越高说明该器材的数量越多或使用的频率越高。John R. Sirard 的研究结果显示，问卷两次测试信度达到了理想的可接受水平，效度也达到可接受水平，受试者的报告和研究助理的调查具有高度的相关性[3]。

目前，有研究者研发了一些测量青少年家庭环境方面的工具。例如，Golan 研发的关于家庭饮食习惯和身体活动习惯的量表，Clare Hume 和其同事研发的评价青少年感知家庭和社区身体活动环境的问卷[4]，Michelle L. Gattshall 等人研发的

---

〔1〕 SIRARD J R , LASKA M N , PATNODE C D , et al. Adolescent physical activity and screen time: associations with the physical home environment [J] . International Journal of Behavioral Nutrition & Physical Activity, 2010, 7 (1): 1 -9.

〔2〕 MALONEY A E , BETHEA T C , KELSEY K S , et al. A pilot of a video game (DDR) to promote physical activity and decrease sedentary screen time [J] . Obesity, 2012, 16 (9): 2074 -2080.

〔3〕 SIRARD J R , NELSON M C , PEREIRA M A , et al. Validity and reliability of a home environment inventory for physical activity and media equipment [J] . International Journal of Behavioral Nutrition and Physical Activity, 2008, 5 (1): 24.

〔4〕 HUME C , BALL K , SALMON J . Development and reliability of a self - report questionnaire to examine children's perceptions of the physical activity environment at home and in the neighbourhood [J] . International Journal of Behavioral Nutrition and Physical Activity, 2006, 3 (1): 16.

家庭身体活动和饮食环境量表，其中家庭身体活动和饮食环境量表分为四个维度：身体活动资源的可用性、身体活动资源的易用性（开放性）、父母身体活动的榜样以及父母身体活动的习惯[1]。Michelle L. Gattshallde 的研究结果显示，删除相关条目后，各个分量表的内部一致性具有统计学意义。所有分量表的两次重测信度都比较高。

Marla E. Eisenberg 等人从 6 个维度对家庭体育环境进行了评价。第一个维度是父母的榜样（如父母身体活动的时间），测量的两个条目来自 Godin G、Shephard R J 编制的休闲性体育锻炼量表，主要测量父母中等强度身体活动的时间和高等强度身体活动的时间。第二个维度是父母对孩子身体活动的支持，测量的条目是“通常一周中，您和孩子一起参与身体活动的时间是多少，如打球、散步、骑自行车等”“您是否帮助孩子参与身体活动，如开车送孩子观看体育比赛或送孩子到体育馆进行锻炼等”。第三个维度是家中体育器材，用 5 个条目进行测量。例如，“您家中是否有下列装备：固定的有氧运动设备、自行车、溜冰板、滑板、各种球类、哑铃、杠铃等”。第四个维度是父母看电视的时间，测量条目是“您平均每天看电视、DVD 或视频文件的时间是多少”。第五个维度是父母与孩子观看电子媒介的时间，测量条目是“通常一周中，您和孩子观看电视、电影的时间是多少”。第六个维度是家中电子媒介的数量，测量条目是“在您家中有多少电子设备？如电视、VCR、DVD、手提电脑、电子游戏机等”[2]。

综合上面的分析，我们认为 John R. Sirard 等人的分类具有可参考的价值，基本包括了家庭及其周围（社区）的与身体活动有关的物理环境，但不一定适合我国情况。Michelle L. Gattshall 等人的分类没有将物理环境与行为环境分开。Marla E. Eisenberg 等人测量了家庭体育环境中少数几个因素，缺乏系统性。

前人关于家庭体育环境的研究，为本文家庭体育环境测量指标体系的构建提供了参考。为此，本文研究家庭体育物理环境将考虑到三个方面：一是家庭中的体育器材；二是家庭中的电子媒介；三是家附近或社区或公园或学校（15 分钟以内的路程）的健身设施。

---

〔1〕 GATTSHALL M L，SHOUP J A，MARSHALL J A，et al. Validation of a survey instrument to assess home environments for physical activity and healthy eating in overweight children［J］. International Journal of Behavioral Nutrition and Physical Activity，2008，5（1）：3.

〔2〕 EISENBERG M E，LARSON N I，BERGE J M，et al. The home physical activity environment and adolescent bmi，physical activity，and tv viewing：disparities across a diverse sample［J］. Journal of Racial&Ethnic Health Disparities，2014，1（4）：326－336.

4.1.1.1.2 家庭体育行为环境问卷测量指标的来源

Gilly A. Hendrie 等人认为，家庭环境在形成孩子饮食习惯、身体活动和静止性活动等行为方面起着重要作用。父母作为家庭的“主导者”，对孩子诸多重要行为的学习和发展起着极为重要的作用。孩子通过模仿其他人的行为进行学习。因此，父母的支持和有利行为的强化以及家庭的规定和限制都影响着孩子的行为。Gilly A. Hendrie 认为，家庭环境影响孩子身体活动行为的证据越来越多，但有效全面测量家庭体育环境的工具凤毛麟角。以前的研究者对环境进行调查的条目比较少，并且这些条目仅仅涉及家庭环境中的某个方面，缺少对家庭体育环境的全面调查，少数的条目不能充分体现出复杂的家庭环境。Gilly A. Hendrie 将比较成熟的家庭饮食环境问卷的构念迁移到家庭体育环境问卷的设计上来，运用因子分析，将家庭体育环境构建成 3 个维度，即父母身体活动卷入、父母身体活动的榜样作用以及父母身体活动的支持。其创编的问卷共有 25 个条目，克隆巴赫 α 系数（α =0. 79 ~0. 88）显示该问卷具有较好的内部一致性[1]。

Amber E. Vaughn[2]等人认为父母和家庭环境对孩子的社会化起着关键性的作用，包括孩子体育锻炼态度、信念和行为。目前的概念模型表明父母的行为（如鼓励孩子参与身体活动）、个人身体活动模式、身体活动的偏爱以及对孩子看电视的监督等因素都会影响孩子身体活动。不同的研究者关于家庭体育环境对孩子身体活动影响研究的结果具有不一致性，其原因非常复杂，如对各个变量测试的方法不一样，种族、文化和风俗习惯的差异等都可能影响研究结果。但目前关于家庭体育环境的概念化和测试是一个最主要的挑战。Amber E. Vaughn 认为，目前存在的测试工具仅从家庭体育环境的极少方面进行测量，这些测量是碎片化的。从最近的一篇综述中可以发现，在选取的 11 个测试工具中，有 5 个工具从身体活动和静止性活动两方面来测量父母身体活动培养实践。虽然最近出现了测量父母支持身体活动（如榜样作用、合作、协商、评价）或限制静止性活动（如制定一些家规、监督）的工具，但这些工具中缺乏父母支持静止性活动（父母看电视的榜样、父母喜欢静止性活动）和控制/限制身体活动（限制孩子室外活动、限制孩子室内活动）两方面的

---

〔1〕 HENDRIE G A , COVENEY J , COX D N . Factor analysis shows association between family activity environment and children's health behaviour ［J］ . Australian & New Zealand Journal of Public Health, 2011, 35 (6): 524 - 529.

〔2〕 VAUGHN A E , HALES D , WARD D S . Measuring the physical activity practices used by parents of preschool children ［J］ . Medicine & Science in Sports & Exercise, 2013, 45 (12): 2369 - 2377.

测量。父母支持孩子身体活动或静止性活动和控制孩子身体活动或静止性活动的测量目前很少，但支持和控制身体活动或静止性活动可能相互作用影响着孩子的身体活动或静止性活动。因此，创编一个能全面评价父母影响孩子身体活动水平的测量工具显得非常重要。

Amber E. Vaughn 通过借鉴父母对孩子的一般教育和饮食习惯教育的相关文献，来构建父母影响孩子身体活动的测量工具。孩子行为培养一般分为两个方面：要求（控制）和响应（支持）。在孩子身体活动培养实践方面，要求或控制具体是指惩罚、限制、压迫和奖赏等，响应或支持是指鼓励、协商和积极强化。Amber E. Vaughn 在前人所编制的量表中，尽量多地收集了关于父母影响孩子身体活动的条目，并对类似构念的条目进行比较分析，选择最合适的条目，从而使条目尽可能齐全而不冗余。对于有些构念，目前没有足够的条目来评价，则创造出新的条目进行评价。最后调查问卷包括了 147 个条目，其中 47 个条目是关于家庭体育物理环境的，具体包括家庭电视、游戏机、电脑的数量，一系列的体育训练器材，一些孩子用于玩耍的装备；41 个条目是父母控制孩子身体活动或静止性活动的构念，如孩子室内和室外玩耍的规定，孩子看屏幕时间的限制和监督，奖励和惩罚身体活动或看屏幕时间，使用身体活动或看屏幕分散孩子的注意力；45 个条目是父母对孩子身体活动的支持，如支持、鼓励、表扬孩子的身体活动，父母身体活动或静止性活动的直接榜样作用，父母与孩子谈论身体活动或静止性活动与健康的关系，父母对孩子身体活动或静止性活动的态度等。因子分析前，研究者对 147 个条目进行了检验，如果一个条目有 85% 的受试者都选择一个答案，考虑到该条目具有较低的变异度和区分度，选择删除该条目。如果有些条目具有极大的相关性（$r>0.8$），则考虑合并这些条目。因子分析时，如果条目负荷量低于 0.4，会考虑删除该条目。最后，有 83 个条目构成了 15 个因子。

父母通过各种不同的方式影响孩子身体活动水平，如鼓励、社会支持、卷入孩子的身体活动、限制孩子身体活动、为孩子提供交通便利、让孩子参与各种体育培训班、父母榜样的作用等。父母对孩子身体活动的影响可以通过各种不同的量表进行评价，这些量表包含一个或多个条目。例如，McGuire[1] 等人用一个条目测量父

〔1〕 MCGUIRE M T, HANNAN P T, NEUMARK－SZTAINER D, et al. Parental correlates of physical activity in a racially/ethnically diverse adolescent sample［J］. Journal of Adolescent Health, 2002, 30 (4): 253－261.

母支持的动机方面（鼓励）。同样，Beets[1]等人用多个条目测量了父母支持的多个维度（如工具性、动机性和条件性）。而 Davison[2]等人用多个条目来评价工具性支持。总之，用于评价父母支持对青少年身体活动影响的量表在广度上各有不同。各个研究者所编制的量表情况见表 4－1。

表 4－1 父母参与身体活动相关量表及其内容

研究	身体活动父母量表	分量表
Sallis 等，2002	父母支持量表	父母为孩子从事身体活动提供支持（5 个条目）： 鼓励孩子进行身体活动或运动； 和孩子一起进行身体活动或运动； 把孩子送到能进行身体活动或运动的地方； 在旁边观看孩子进行身体活动或运动； 告诉孩子进行身体运动有益健康
Davison 等，2003（23），2004（48）	父母影响孩子身体活动量表	父母为孩子从事身体活动提供支持（3 个条目）： 鼓励孩子参与运动；和孩子一起进行身体活动；和孩子一起积极参与运动的重要性； （48）让孩子加入运动或户外活动组织；观看孩子在运动中的表现；为孩子参与运动提供交通支持；
	孩子报告版本：活动支持量表（48）	父母身体力行以鼓励孩子积极地参与身体活动（4 个条目）： 享受身体活动；身体活动的频率；家人把身体活动作为家庭的一种娱乐形式；父母身体力行为自己的孩子参与运动做出表率； （48）身体活动的一般水平；身体活动的喜爱程度；和孩子一起参与运动；每周参加身体活动或运动的频率
Davison 等，2011（56）	多团体活动支持量表	父母为孩子从事身体活动提供支持（3 个条目）： 让孩子加入运动团队或俱乐部（如足球、篮球和舞蹈）； 把孩子送到能进行身体活动的地方； 观看孩子参与运动或参与其他诸如武术或舞蹈之类的活动； 父母身体力行以鼓励孩子积极地参与身体活动（3 个条目）： 身体力行为自己的孩子从事运动做出表率； 规律地进行身体活动； 享受锻炼和身体活动；

〔1〕 BEETS，MICHAEL. Social support and youth physical activity：the role of provider and type. ［J］. American Journal of Health Behavior，2006，30（3）：278.

〔2〕 DAVISON K K，CUTTING T M，BIRCH L L. Parents' activity－related parenting practices predict girls' physical activity ［J］. Medicine & Science in Sports & Exercise，2003，35（9）：1589.

续表

研究	身体活动父母量表	分量表
Davison 等 2011（56）	多团体活动支持量表	利用社区资源让孩子进行身体活动（3 个条目）： 鼓励孩子利用家庭周围的公共资源（如公园和学校）进行身体活动； 让孩子加入能进行身体活动的社区组织项目（如女孩和男孩俱乐部，YMCA）； 在学校放假期间为孩子寻找其他身体活动类型（如让孩子加入夏令营和课外活动项目）； 限制孩子的久坐活动（3 个条目）： 限制孩子玩电子游戏的时间（包括 Playstation、Xbox 和 Gameboys）； 限制孩子每天看电视或 DVD 的时间（包括教育和非教育节目）； 除了用电脑做作业外，限制孩子用电脑做其他事情的时间（玩电脑游戏和网上冲浪）
Kahan，2005（58）	父母支持（孩子报告）	孩子感知父母对自己参与身体活动的支持度（3 个条目）： 鼓励孩子参与身体运动； 支持孩子参与身体运动； 赞成孩子参与身体运动
Gattshall 等，2008（59）	身体活动父母策略	身体活动策略（5 个条目）： 鼓励自己的孩子进行身体活动； 为孩子身体活动提供交通支持； 让孩子参与户外运动； 向孩子讲述自己对身体活动的看法； 表扬孩子的身体活动行为
Timperio 等，2008（35）	户外活动的规则和限制	父母对孩子户外活动的规则（3 个条目）： 限制孩子户外活动的时间； 必须监督孩子的户外活动； 天黑后不允许外出运动

续表

研究	身体活动父母量表	分量表
Jago 等，2009（62）	父母影响孩子身体活动量表	一般的父母支持：孩子感知父母对自己参与身体活动的支持度（6 个条目），成人和孩子在周末会一起； 参与身体活动（例如游泳或加入足球俱乐部）（2 个条目）； 让孩子去组织或召集其他孩子成立运动俱乐部（仅周末）； 把孩子送到运动俱乐部（仅周末）； 鼓励（或要求）孩子积极地进行身体活动（2 个条目）； 父母的活跃度：孩子对自己父母参与身体活动的感知（4 个条目）； 参与大量的身体活动（2 个条目）； 和孩子一起参与身体活动（2 个条目）； 指导支持：父母对身体活动参与的支持原则（2 个条目）； 身体活动的规则（例如在特定的时间返回家中，不能去某些地方）（2 个条目）
Anderson 等，（63，64）	运动认同调查问卷（孩子报告和青少年报告）	来自父母的鼓励（7 个条目），以下问题基于青少年形式： 鼓励孩子积极地进行身体活动； 和孩子一起锻炼或外出； 用言语鼓励孩子参与身体活动，增强自信； 密切关注孩子的身体活动，并及时地给予反馈； 花时间教孩子如何进行运动或身体活动； 孩子锻炼，为他/她感到骄傲； 当孩子进行身体活动时，乐意提供全方位的帮助
Gubbels 等，2011（65）	身体活动父母调查问卷	父母对孩子身体活动的激励（3 个条目）： 尝试让孩子走路或骑自行车，即使他们不愿意做； 关注孩子得到足够量的锻炼； 尽可能让孩子步行或骑自行车去游玩（有或无父母陪伴）； 身体活动的监控（2 个条目）： 密切关注孩子看电视和玩电脑游戏的时间； 密切关注孩子身体活动量； 限制久坐行为（6 个条目）： 确保孩子看电视时间不能太长； 确保孩子玩电脑游戏时间不能太长； 如果孩子行为表现好，就奖励他们内容健康的视频/DVD/电脑游戏； 引导或管制孩子的活动方式，否则他们不能达到足够量的身体活动； 有意识地让孩子远离电视或电脑； 限制孩子久坐看书或学习

续表

研究	身体活动父母量表	分量表
King 等，2011（66）	父母身体活动类型	民主型父母身体活动参与（4 个条目）： 当孩子必须外出时，让他们选择走路/骑自行车/乘坐巴士； 如果孩子想进行身体活动，随他们愿； 允许孩子从事他们想参与的运动； 允许孩子在室内玩噪音大的游戏； 专制型父母身体活动参与（4 个条目）： 奖励孩子进行身体活动（通过物质奖励）； 让孩子行走，即使他们不愿意走路（施压）； 鼓励孩子参与新的运动项目和游戏，即使他们不愿意那样做（施压）； 阻止孩子观看电视/玩游戏，让孩子参与身体活动（施压）； 权威型父母身体活动参与（13 个条目）： 对孩子参与身体活动进行表扬（口头）； 告诉孩子积极地参与身体运动/活动对自身是有益的（知识灌输）； 告诉孩子积极地参与身体运动/活动有益于自身健康（知识灌输）； 告诉孩子不积极地参与身体运动会变胖（知识灌输）； 告诉孩子不参与身体运动/活动是不健康的（知识灌输）； 如果孩子不想走路，和他们讨论走路的必要性； 鼓励孩子去户外运动； 鼓励孩子和其他孩子一起运动； 为了让孩子进行身体运动，限制自己观看电视的时间； 如果孩子要求自己和他们一起运动，就答应（正面的榜样作用和运动参与）； 和孩子一起锻炼的时间相同（正面的榜样作用和运动参与）； 孩子帮忙做家务（正面的榜样作用和运动参与）； 自己尝试积极地参与身体活动，这样孩子参与运动也会变得更积极（正面的榜样作用和运动参与）
Cleland 等，2011（71）	家庭的身体活动环境	家庭共同参与身体活动（3 个条目）： 共同骑自行车或走路； 一起打网球； 父母一起监督孩子从事身体活动 家庭活动（6 个条目）： 父母一起骑自行车； 一起去游泳； 一起去公园； 一起去遛狗； 一起去健身； 家庭中至少有一个成人参与运动 直接的身体活动支持（3 个条目），修改自 Sallis（72，73）： 父母带着孩子去锻炼； 父母提供金钱让孩子参与运动； 父母购买运动装备

4. 1. 1. 1. 3 家庭体育心理环境问卷测量指标的来源

家庭体育心理环境是指父母对孩子进行身体活动的信念、价值观和态度。Liao、Lin、Lee[1]编制了运动期望与价值量表来测量青少年参与运动的期望信念和价值信念。该量表共分5个维度：能力期望（包括工作难度）、需求努力、失败心理代价、重要他人期望和工作代价，其中能力期望和需求努力属于期望信念，而失败心理代价、重要他人期望和工作代价属于价值信念。该量表经赖雅馨、廖主民[2]改编后，用于测量父母对孩子参与运动的成功期望及价值信念，也就是说父母觉得孩子在运动表现上成功的可能性有多大及参与运动对孩子来说有多重要。Eccels[3]等人的研究发现，父母信念影响孩子信念，进而影响孩子的行为，在此基础上他们提出父母对孩子参与锻炼的期望信念、价值信念是否直接影响孩子的身体活动，父母对孩子参与锻炼的期望信念、价值信念是否通过孩子的锻炼动机间接影响孩子的身体活动等问题。

4.1.1.2 家庭体育环境问卷测量指标体系编制原则

国外研究者对家庭体育环境的测量采取了众多的指标，我们对文献中所运用的测量指标进行了深入分析，主要考虑从以下几个方面来编制家庭体育环境测量指标体系。

（1）根据研究目的，尽量选取国外学者常用的家庭体育环境测量指标，同时结合我国实际情况进行改编。

（2）考虑跨文化的因素。西方国家与我国在生活方式、价值观念上存在一定的差异，在具体条目移植的过程中进行有针对性的修改。

（3）结合中小学生的理解能力对条目进行修改。

4.1.1.3 家庭体育环境问卷测量指标体系形成

本研究在对家庭体育环境测量的大量文献进行回顾与梳理的基础上，遵守以上编制原则，将家庭体育物理环境分为3个维度：家庭体育设施、家庭电子媒介、户

---

〔1〕 LIAO，LIN，LEE. Expectancy and value beliefs in sport：perspective of young Taiwanese ［J］. Journal of Sport and Exercise Psychology，2004，26：119.

〔2〕 赖雅馨，廖主民．父母亲的运动期望价值信念及行为涉入、儿童知觉父母涉入的品质与儿童的运动期望价值信念及运动参与行为［D］．台中：台湾体育学院，2006.

〔3〕 ECCLES J S，WIGFIELD A，SCHIEFELE U. Motivation to succeed ［M］. New York：Wiley，1988.

外体育设施（包括步行 15 分钟范围内的体育设施）。家庭体育行为环境分为 13 个维度：父母对孩子家里身体活动规定（室内玩耍限制）、父母对孩子家外身体活动规定（户外玩耍限制）、父母利用身体奖励/控制孩子行为（利用身体活动）、父母限制孩子屏幕时间（屏幕限制）、父母利用屏幕时间控制/奖励孩子行为（利用屏幕）、家庭身体活动偏好（身体活动偏爱）、父母身体活动榜样（身体活动榜样）、父母对孩子身体活动的鼓励（父母鼓励）、父母对孩子身体活动的支持（父母支持）、父母参与身体活动的程度（父母参与）、父母看屏幕的榜样（屏幕榜样与偏爱）、父母对孩子身体活动的刺激（父母刺激）、父母对孩子身体活动的监控（父母监控）。家庭体育心理环境分为 6 个维度：父母对孩子身体活动的能力期望（能力期望）、父母对孩子身体活动的困难期望（工作难度）、父母对孩子需求努力期望（需求努力）、父母关于孩子身体活动失败的心理代价（失败心理代价）、父母感知重要他人对孩子身体活动期望（重要他人期望）、父母对孩子身体活动的价值信念（工作代价）。各个分量表的初始条目见表 4 - 2 至表 4 - 4。

在表 4 - 2 的 40 个题项中，题 1 至题 21 为家庭体育设施，题 22 至题 29 为家庭电子媒介，题 30 至题 40 为户外体育设施。

表 4 - 2　家庭体育物理环境初始条目

代　码	测试题项
1	篮球
2	足球
3	排球
4	羽毛球
5	乒乓球
6	网球
7	棒球/垒球
8	毽子/沙包
9	旱冰鞋/溜冰鞋/滑板
10	跳绳
11	呼啦圈
12	其他（请举例）：
13	跑步机
14	椭圆机
15	握力器/扩胸器/臂力器
16	弹力绳/弹力带
17	瑜伽垫/瑜伽球/瑜伽砖

续表

代　码	测试题项
18	哑铃/杠铃
19	自行车
20	跳舞机
21	其他（请举例）:
22	电视机
23	笔记本
24	台式电脑
25	手机
26	平板电脑
27	wifi/宽带
28	DVD
29	其他（请举例）:
30	广场或空地
31	漫步机/扭腰机/背部按摩器
32	秋千/滑梯
33	沙盒/沙坑
34	篮球场
35	网球场
36	羽毛球场
37	排球场/足球场
38	乒乓球桌
39	游泳池
40	其他（请举例）:

在表 4 - 3 的 76 个题项中，分为 13 个维度，各维度的题项分别如下。①室内玩耍限制：1、6、11；②户外玩耍限制：2、7、12、16、20；③利用身体活动：3、8、13、17、21；④屏幕限制：4、9、14、18、22、23、24；⑤利用屏幕：5、10、15、19；⑥身体活动偏爱：25、26、27；⑦身体活动榜样：34、41、47、52、57、62、66、70；⑧父母鼓励：28、35、42、48、53、58、63、67、71、73；⑨父母支持：29、36、43、49、54、59、64、68、72、74、75、76；⑩父母参与：30、37、44、50、55、60、65、69；⑪屏幕榜样与偏爱：31、38、45、51、56、61；⑫父母刺激：32、39、46；⑬父母监控：33、40。

表 4－3　家庭体育行为环境初始条目

代码	测试题项
1	当孩子在家玩耍时，他/她应该保持安静
2	当孩子在室外玩耍时，我经常要求孩子不要到处跑
3	当孩子表现好时，我会把体育锻炼或身体活动作为一种奖励
4	周一至周五，我会严格控制孩子看电视或视频的时间
5	当孩子表现好时，我会将看电视、电影或玩电子游戏作为一种奖励
6	当孩子在家玩耍时，他/她能使用玩具和体育器械进行身体活动（如大肌肉的活动像跑、跳、翻滚等）
7	当孩子在室外玩耍时，我经常要求孩子保持衣服干净
8	我会经常利用体育锻炼或玩耍作为完成其他事情的交换条件（如你完成作业后，我才让你到外面去打球）
9	周六至周日，我会严格控制孩子看电视或视频的时间
10	当孩子表现不好时，为了惩罚孩子，我会禁止孩子看电视、视频或玩电子游戏
11	当孩子在家玩耍时，我经常要求他/她安静下来
12	当孩子在室外玩耍时，我经常要求孩子保持安静
13	我经常会让孩子额外到外面玩耍当作一种奖励
14	周一至周五，我会严格控制孩子玩电子游戏的时间
15	我经常会让孩子额外看电视、玩电子游戏或看视频当作一种奖励
16	当孩子在室外玩耍时，我经常会要求孩子不要把衣服弄脏
17	我经常用体育锻炼或身体活动来控制孩子的行为
18	周六至周日，我会严格控制孩子玩电子游戏的时间
19	我经常用看电视作为一种手段来控制孩子的行为（如如果你不安静下来，就不准看电视）
20	我不允许孩子天黑之后在外边进行身体运动或玩耍
21	我经常会因为孩子的坏行为而不允许他/她到外面玩
22	我一直控制孩子看电视的时间
23	当孩子空闲在家时，我会控制孩子看电视的时间
24	我会有意让孩子远离电脑
25	我们家都喜欢体育活动
26	我的家庭会经常把体育锻炼作为一种休闲活动
27	我喜欢体育锻炼
28	在常规一周里，我会经常告诉我的孩子久坐不动的习惯不利于健康
29	我经常会参与孩子的体育运动会、体育比赛、体育课程或体育培训（如观看孩子的各种体育比赛和表演）
30	我认为每天不需要太多的锻炼
31	我喜欢和孩子一起看电视

续表

代码	测试题项
32	我会尝试让孩子走路或骑自行车，即使孩子不想这样做
33	我会密切注意孩子看电视和玩电脑游戏的时间
34	我经常用自己的行为去鼓励孩子进行体育锻炼
35	在常规一周里，我会经常送我的孩子到外面去玩，以便我有时间做自己的事
36	有时候，我们家为孩子付费进行体育锻炼或体育培训
37	我喜欢和其他人一起运动
38	在我空闲时间里，我喜欢看电视或电影
39	我会随时观察孩子进行足量的锻炼
40	我会密切关注孩子进行体育锻炼的次数和总量
41	我喜欢和孩子一起进行体育锻炼
42	我会经常告诉孩子体育锻炼对身体健康有好处
43	我会经常参与到孩子的体育活动中去
44	我不想过多地谈论参与体育锻炼
45	在常规一周里，我经常与我的孩子一起看电视或者视频
46	我会尽可能地让孩子徒步或骑自行车外出玩耍（不管有没有父母陪伴）
47	我会经常用我的行为鼓励我的孩子久坐不动
48	我会因为我的孩子参与体育活动而表扬他/她
49	在常规一周里，我经常送我的孩子去锻炼
50	我喜欢谈论我所从事的身体活动或将要做的某些事情
51	在常规一周里，我会经常因为天气不好而为孩子们打开电视或视频
52	在常规一周里，我的孩子会经常听到我说太累了不想进行身体锻炼
53	在常规一周里，我会经常说一些事情去鼓励孩子参与体育活动
54	在常规一周里，我会为孩子到外面进行体育培训或进行体育活动提供交通方便
55	和其他的事情相比较，我认为体育锻炼不是很重要
56	在常规一周里，我的孩子会经常看见我看电视或视频
57	在常规一周里，我的孩子会经常听到我谈论体育锻炼方面的事情
58	在常规一周里，我会经常尽量让孩子进行身体活动而不是让孩子看电视
59	在常规一周里，我经常教我的孩子一些运动项目
60	我不喜欢体育锻炼后那种汗淋淋或疲劳的感觉
61	在常规一周里，为了更好地做一些事情，我会为孩子打开电视或电脑或其他视频媒介
62	在常规一周里，我的孩子会经常看到我进行体育锻炼
63	在常规一周里，我会经常说一些鼓励的话让孩子不要久坐不动
64	我同意孩子加入运动团队或俱乐部（如足球、篮球、舞蹈）
65	锻炼或身体活动并不是多么有趣
66	我或配偶与孩子进行大强度体育锻炼（如游泳、跑步、跳绳等）
67	我经常鼓励孩子运用自家周围的资源进行体育锻炼（如公园和学校）

续表

代码	测试题项
68	我经常让孩子加入能进行身体运动的社区项目中
69	我经常进行 30 分钟或中等、大强度身体活动
70	我或配偶与孩子进行中等强度体育锻炼（如慢跑、快走、骑自行车等）
71	我经常给孩子一些增加运动或锻炼自信的话语
72	我会寻找途径让孩子在假期的时候能进行体育锻炼（如让孩子参加夏令营）
73	当孩子运动时我会密切关注并给予其反馈
74	我会让孩子选择自己喜欢的运动
75	我会以各种方式帮助孩子进行锻炼
76	我会为孩子购买体育锻炼的装备

在表 4－4 的 25 个题项中，分为 6 个维度，各维度的题项分别如下。①能力期望：1、2、3、4、5；②工作难度：6、7、8；③需求努力：9、10、11、12；④失败心理代价：13、14、15、16；⑤重要他人期望：17、18、19；⑥工作代价：20、21、22、23、24、25。

表 4－4　家庭体育心理环境初始条目

代码	测试题项
1	您觉得孩子的运动能力有多好？
2	如果将孩子与其他同龄的孩子的运动能力从最差排到最好，您会把孩子排在哪里？
3	您觉得孩子今年运动表现如何？
4	您觉得您的孩子今年体育课中的运动表现如何？
5	和其他学生比较，您预期您的孩子的运动表现如何？
6	跟班上大部分的同学比起来，您觉得运动对孩子而言有多难？
7	通常您觉得运动对孩子而言有多难？
8	跟学校其他科目比起来，您觉得体育对孩子而言有多难？
9	您觉得孩子要多努力才能在体育课上得到好成绩？
10	您觉得孩子要多努力才能把运动技能表现得更好？
11	您觉得孩子要多努力练习，体育课考试才能得到好成绩？
12	和其他科目比起来，要把体育学好，您觉得孩子要付出的努力必须比其他科目？
13	您担心孩子运动时会做不好
14	您担心孩子运动时会表现不好
15	您担心孩子运动时表现不好会被别人取笑
16	您的孩子运动时曾被别人取笑
17	学校的大部分老师希望您的孩子参与运动
18	您希望您的孩子参与运动

续表

代码	测试题项
19	同学或朋友希望您的孩子参与运动
20	您觉得孩子有多喜欢运动？
21	通常，您觉得运动对孩子而言
22	学校中所学到的运动技术与知识，对于孩子校外的日常生活
23	学会高超的运动技术对于孩子毕业后想做的事以及就业
24	您觉得孩子付出努力去学习更好的运动技术值得吗？
25	您觉得孩子能在运动方面做出高难度的动作重要吗？

4.1.1.4　家庭体育环境调查问卷（初版）的试用与修改

家庭体育环境调查问卷（初版）的修改采用客观检验法与主观评价法相结合。

4.1.1.4.1　客观检验法

设计家庭体育物理环境调查问卷之前，为了了解学生家庭中体育器材、电子媒介、社区健身设施情况，我们请广州市天河区华晟小学四、五年级共40名学生填写了开放式问卷。问卷的题目包括：请你填写你家中的体育器材、玩具、健身器械；请你填写你家中的电子产品（如电脑、电视、ipad等）；请你填写你家附近的体育设施。

通过调查，我们了解了青少年家中的体育设施、电子产品及社区健身设施情况。结合文献中所提到的家庭体育物理环境的题项，编制了家庭体育环境调查问卷之物理环境分问卷。

为了检验家庭体育环境调查问卷的填写情况，我们以广州市黄埔区某中学60名学生家长为调查对象，要求学生将家庭体育环境调查问卷带回家让父母填写，回收问卷52份，回收率为87%，剔除无效问卷3份，有效回收率为82%。

通过学生家长问卷的填写，以及与部分家长的交谈，我们对预调查问卷进行了修正。现将修正情况报告如下：第一，初版问卷中，家庭体育行为环境分问卷采用父亲与母亲分别作答的形式，但从回收的问卷来看，父亲的回答与母亲的回答基本一致，为了使问卷更简洁，将父母分别作答进行了合并。第二，预调查发现，家庭体育物理环境分问卷中的开放式问题，家长基本没有填写，故将其删除。

4.1.1.4.2　主观评价法

我们邀请了7位从事学校体育学、锻炼心理学研究的博士和（副）教授，请他们对初步形成的问卷进行评论，从不同的角度指出问卷的不足或错误。在汇总专家提出的意见后，我们经过进一步的分析、讨论对问卷进行了修改，以保证问卷的内容效度。修改意见如下：第一，父母刺激维度不符合我国青少年生活方式、父母对孩子的培养方式，此维度直接删除。由于父母监控维度只有两个题目，其信度很难保证（一般而言，一个维度至少需要三个题目），此维度直接删除。第二，家庭体育物理环境问卷可以分为两个分问卷：一是对家庭及其附近体育设施的测量，可以命名为家庭体育设施分问卷；二是家庭电子媒介分问卷。第三，家庭体育行为环境问卷在删除父母刺激与父母监控维度后，可以分为三个分问卷：一是家庭控制青少年身体活动分问卷，其维度包括屏幕限制、利用屏幕、利用身体活动、户外玩耍限制和室内玩耍限制；二是家庭支持青少年身体活动分问卷，其维度包括身体活动偏爱、身体活动榜样、父母鼓励、父母支持、父母参与；三是家庭屏幕榜样与偏爱分问卷，其维度包括屏幕榜样与偏爱。

4.1.2　青少年身体活动调查问卷的来源

身体活动与青少年的健康有着密切的关联。准确地测量青少年身体活动水平，不仅有利于理解身体活动与健康的关系，而且有利于监督青少年身体活动发展的长期趋势和干预效果。因此，有效地、可靠地测量青少年身体活动显得尤为重要和必要。目前测量身体活动的方法有问卷调查法、双标水法、间接测量法、运动传感器法、心率监测法。各种测量方法有其自身的优点和局限性。问卷调查法成本较低，操作简单，易于管理且受试者易于接受，适合大样本的调查，但其测量的信度和效度往往受到研究者的诟病。双标水法虽然公认为是评价身体活动的最有效的方法，但其成本很高，不适合在大样本人群中进行测量，而且受试者不易接受这种方法。间接测量法是根据氧消耗量与热量产生二者之间的关系，通过测定氧消耗量来推算能量产生的方法。但这种方法很难进行长时间的不间断测量，在调查一般性日常身体活动中的适应性不强。运动传感器法能准确测量身体活动的能量消耗，但不适合久坐不动行为的测量，且价格昂贵。虽然心率监测法和运动传感器法更能客观测量运动的强度和运动持续时间，但不能提供运动类型或身体活动的内容等信息。综上，各种测量身体活动的方法都有其自身的优势与不足。对大样本量人群调查来说，问卷调查法在某种程度上可能是唯一可行的方法。

近些年来，研究者们研发了大量的针对不同人群的身体活动调查问卷，这些问卷主要在长度、活动类型和回忆周期（1 天、3 天、7 天、1 月或 1 年等）等方面存在差异。对过去身体活动的回忆是一项复杂的认知任务，青少年对过去身体活动的回忆特别是在抽象思维和具体细节的回忆方面没有成年人准确。另外，青少年身体活动的模式多变，间歇性的活动较多，而成年人的身体活动模式相对稳定。选择调查问卷不仅要考虑到研究的目的，还要考虑人群特点和对调查结果的兴趣。另外，还要考虑调查过程中的实际问题，如研究规模、研究经费。

本研究对青少年身体活动的测量借用了澳大利亚迪肯大学设计的儿童休闲活动调查问卷（CLASS），香港中文大学翻译、修订该问卷，并对其信效度进行了检验[1]。之后，由上海体育学院博士李海燕进一步修订中文版问卷（CLASS - C），并对问卷信度和效度进行了检验。其两次调查的重测信度系数为 0.81 ~ 0.88（$P<0.01$），组内相关系数 ICC 值为 0.82 ~ 0.84。效度检验时，以运动传感器作为效标效度，CLASS - C 测量的能量消耗与 SWA 测量的相关系数为 0.31 ~ 0.45（$P<0.01$）[2]。为此，本研究将运用 CLASS - C 来测量青少年的身体活动。具体问卷见附录四。

4.1.3 锻炼动机问卷的来源

动机是人类文化，是所有个体的一部分。家长、教师试图通过激励学生提高学生动机水平，使学生能很好地完成某种特定的行为，如认真完成家庭作业、改善不良行为或态度。学生可能会因为外部奖励如得到很好的分数、受到教师的奖赏和喜爱而激发外部动机，也可能因为本身的兴趣、爱好而激发内部动机。自我决定理论提供了一个整合的框架，在社会背景下研究人类行为，具体研究人类动机和个性结构[3]。SDT 不仅包含纷繁复杂的内部动机、外部动机，也把个体周围环境和社会文化等因素纳入理论框架。SDT 成立的条件是假定人有一种不断自我完善与整合的意识，有一种不断使自我心灵各部分成为整体，不断使自我与他人或周

〔1〕 黄雅君，王香生．香港小学生体力活动水平的评价：问卷法的信度与效度研究［A］．中国体育科学学会．第八届全国体育科学大会论文摘要汇编（一）［C］//中国体育科学学会：中国体育科学学会，2007：1.

〔2〕 李海燕．上海市青少年日常体力活动测量方法的研究与运用［D］．上海：上海体育学院，2010.

〔3〕 DECI E L，RYAN R M．Handbook of self - determination research handbook of self - determination research［M］．Rochester：University of Rochester Press，2004.

围环境成为整体的倾向。SDT 因为人的自主性、能力感和关联性而起作用[1]，这三个成分被认为是人类普遍存在和人能取得成功和保持最佳绩效的本质诉求。SDT 认为，人的三种需求（自主性、能力感和关联性）没有被满足时，人的心理健康会受到影响。自主性是指个体行为选择的决断力，个体能真实地、自我地从事某项活动，而不是被控制地或胁迫地做某事。能力感指感到有效、有能力应对最适宜的挑战。关联性指个体与其他人以一种被信任和支持的方式联系着，有一种归属感和意义感。

SDT 已经被广泛地运用到健康、教育和体适能等各个领域，它被认为是新颖而独特的，因为它不仅关注动机本身，还关注动机的方向和目标[2]，也就是人们为什么做这件事，以及他们做这件事要达到何种程度。个体的行为不仅受到个体心理层面的影响，还受到社会规范或环境的影响[3]。SDT 在预测青少年儿童学习身体活动的能力、坚持性和学业成绩方面非常有用和可靠。

根据自我决定理论，不同的动机形式表示行为调节的方式在质上有所不同，这些调节方式处于从无自我决定到完全自我调节的连续体上。行为调节方式包括六种：无动机、外部调节、内摄调节、认同调节、整合调节和内部调节。无动机是一种完全缺乏从事某行为意向的状态，是一种完全无自我决定的调节形式。外部调节是指从事某行为是迫于外在压力或为了获得外在的奖励。内摄调节指外在控制的内在化，是一种为了避免愧疚或保持自尊的自我压力。认同调节是指为了实现个人有价值的结果而自觉接受某行为。内部调节指参与某活动是因为自身的兴趣，是对活动本身的满意。

Mullan、Markland 和 Ingledew[4]根据自我决定理论，研发了锻炼行为调节问卷，该问卷测量外部、内摄、认同和内部调节。通过验证性因子分析发现该问卷具有很好的效度。随着该问卷的广泛运用，越来越多的研究结果支持了该问卷具有较

---

〔1〕 DECI E L , VANSTEENKISTE M . Self – determination theory and basic need satisfaction：understanding human development in positive psychology. ［J］ . RICERCHE DI PSICOLOGIA, 2004, 27 （1）：23 –40.

〔2〕 DECI E L , RYAN R M . The what and why of goal pursuits：human needs and the self – determination of behavior ［J］ . Psychological Inquiry, 2000, 11 （4）：227 –268.

〔3〕 DECI E L , RYAN R M . Intrinsic motivation and self – determination in human behavior ［M］ . New York：Springer US, 1985.

〔4〕 MULLAN E , MARKLAND D , INGLEDEW D K . A graded conceptualisation of self – determination in the regulation of exercise behaviour：development of a measure using confirmatory factor analytic procedures ［J］ . Personality and Individual Differences, 1997, 23 （5）：745 –752.

好的效度。但 Mullan 等人在最初设计问卷时，由于无动机分量表得分在一个有限制的范围内呈现出很大的偏态，最后将无动机分量表删除了，原因是所调查的对象是来自体育活动中心的样本，该群体是一个具有锻炼规律的人群。为此，David Markland 和 Vannessa Tobin 等人研发了第二版锻炼行为调节问卷（BREQ -2），该版本包括了无动机的条目[1]。2006 年，Wilson、Rogers 和 Loitz 等人进一步拓展了 BREQ -2，加入了整合调节维度（integrated regulation），各个分量表的信度比较好，克隆巴赫 α 值为 0. 77 ~0. 94[2]。为此，本研究将运用 6 维度的 BREQ -2 来测量青少年的锻炼动机，具体问卷见附录五。

4.2 问卷信效度检验

4.2.1 引　言

家庭体育环境、父母支持以及父母对青少年参与身体活动的期望都影响孩子身体活动的参与。以往的研究仅局限于家庭中个别因素对青少年身体活动的影响，把家庭环境作为一个系统来探讨其对青少年的身体活动影响的研究较少。为了检验家庭体育环境变量对青少年身体活动的影响，研究者们研发了一些测量工具对家庭体育环境进行测量。如 Golan 和 Weizman 以社会生态理论为基础研制了一个理论模型，用以测量父母健康生活方式的知识、父母教育青少年的技能、家庭体育环境和父母健康生活方式的榜样作用[3]。Clare Hume 等人编制的问卷用于测量青少年对家庭和社区物理环境的感知[4]。Amber E. Vaughn 等人分 14 个维度测量了父母对学前儿童身体活动的教育手段。但是，至今国内外缺乏系统、全面的测量家庭体育环境的问卷。本节的研究目的有：①对本章 4. 1 提到的家庭体育环境调查问卷的维度进

〔1〕 MARKLAND D, TOBIN V. A modification to the behavioral regulation in exercise questionnaire to include an assessment of amotivation [J] . J Sport Exerc Psychol, 2004, 26 (2): 191 -196.

〔2〕 WILSON P M, ROGERS W M, LOITZ C C, et al. It's who i am … Really! The importance of integrated regulation in exercise contexts [J] . Journal of Applied Biobehavioral Research, 2006, 11 (2): 79 -104.

〔3〕 GOLAN M, WEIZMAN A. Familial approach to the treatment of childhood obesity: conceptual model [J] . J Nutr Educ, 2001, 33 (2): 102 -107.

〔4〕 HUME C , BALL K , SALMON J . Development and reliability of a self - report questionnaire to examine children's perceptions of the physical activity environment at home and in the neighbourhood [J] . International Journal of Behavioral Nutrition and Physical Activity, 2006, 3 (1): 16.

行科学划分。②检验和修订前人编制的锻炼行为调节问卷，考察该问卷在广州中小学生中的适应性。③对各问卷的信度和效度进行检验。

4.2.2 研究方法

4.2.2.1 调查对象

本研究以广州市中小学生、学生家长为调查对象。广州市共分为 11 个行政区，其中心城区为天河区、海珠区、越秀区、荔湾区、白云区和黄埔区。采取立意抽样和整群抽样相结合的方法，向广州市中心城区的中小学校发放问卷。本研究的问卷调查分为两个阶段：第一个阶段是对初始的问卷进行调查，通过数据的收集，运用探索性因子分析来确定各个问卷的因子（表 4 – 5）；第二个阶段是在第一个阶段的基础上，对问卷进行修订，确立正式问卷后进行的调查（表 4 – 6）。

表 4 – 5　第一阶段问卷发放回收统计　（*N* = 600）

序号	学段	发放区	学校	父母问卷					学生问卷				
				发放份数	回收份数	回收率/%	有效份数	有效率/%	发放份数	回收份数	回收率/%	有效份数	有效率/%
1	小学	天河区	华成小学	100	92	90.5	80	81.5	100	93	95.5	85	86.5
2		天河区	先烈东小学	100	89		83		100	98		88	
8	初中	黄埔区	117 中学	100	94	92.0	85	78.5	100	92	89.5	90	85.0
9		黄埔区	九佛二中	100	90		72		100	87		80	
15	高中	黄埔区	科学城中学	100	91	89.5	84	82.5	100	96	95.0	89	87.5
16		天河区	天河中学	100	88		81		100	94		86	
		总计		600	544	90.7	485	80.8	600	560	93.3	518	86.3

第一阶段问卷调查时，不需将学生问卷与家长问卷一一对应。第一阶段发放学生问卷、家长问卷各 600 份，家长有效回收问卷为 485 份，有效回收率为 80.8%，学生有效回收问卷为 518 份，问卷有效回收率为 86.3%。第二阶段问卷发放时，需将父母问卷与学生问卷一一对应，便于进行统计分析。为此，如果父母问卷与学生问卷缺失任何一份，将作为废卷处理。第二阶段的问卷有效回收率为 80%。

表 4－6 第二阶段问卷发放回收统计 (*N*＝1645)

序号	学段	发放区	学校	父母问卷					学生问卷				
				发放份数	回收份数	回收率/%	有效份数	有效率/%	发放份数	回收份数	回收率/%	有效份数	有效率/%
1		越秀区	执信中学	40	38		35		40	38		35	
2		越秀区	培正中学	100	90		87		100	95		87	
3		天河区	华师附中	25	22		19		25	22		19	
4	高中	天河区	天河中学	60	52	90	47	81	60	59	96	47	81
5		荔湾区	培英中学	30	20		15		30	28		15	
6		海珠区	海珠五中	60	56		48		60	56		48	
7		白云区	白云中学	70	67		63		70	70		63	
8		海珠区	珠海五中	68	66		57		68	66		57	
9		海珠区	新滘中学	150	148		121		150	148		121	
10		越秀区	培正中学	57	52		49		57	54		49	
11	初中	越秀区	执信中学	55	48	93	43	82	55	49	96	43	82
12		荔湾区	真光中学	160	148		135		160	152		135	
13		黄埔区	123 中学	145	132		122		145	139		122	
14		天河区	华师附中	60	52		45		60	58		45	
15		黄埔区	香雪小学	115	109		101		115	114		101	
16	小学	黄埔区	开发一小	95	90	94	78	77	95	95	99	78	77
17		海珠区	南武小学	120	112		99		120	118		99	
18		白云区	潭岗小学	235	221		160		235	232		160	
		总计		1645	1523	93	1324	80	1645	1593	97	1324	80

4.2.2.2 数据的收集

本研究调研的时间为 2015 年 9 月初至 2016 年 1 月。第一阶段调研时间为 2015 年 9 月初至 2015 年 10 月中旬，第二阶段调研时间为 2015 年 11 月初至 2016 年 1 月。调查员经过培训后，深入学校，在体育教师或班主任的帮助下，将编制好的两份问卷发放给学生，一份是学生问卷，一份是家长问卷。学生问卷统一在教室填写，填写前体育教师或班主任对问卷填写的态度和重要性进行说明，从而提高学生填写的积极性。然后，由 1 名调查员对填写要求进行详细说明，填写过程中，4 名调查员随时解答学生的疑问。填写完毕后，问卷由调查员收回。体育教师或班主任总结填写过程，并要求学生将父母问卷带回家由父母填写，父母填好后由学生带回学校统一交给体育教师或班主任。为了使父母有充足的时间填写，父母问卷填写时间为一周。为了确保父母问卷的有效回收率，让班主任通过学校或班级的校讯通或微信平台向学生家长告知问卷填写事项，请家长密切配合。

问卷回收后，10 名硕士研究生在进行数据输入培训后，将问卷数据输入 ExceL 2007软件中，并对输入的数据进行核对，保证准确无误然后根据以下原则对问卷进行初步处理，以便剔除无效问卷：①问卷未填写题项超过 20% 的剔除；②问卷填写形状为“I”“Z”和“M”的剔除。③第一阶段调研数据不需要配对，但第二阶段调研数据需要进行配对，为此，将学生问卷与父母问卷进行配对，两份问卷如果缺失一份，将其剔除。

4.2.2.3 数据分析

数据分析时需将数据从 ExceL 2007 软件导入 SPSS 19.0 软件。特异性数据的处理方式为：家庭体育环境问卷、锻炼行为调节问卷中的数据为 1 ~ 5（家庭体育物理环境问卷的数据为 0 ~ 5），如果出现“6”等不符合要求的数据需通过查原始问卷进行修改。

4.2.2.3.1 缺失数据的处理

对缺失的数据，根据缺失数据的不同类型采取不同的方法。学生锻炼行为调节问卷、家庭体育环境问卷的缺失值通过 R 统计软件程序的编写，采取随机抽取同班级、同性别、同年龄的数据进行补充。学生班级信息的缺失值从同班学生的数据中获取补充，学生年龄的缺失值采取同班级的平均年龄补充。父母人口统计学变量的缺失值不予补充，人口统计学变量作为自变量分析时缺失样本将不计入分析。

4.2.2.3.2 项目分析

项目分析就是探究高低分的受试者在每个题项的差异或进行题项间的同质性检验，以此来筛选合适的题项，对问卷进行净化，为效度检验打下基础。项目分析前，对反向题进行反向计分。项目分析的方法有求决断值法（CR）、题项与总分相关法和同质性检验法。本研究采用同质性检验法来对预试问卷进行净化。项目分析删除题项的原则是：①将 CITC < 0.3 的题项逐一进行删除。②如果某题项 CITC 虽然大于 0.3，但删除该题项后，其克隆巴赫 α 系数随之增大，则考虑删除该题项。

4.2.2.3.3 探索性因子分析

通过探索性因子分析（EFA）和验证性因子分析（CFA）进行效度检验。EFA 的目的是建立问卷的建构效度，而 CFA 是要检验此建构效度的适切性与真实性。

EFA 删除题项的原则包括以下方面。①题项删除的先后顺序为：首先删除结构不稳定的因子且从最大的载荷因子开始删除；其次删除载荷较小的因子且使每个因子载荷达到 0.7 以上；②对达不到要求的题项进行删除时，每次仅删除一个题项，然后进行新的因子分析，直到达到最佳的因子结构。

采用特征值 >1、累计贡献率 >50%、因子载荷 >0.7 来评价问卷的结构效度。

4.2.2.3.4 验证性因子分析

采用 Amos 21.0 版软件，对收集到的第二批数据进行验证性因子分析，从而对各分问卷的结构效度进行进一步的检验。

4.2.2.3.4.1 模型适配性指标

验证性因子分析模型归于一般结构方程模型之中，用于检验假定的观察变量与假定的潜在变量间的关系，验证性因子分析允许研究者分析确认事先假定的测量变量与因数关系的正确性。通常 EFA 是一组数据，而 CFA 是从总体中抽取的另一组数据。本研究的目的是利用验证性因子分析来检验测量模型与实际数据的一致性程度，对测量模型做出相应的评价，并为后续的整合性结构方程模型分析做好准备。模型适配度一般采取拟合指标指数进行评价。一般用于评价模型的指标有三大类：第一类为绝对适配度指数如 GFI 值、AGFI 值、RMSEA 值等；第二类为增值适配度指数如 NFI 值、RFI 值、IFI 值、TLI 值、CFI 值等；第三类为简约适配度指数如 PGFI 值、PNFI 值、CN 值（X^2 自由度比）。

GFI 值介于 0 ~1，其值越大，表示理论构建复杂矩阵能解释样本数据的观察矩阵的变异量越大，二者的契合度越高。一般的判断标准为大于 0.9，表示理论模型与实际数据有良好的适配度。AGFI 值为调整后的适配指数，其值的判断标准为大于 0.9。

RMSEA 值为渐进残差均方和平方根，是一种不需要基准线模型的绝对性指标，其值越小，表示模型的适配度越佳。一般而言，RMSEA 值为 0.1 ~0.08 时，模型适配度尚可，具有普通适配；为 0.08 ~0.05 时，表示模型适配度良好；如小于 0.05，则表示模型适配度非常理想。

NFI、RFI、IFI、TLI、CFI 指标是一种比较性指标，增值适配度统计量通常是将待检验的假设理论模型与基准模型的适配度相互比较，以判别模型的契合度。NFI 值、RFI 值、IFI 值、TLI 值、CFI 值介于 0 与 1 之间，一般而言，上述 5 个指标用于判别模型路径图与实际数据是否适配的标准均为 0.90 以上。

CN 值（X^2 自由度比），由于 X^2 受样本数影响较大，自由度受估计的参数多少影响较大，若同时考虑 X^2 与自由度大小，其比值可以作为模型是否适配的指标。一般而言，CN 值介于 1 ~3 表示模型适配良好，CN 值小于 5，认为模型可以接受，CN 值大于 5，则模型拟合不好。

PNFI 为简约调整后的规准适配指数，更适合判断模型的精简程度，一般 PNFI 值在 0.5 以上，表示理论模型是可以接受的。

PGFI 为简约适配度指数，其值介于 0 与 1 之间，其值越大，表示模型的适配越佳，一般将 PGFI 大于 0.5 作为模型可接受的范围。

本研究将采用以上拟合指标对模型进行整体评估，并对问卷的结构效度进行进一步检验。整体模型适配度的评价指标及其评价标准见表 4 -7。

表 4 -7　结构方程模型整体模型适配度的评价指标及其评价标准

统计检验量	适配的标准或临界值
绝对适配度指数	
GFI 值	>0.90 以上，越接近 1，模型拟合越好
AGFI 值	>0.90 以上，越接近 1，模型拟合越好
RMSEA 值	<0.1（适配可接受），<0.08（好），<0.05（非常好）
增值适配度指数	
NFI 值	>0.90 以上，越接近 1 越好
RFI 值	>0.90 以上，越接近 1 越好
IFI 值	>0.90 以上，越接近 1 越好
TLI 值	>0.90 以上，越接近 1 越好
CFI 值	>0.90 以上，越接近 1 越好
简约适配度指数	
PGFI 值	>0.50 以上
PNFI 值	>0.50 以上
CN 值（X^2 自由度比）	CN 越小越好，3 < CN <5，模型可接受 CN >5，表示模型需要修正

资料来源：吴明隆，结构方程模型——AMOS 的操作与应用。

4.2.2.3.4.2　构建信度与收敛度

构建信度是根据标准化回归系数估计值计算的，构建信度可作为检验潜在变量的信度指标。在因素分析中，以内部一致性克隆巴赫 α 系数作为各构念或各层面的信度系数，而在结构方程模型中，则以构建信度作为模型的潜在变量的信度系数。构建信度值大于 0.6，表示模型的内在质量佳。其计算公式如下。

$$pc = \frac{(\sum\lambda)^2}{[(\sum\lambda)^2 + \sum(\theta)]} = \frac{(\sum \text{标准化因素负荷量})^2}{[(\sum \text{标准化因素负荷量})^2 + \sum(\theta)]}$$

收敛度可以直接显示被潜在构念所解释的其指标变量变异量的比值，其值越大，表示测量指标越能有效反映其共同构念的潜在特质，该指标可以评价问卷的结构效度。一般的判断标准是平均方差抽取量要大于0.45。其计算公式如下。

$$pv = \frac{(\sum\lambda^2)}{[(\sum\lambda^2) + \sum(\theta)]} = \frac{(\sum \text{标准化因素负荷量}^2)}{[(\sum \text{标准化因素负荷量}^2) + \sum(\theta)]}$$

4.2.2.3.5 信度检验

家庭体育环境问卷、锻炼行为调节问卷采用内部一致性克隆巴赫 α 系数进行评价，经过项目分析和探索性因子分析后，将剩余的条目采用 CITC（Corrected – Item Total Correlation）进行信度分析。青少年日常身体活动采用重测信度进行评价，对一个行政班44人进行两次测量，间隔时间为一周，两次测量的相关系数作为评价信度的指标。

4.2.3 结果与分析

4.2.3.1 样本的基本概况

本研究对父母的人口统计学变量进行了调查，第一阶段调研情况见表4－8。从家庭孩子个数来看，一孩家庭占48.7%，两孩家庭占40.0%，两孩以上家庭占11.3%。从父母年龄结构来看，年龄在40以下的父亲占27.9%，而这一年龄阶段的母亲占51.4%；41～50岁的父亲、母亲分别占66.4%、47.5%；50岁以上的父亲、母亲分别占5.6%、1.2%。从父母文化程度来看，高中及以下文化程度的父亲、母亲分别占48.6%和54.8%，大专或本科文化程度的父亲、母亲分别占41.9%和39.8%，硕士及以上文化程度的父亲、母亲分别占9.5%和5.4%。从每月家庭收入状况来看，3000元及以下的占14.9%，3001～6000元的占25.6%，6001～10000元的占24.7%，10001～20000元的占20.8%，20000元以上的占14.0%。从家庭结构来看，核心家庭占70.1%，主干家庭占20.6%，联合家庭占6.4%，单亲家庭占2.9%。

表 4 –8 第一阶段父母人口统计学变量

		频数统计	百分比/%	累计百分比/%
孩子个数	1 个	236	48. 7	48. 7
	2 个	194	40. 0	88. 7
	2 个以上	55	11. 3	100
年龄（父亲/母亲）	30 岁及以下	0/4	0/1. 0	0/1. 0
	31 ~40 岁	119/212	27. 9/50. 4	27. 9/51. 3
	41 ~50 岁	283/200	66. 4/47. 5	94. 4/98. 8
	50 岁以上	24/5	5. 6/1. 2	100/100
文化程度（父亲/母亲）	高中以下（含高中）	211/234	48. 6/54. 8	48. 6/54. 8
	大专/本科	182/170	41. 9/39. 8	90. 6/94. 6
	硕士	32/18	7. 4/4. 2	97. 9/98. 8
	博士	9/9	2. 1/1. 2	100/100
家庭月平均收入	1500 元以下	27	6. 3	6. 3
	1500 ~3000 元	37	8. 6	14. 9
	3001 ~6000 元	110	25. 6	40. 5
	6001 ~10000 元	106	24. 7	65. 2
	10001 ~20000 元	90	20. 8	86. 0
	20001 ~50000 元	46	10. 7	96. 7
	50000 元以上	14	3. 3	100
家庭结构	核心家庭	317	70. 1	70. 1
	主干家庭	93	20. 6	90. 7
	联合家庭	29	6. 4	97. 1
	单亲家庭	13	2. 9	100

第二阶段调研情况见表 4 –9。从家庭孩子个数来看，一孩家庭占 56. 1%，两孩家庭占 34. 9%，两孩以上家庭占 9. 1%。从父母年龄结构来看，年龄在 40 岁以下的父亲占 32. 2%，而这一年龄阶段的母亲占 58. 4%；41 ~50 岁的父亲、母亲分别占 63. 6%、40. 4%；50 岁以上的父亲、母亲分别占 4. 2%、1. 2%。从父母文化程度来看，高中及以下文化程度的父亲、母亲分别占 53. 8%和 56. 2%，大专或本科文化程度的父亲、母亲分别占 39. 8%和 38. 5%，硕士及以上文化程度的父亲、母亲分别占 6. 4%和 5. 2%。从每月家庭收入状况来看，3000 元及以下的占 9. 8%，3001 ~6000 元的占 28. 8%，6001 ~10000 元的占 28. 1%，10001 ~20000 元的占 22. 2%，20000 元以上的占 11. 1%。从家庭结构来看，核心家庭占 62. 8%，主干家庭占 23. 1%，联合家庭占 12. 3%，单亲家庭占 1. 8%。第一阶段调研数据与第二阶段调研数据相差

不大，表明父母人口统计学变量的调研结果具有一定的稳定性。

表 4 -9　第二阶段父母人口统计学变量

		频数统计	百分比/%	累计百分比/%
孩子个数	1 个	768	56. 1	56. 1
	2 个	478	34. 9	90. 9
	2 个以上	124	9. 1	100
年龄（父亲/母亲）	30 岁及以下	6/28	0. 4/2. 0	0. 4/2. 0
	31 ~40 岁	435/772	31. 8/56. 4	32. 2/58. 4
	41 ~50 岁	872/553	63. 6/40. 4	95. 8/98. 8
	50 岁以上	57/17	4. 2/1. 2	100/100
文化程度（父亲/母亲）	高中以下（含高中）	737/770	53. 8/56. 2	53. 8/56. 2
	大专/本科	545/528	39. 8/38. 5	93. 6/94. 7
	硕士	69/59	5. 0/4. 3	98. 6/99. 1
	博士	19/13	1. 4/0. 9	100/100
家庭月平均收入	1500 元以下	47	3. 4	3. 4
	1500 ~3000 元	87	6. 4	9. 8
	3001 ~6000 元	395	28. 8	38. 6
	6001 ~10000 元	385	28. 1	66. 7
	10001 ~20000 元	304	22. 2	88. 9
	20001 ~50000 元	125	9. 1	98. 0
	50000 元以上	27	2. 0	100
家庭结构	核心家庭	861	62. 8	62. 8
	主干家庭	316	23. 1	85. 9
	联合家庭	169	12. 3	98. 2
	单亲家庭	24	1. 8	100

4.2.3.2　家庭体育物理环境问卷信效度

4. 2. 3. 2. 1　项目分析

在社会科学研究中，多采用克隆巴赫 α 系数作为量表的信度估计，信度检验的目的是检查题项删除后整体量表信度系数的变化情况，如果题项删除后，α 系数变大，表示该题项与其他题项的同质性不高，在项目分析时可以删除该题项。一般而言，CITC 值大于 0. 3，如 CITC 值低于 0. 3 则表示该题项与其他题项相关性低，考虑删除。本研究基于这两点进行项目分析。

本研究将家庭体育物理环境问卷中的条目分为两个部分进行分析，第一部分是家庭体育设施，第二部分是家庭电子媒介。

4.2.3.2.1.1　家庭体育设施分问卷项目分析

将第一部分的条目点选至［项目］下的方框中，选取［Alpha］，勾选［删除项目后的量尺］选项，最后输出结果如表4－10所示。

表4－10　家庭体育设施分问卷项目分析

测量项目	初始 CITC 值	初始删除的 Cronbach's Alpha 值	最终 CITC 值	最终删除的 Cronbach's Alpha 值	量表 α 系数值
PB1	0.297	0.886	—	—	初始 α＝0.885 最终 α＝0.907
PB2	0.528	0.879	0.516	0.904	
PB3	0.533	0.880	0.572	0.903	
PB4	0.258	0.886	—	—	
PB5	0.317	0.884	—	—	
PB6	0.499	0.881	0.523	0.903	
PB7	0.486	0.882	0.524	0.904	
PB8	0.602	0.878	0.629	0.900	
PB9	0.584	0.878	0.597	0.901	
PB10	0.547	0.879	0.551	0.903	
PB11	0.579	0.878	0.630	0.900	
PB13	0.423	0.882	0.474	0.905	
PB14	0.445	0.883	0.492	0.905	
PB15	0.558	0.879	0.599	0.902	
PB16	0.569	0.879	0.623	0.901	
PB17	0.242	0.886	—	—	
PB18	0.522	0.879	0.541	0.903	
PB19	0.199	0.887	—	—	
PB20	0.394	0.883	0.439	0.905	
PB30	0.237	0.887	—	—	
PB31	0.501	0.880	0.515	0.904	
PB32	0.590	0.878	0.603	0.901	
PB33	0.584	0.878	0.590	0.902	
PB34	0.496	0.880	0.488	0.905	
PB35	0.218	0.886	—	—	
PB36	0.595	0.877	0.578	0.902	
PB37	0.177	0.887	—	—	
PB38	0.630	0.877	0.610	0.901	
PB39	0.307	0.885	—	—	

按照项目分析删除原则，将不符合要求的条目 PB1、PB4、PB5、PB17、PB19、PB30、PB35、PB37、PB39 删除。经过项目分析，删除一些题项后，问卷得到进一步的净化，量表 α 系数值从 0.885 上升至 0.907，符合研究要求。

4.2.3.2.1.2 家庭电子媒介分问卷项目分析

表 4－11 显示了各题项的初始 CICT 值均高于 0.3，达到了项目分析的要求，所有题项予以保留。

表 4－11 家庭电子媒介分问卷项目分析

测量项目	初始 CITC 值	初始删除的 Cronbach's Alpha 值	最终 CITC 值	最终删除的 Cronbach's Alpha 值	量表 α 系数值
PB22	0.615	0.831	0.615	0.831	初始 α＝0.850 最终 α＝0.850
PB23	0.621	0.828	0.621	0.828	
PB24	0.629	0.827	0.629	0.827	
PB25	0.691	0.823	0.691	0.823	
PB26	0.607	0.834	0.607	0.834	
PB27	0.653	0.823	0.653	0.823	
PB28	0.542	0.839	0.542	0.839	

4.2.3.2.2 探索性因子分析

4.2.3.2.2.1 家庭体育设施分问卷探索性因子分析

进行探索性因子分析前，通过分析 KMO 与 Bartlett 球形检验，来判断问卷是否适合进行因子分析。其标准是：KMO 值位于 0 至 1 之间，当 KMO 值小于 0.5 时，不适合进行探索性因子分析，大于 0.6 时勉强可以进行因子分析，0.7 以上尚可进行因子分析，0.8 以上适合进行因子分析，而 0.9 以上极适合进行因子分析。对公共因子的提取一般遵守的原则是：①结合碎石图提取特征值大于 1 的因子；②累计解释方差百分比至少要达到 50%；③每个因子的因素载荷要达到 0.7 以上。

从表 4－12 可以看出，家庭体育设施分问卷的 KMO 值为 0.876，Bartlett 球形检验结果达到显著性水平，表示代表总体的相关矩阵间有共同因素存在，适合进行探索性因子分析。

表 4－12　家庭体育设施分问卷 KMO 与 Bartlett 检验

Kaiser－Meyer－Olkin 取样适切性量数		0.876
Bartlett 球形检验	近似卡方分布	6013.929
	自由度	190
	显著性	0.000

表 4－13 采用主成分分析法抽取纯净后的题项，发现有 6 个因子，其转置后的特征值分别为 3.033、3.016、2.482、2.388、2.349、2.296，累计解释方差百分比为 77.816%，超过 50%，表明问卷具有较高的构念效度。

表 4－13　家庭体育设施分问卷总方差解释

成分	初始特征值			提取成分后特征值			转置后特征值		
	特征值	解释方差百分比/%	累计解释方差百分比/%	特征值	解释方差百分比/%	累计解释方差百分比/%	特征值	解释方差百分比/%	累计解释方差百分比/%
1	7.543	37.717	37.717	7.543	37.717	37.717	3.033	15.164	15.164
2	2.196	10.981	48.698	2.196	10.981	48.698	3.016	15.082	30.246
3	1.697	8.483	57.181	1.697	8.483	57.181	2.482	12.408	42.654
4	1.494	7.472	64.653	1.494	7.472	64.653	2.388	11.940	54.594
5	1.337	6.683	71.336	1.337	6.683	71.336	2.349	11.744	66.338
6	1.296	6.480	77.816	1.296	6.480	77.816	2.296	11.478	77.816

表 4－14 显示，探索性因子分析将家庭及其附近的体育器材、设施和场地分为 6 个因子，对这 6 个因子命名如下：家庭球类器材、家庭小型健身器材、家庭大型健身器材、户外健身器材（家庭周边）、力量练习类器材、户外场地（家庭周边）。这 6 个因子基本包括了家庭及其周边的体育器材、设施和场地，如家庭小型健身器材指家庭中孩子经常使用的一些健身或玩耍的器材，如轮滑、跳绳、毽子等。家庭大型健身器材包括跑步机、椭圆机等。户外健身器材包括一些休闲性的漫步机、扭腰机、秋千、沙坑等。

表 4－14　家庭体育设施分问卷旋转成分矩阵

	成分					
	1	2	3	4	5	6
PB6	0.860					
PB3	0.855					
PB7	0.812					
PB2	0.720					

续表

	成分					
	1	2	3	4	5	6
PB10		0. 840				
PB11		0. 808				
PB9		0. 794				
PB8		0. 783				
PB14			0. 867			
PB20			0. 849			
PB13			0. 804			
PB34				0. 864		
PB36				0. 806		
PB38				0. 805		
PB32					0. 836	
PB31					0. 833	
PB33					0. 802	
PB15						0. 834
PB18						0. 799
PB16						0. 777

4. 2. 3. 2. 2. 2　家庭电子媒介分问卷探索性因子分析

表 4 –15 显示，KMO =0. 815，大于 0. 7，Bartlett 球形检验达到显著性水平，达到进行探索性因子分析的要求。

表 4 –15　家庭电子媒介分问卷 KMO 与 Bartlett 检验

Kaiser – Meyer – Olkin 取样适切性量数		0. 815
Bartlett 球形检验	近似卡方分布	1529. 715
	自由度	21
	显著性	0. 000

从表 4 –16 可以看出，家庭电子媒介提取了两个因子，其特征值分别为 3. 806、1. 060，累计解释方差百分比为 69. 513%，因素载荷均在 0. 7 以上，达到提取公共因子的要求。

表 4 – 16 家庭电子媒介分问卷总方差解释

成分	初始特征值			提取成分后特征值		
	特征值	解释方差百分比/%	累计解释方差百分比/%	特征值	解释方差百分比/%	累计解释方差百分比/%
1	3.806	54.375	54.375	3.806	54.375	54.375
2	1.060	15.138	69.513	1.060	15.138	69.513

表 4 – 17 显示，家庭电子媒介旋转后分为两个因子，将这两个因子命名为“固定电子媒介”和“移动电子媒介”。固定电子媒介主要是家中的电视机、台式电脑等，而移动电子媒介主要指笔记本、平板电脑等。

表 4 – 17 家庭电子媒介分问卷旋转成分矩阵

	成分	
	1	2
PB25	0.850	
PB22	0.798	
PB27	0.788	
PB24	0.759	
PB26		0.852
PB23		0.807
PB28		0.722

4.2.3.2.3 信度检验

在探索性因子分析后，对各因子进行信度检验。本研究采用内部一致性 α 系数作为问卷内部稳定性的指标。各维度的内部一致性 α 系数位于 0.772 ~ 0.881，见表 4 – 18，说明问卷具有较好的信度。

表 4 – 18 家庭体育物理环境分问卷各维度的信度分析

因子及项目	量表 α 系数值	CITC 值	删除的 Cronbach’s Alpha 值
家庭球类器材	0.849		
PB6		0.788	0.767
PB3		0.798	0.769
PB7		0.732	0.821
PB2		0.619	0.890

续表

因子及项目	量表 α 系数值	CITC 值	删除的 Cronbach's Alpha 值
家庭小型健身器材	0.881		
PB10		0.737	0.849
PB11		0.769	0.837
PB9		0.741	0.848
PB8		0.726	0.853
家庭大型健身器材	0.842		
PB14		0.812	0.743
PB20		0.717	0.770
PB13		0.684	0.846
户外场地	0.858		
PB34		0.710	0.821
PB36		0.734	0.800
PB38		0.755	0.781
户外健身器材	0.866		
PB32		0.784	0.774
PB31		0.716	0.838
PB33		0.736	0.820
力量练习类器材	0.843		
PB15		0.775	0.731
PB18		0.673	0.849
PB16		0.720	0.777
移动电子媒介	0.772		
PB26		0.677	0.617
PB23		0.658	0.633
PB28		0.520	0.786
固定电子媒介	0.843		
PB22		0.677	0.809
PB24		0.663	0.824
PB25		0.758	0.777
PB25		0.688	0.796

4.2.3.2.4 验证性因子分析

4.2.3.2.4.1 家庭体育设施分问卷验证性因子分析

在对第一轮调查的数据进行探索性因子分析的基础上进行第二轮调查，采用第二轮调查数据对探索性因子分析划分的维度进行验证性因子分析，以确定其研究结果是否可靠和稳定。在家庭体育设施分问卷中，各维度两两之间具有相关性，运用Amos 21.0对问卷做了一阶6因素模型和二阶1因素模型参数估计。结果显示，所有因素负荷量都达到显著性水平，标准化因素负荷量均大于0.4，一阶模型拟合指标GFI＝0.961、AGFI＝0.947、RMSEA＝0.043、NFI＝0.936、RFI＝0.921、IFI＝0.953、TLI＝0.942、CFI＝0.953、PGFI＝0.709、PNFI＝0.763、NC＝3.587，表明一阶模型和二阶模型拟合情况良好，进而有力地证明了家庭体育设施分问卷具有较好的结构效度。（表4－19、图4－1）

表4－19 家庭体育设施分问卷验证性因子分析结果

测量项目	测量指标	因素负荷量	信度系数	测量误差	构建信度	收敛度
家庭球类器材	PB3	0.675	0.455	0.545	0.762	0.447
	PB6	0.701	0.492	0.508		
	PB7	0.721	0.520	0.480		
	PB2	0.568	0.323	0.677		
户外健身器材	PB31	0.620	0.385	0.615	0.732	0.479
	PB32	0.751	0.564	0.436		
	PB33	0.699	0.488	0.512		
家庭大型健身器材	PB14	0.820	0.673	0.327	0.734	0.484
	PB20	0.594	0.353	0.647		
	PB13	0.654	0.428	0.572		
家庭小型健身器材	PB10	0.581	0.337	0.663	0.727	0.400
	PB11	0.656	0.430	0.570		
	PB8	0.651	0.423	0.577		
	PB9	0.641	0.411	0.589		
力量练习类器材	PB15	0.804	0.646	0.354	0.764	0.520
	PB18	0.675	0.456	0.544		
	PB16	0.678	0.460	0.540		
户外场地	PB34	0.724	0.524	0.476	0.770	0.527
	PB36	0.736	0.541	0.459		
	PB38	0.719	0.517	0.483		
拟合优度	GFI＝0.961　AGFI＝0.947　RMSEA＝0.043　NFI＝0.936　RFI＝0.921　IFI＝0.953　TLI＝0.942　CFI＝0.953　PGFI＝0.709　PNFI＝0.763　NC＝3.587					

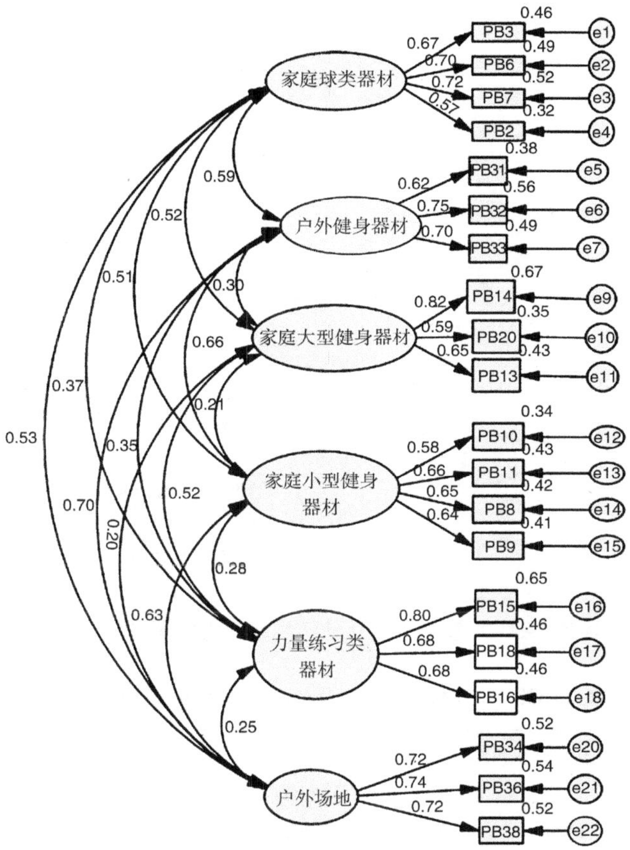

图 4－1　家庭体育设施分问卷验证性因子分析模型

4.2.3.2.4.2　家庭电子媒介分问卷验证性因子分析

家庭电子媒介分问卷的一阶验证性因子分析，因素负荷量均达到 0.5 以上，拟合指标 GFI = 0.988 、AGFI = 0.970、RMSEA = 0.056、NFI = 0.971、RFI = 0.945 、IFI = 0.977、TLI = 0.955、CFI = 0.977、PGFI = 0.388、PNFI = 0.509、NC =5.182，表明一阶家庭电子媒介分问卷具有较好的结构效度。（图4－2、表 4－20）

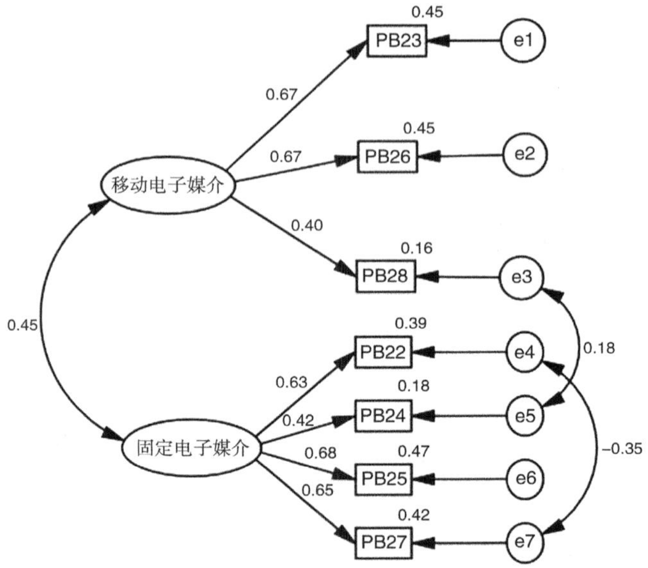

图 4 -2　家庭电子媒介分问卷验证性因子分析模型

表 4 -20　家庭电子媒介分问卷验证性因子分析结果

测量项目	测量指标	因素负荷量	信度系数	测量误差	构建信度	收敛度
固定电子媒介	PB22	0. 721	0. 520	0. 480	0. 752	0. 438
	PB24	0. 742	0. 550	0. 450		
	PB25	0. 496	0. 246	0. 754		
	PB27	0. 659	0. 434	0. 566		
移动电子媒介	PB23	0. 535	0. 287	0. 713	0. 639	0. 378
	PB26	0. 749	0. 561	0. 439		
	PB28	0. 535	0. 286	0. 714		
拟合优度	GFI = 0. 988　AGFI = 0. 970　RMSEA = 0. 056　NFI = 0. 971　RFI = 0. 945 IFI = 0. 977　TLI = 0. 955　CFI = 0. 977　PGFI = 0. 388　PNFI = 0. 509 NC = 5. 182					

4.2.3.3　家庭体育行为环境问卷信效度

4. 2. 3. 3. 1　项目分析

家庭体育行为环境问卷分为三个分问卷，第一个是家庭控制青少年身体活动（控制身体活动与屏幕活动）分问卷，第二个是家庭支持青少年身体活动分问卷，第三个是家庭屏幕榜样与偏爱分问卷。三个分问卷的项目分析见表 4－21、表 4－22、表 4－23。

4. 2. 3. 3. 1. 1　家庭控制青少年身体活动分问卷项目分析

从表 4－21 可以看出，PA1、PA2、PA3、PA6、PA8、PA13、PA17、PA20、PA21 的初始 CITC 值均小于 0. 3，应予以删除。删除这些题项后，问卷的 α 系数值从 0. 887 提高到 0. 924，说明该问卷符合研究要求。

表 4－21　家庭控制青少年身体活动分问卷项目分析

测量项目	初始 CITC 值	初始删除的 Cronbach's Alpha 值	最终 CITC 值	最终删除的 Cronbach's Alpha 值	量表 α 系数值
PA1	0. 134	0. 890	—	—	初始 α =0. 887 最终 α =0. 924
PA2	0. 282	0. 887	—	—	
PA3	0. 112	0. 891	—	—	
PA4	0. 639	0. 878	0. 685	0. 918	
PA5	0. 531	0. 881	0. 535	0. 922	
PA6	0. 084	0. 891	—	—	
PA7	0. 585	0. 879	0. 595	0. 921	
PA8	0. 244	0. 888	—	—	
PA9	0. 657	0. 877	0. 699	0. 918	
PA10	0. 687	0. 876	0. 694	0. 918	
PA11	0. 596	0. 879	0. 586	0. 921	
PA12	0. 595	0. 879	0. 596	0. 921	
PA13	0. 217	0. 888	—	—	
PA14	0. 665	0. 877	0. 696	0. 918	
PA15	0. 557	0. 880	0. 553	0. 922	
PA16	0. 596	0. 879	0. 599	0. 921	
PA17	0. 242	0. 887	—	—	
PA18	0. 648	0. 877	0. 702	0. 918	
PA19	0. 593	0. 879	0. 584	0. 921	
PA20	0. 246	0. 889	—	—	
PA21	0. 288	0. 887	—	—	
PA22	0. 707	0. 876	0. 737	0. 917	
PA23	0. 642	0. 878	0. 692	0. 918	
PA24	0. 634	0. 878	0. 681	0. 918	

4. 2. 3. 3. 1. 2　家庭支持青少年身体活动分问卷项目分析

表 4－22 显示，PA30、PA35、PA44、PA47、PA50、PA52、PA55、PA60、

PA65、PA68 的初始 CICT 值均小于 0.3，表明这些题项与其他题项的同质性不高，按删除原则将其删除。删除这些题项后，问卷的 α 系数值从 0.905 提高到 0.940，说明该问卷符合研究要求。

表 4-22 家庭支持青少年身体活动分问卷项目分析

测量项目	初始 CITC 值	初始删除的 Cronbach's Alpha 值	最终 CITC 值	最终删除的 Cronbach's Alpha 值	量表 α 系数值
PA25	0.592	0.901	0.631	0.938	初始 α =0.905
PA26	0.653	0.900	0.669	0.937	最终 α =0.940
PA27	0.609	0.901	0.614	0.938	
PA28	0.516	0.902	0.552	0.939	
PA29	0.343	0.904	—	—	
PA30	-0.018	0.909	—	—	
PA34	0.375	0.904	—	—	
PA35	0.208	0.906	—	—	
PA36	0.616	0.900	0.634	0.938	
PA37	0.382	0.904	—	—	
PA41	0.477	0.902	—	—	
PA42	0.580	0.901	0.672	0.937	
PA43	0.429	0.903	—	—	
PA44	-0.056	0.909	—	—	
PA47	0.047	0.909	—	—	
PA48	0.628	0.900	0.674	0.937	
PA49	0.632	0.901	0.649	0.937	
PA50	0.289	0.905	—	—	
PA52	0.071	0.908	—	—	
PA53	0.706	0.900	0.718	0.936	
PA54	0.647	0.900	0.693	0.937	
PA55	-0.064	0.909	—	—	
PA57	0.380	0.904	—	—	
PA58	0.335	0.904	—	—	
PA59	0.363	0.904	—	—	
PA60	-0.053	0.909	—	—	
PA62	0.596	0.901	0.601	0.938	
PA63	0.543	0.902	0.617	0.938	
PA64	0.470	0.903	0.603	0.938	
PA65	-0.027	0.909	—	—	
PA66	0.646	0.901	0.633	0.938	
PA67	0.380	0.904	—	—	

续表

测量项目	初始 CITC 值	初始删除的 Cronbach's Alpha 值	最终 CITC 值	最终删除的 Cronbach's Alpha 值	量表 α 系数值
PA68	0.298	0.905	—	—	
PA69	0.572	0.901	0.594	0.938	
PA70	0.653	0.900	0.645	0.938	
PA71	0.464	0.903	—	—	
PA72	0.647	0.900	0.674	0.937	
PA73	0.444	0.903	—	—	
PA74	0.486	0.902	0.596	0.938	
PA75	0.683	0.900	0.738	0.936	
PA76	0.615	0.901	0.676	0.937	

4.2.3.3.1.3　家庭屏幕榜样与偏爱分问卷项目分析

表 4－23 表明，家庭屏幕榜样与偏爱分问卷的所有条目达到进行下一步分析的要求，原有题项予以保留。

表 4－23　家庭屏幕榜样与偏爱分问卷项目分析

测量项目	初始 CITC 值	初始删除的 Cronbach's Alpha 值	最终 CITC 值	最终删除的 Cronbach's Alpha 值	量表 α 系数值
PA31	0.643	0.836	0.643	0.836	初始 α =0.859 最终 α =0.859
PA38	0.642	0.836	0.642	0.836	
PA45	0.684	0.828	0.684	0.828	
PA51	0.690	0.827	0.690	0.827	
PA56	0.619	0.840	0.619	0.840	
PA61	0.613	0.841	0.613	0.841	

4.2.3.3.2　探索性因子分析

4.2.3.3.2.1　家庭控制青少年身体活动分问卷探索性因子分析

从表 4－24 可以看出，家庭控制青少年身体活动分问卷的 KMO 值为 0.900，Bartlett 球形检验的统计值显著性小于 0.001，符合探索性因子分析的要求。

表 4－24　家庭控制青少年身体活动分问卷 KMO 与 Bartlett 检验

Kaiser－Meyer－Olkin 取样适切性量数		0.900
Bartlett 球形检验	近似卡方分布	4853.300
	自由度	91
	显著性	0.000

对项目分析纯净后的题项进行探索性因子分析时发现，PA10 的因素载荷小于 0.7，将其删除。表 4－25 显示，通过主成分分析法对剩余题项进行因子分析，提取了三个特征值大于 1 的公共因子，其转置后的特征值分别为 4.935、3.204、2.306，累计解释方差百分比达到 74.606%。

表 4－25　家庭控制青少年身体活动分问卷总方差解释

成分	初始特征值			提取成分后特征值			转置后特征值		
	特征值	解释方差百分比/%	累计解释方差百分比/%	特征值	解释方差百分比/%	累计解释方差百分比/%	特征值	解释方差百分比/%	累计解释方差百分比/%
1	6.812	48.657	48.657	6.812	48.657	48.657	4.935	35.251	35.251
2	2.227	16.252	64.909	2.227	16.252	64.909	3.204	22.886	58.137
3	1.358	9.697	74.606	1.358	9.697	74.606	2.306	16.469	74.606

表 4－26 显示的是家庭控制青少年身体活动分问卷最终形成的探索性因子分析结果，将上述三个因子命名为：父母对孩子看屏幕时间的监督（屏幕限制）、父母对孩子玩耍行为的限制与规定（玩耍限制）、父母利用屏幕时间奖惩孩子行为（利用屏幕）。

表 4－26　家庭控制青少年身体活动分问卷旋转成分矩阵

	成分		
	1	2	3
PA9	0.836		
PA14	0.826		
PA18	0.820		
PA23	0.819		
PA24	0.818		
PA22	0.817		
PA4	0.783		
PA7		0.871	
PA16		0.865	
PA11		0.828	
PA12		0.811	
PA15			0.858
PA5			0.843
PA19			0.775

4.2.3.3.2.2 家庭支持青少年身体活动分问卷探索性因子分析

以下是家庭支持青少年身体活动分问卷的探索性因子分析过程，表 4 –27 显示了因子分析的 KMO 值及 Bartlett 球形检验结果，从结果可以看出，KMO 值为 0.929，Bartlett 球形检验结果达到显著性水平，可以进行下一步的因子分析。

表 4 –27 家庭支持青少年身体活动分问卷 KMO 与 Bartlett 检验

Kaiser – Meyer – Olkin 取样适切性量数		0.929
Bartlett 球形检验	近似卡方分布	6735.805
	自由度	190
	显著性	0.000

表 4 –28 显示家庭支持青少年身体活动分问卷提取了 5 个公共因子，其转置后的特征值均大于 1，其值分别为 3.477、3.127、3.063、2.946、2.520，累计解释方差百分比为 75.660%，表明问卷具有较好的构念效度。

表 4 –28 家庭支持青少年身体活动分问卷总方差解释

成分	初始特征值			提取成分后特征值			转置后特征值		
	特征值	解释方差百分比/%	累计解释方差百分比/%	特征值	解释方差百分比/%	累计解释方差百分比/%	特征值	解释方差百分比/%	累计解释方差百分比/%
1	9.437	47.186	47.186	9.437	47.186	47.186	3.477	17.383	17.383
2	1.841	9.203	56.389	1.841	9.203	56.389	3.127	15.634	33.017
3	1.379	6.897	63.286	1.379	6.897	63.286	3.063	15.315	48.332
4	1.241	6.205	69.490	1.241	6.205	69.490	2.946	14.729	63.061
5	1.234	6.170	75.660	1.234	6.170	75.660	2.520	12.599	75.660

表 4 –29 显示了家庭支持青少年身体活动分问卷最终探索性因子分析结果，在探索性因子分析过程中，删除了一些因子载荷低于 0.7 的因素，删除的顺序为 PA29→PA37→PA41→PA57→PA34→PA73→PA43→PA58→PA59→PA71→PA67→PA68。根据旋转成分矩阵将因子命名为：父母对孩子参与身体活动的口头鼓励（口头鼓励）、父母身体活动的榜样作用（身体活动榜样）、父母对孩子参与身体活动的后勤支持（后勤支持）、父母对孩子参与身体活动的行动鼓励（行动鼓励）、父母对身体活动的偏爱（身体活动偏爱）。

表 4 －29　家庭支持青少年身体活动分问卷旋转成分矩阵

	成分				
	1	2	3	4	5
PA28	0. 825				
PA42	0. 742				
PA63	0. 735				
PA53	0. 728				
PA48	0. 708				
PA69		0. 842			
PA62		0. 802			
PA66		0. 766			
PA70		0. 755			
PA49			0. 813		
PA36			0. 786		
PA54			0. 729		
PA72			0. 699		
PA74				0. 812	
PA64				0. 794	
PA76				0. 736	
PA75				0. 713	
PA25					0. 838
PA27					0. 818
PA26					0. 810

4. 2. 3. 3. 2. 3　家庭屏幕榜样与偏爱分问卷探索性因子分析

家庭屏幕榜样与偏爱分问卷探索性因子分析过程如下，从表 4 －30 可以看出，KMO 值与 Bartlett 球形检验结果均达到统计学要求，表明这些题项可以进行因子分析。

表 4 －30　家庭屏幕榜样与偏爱分问卷 KMO 与 Bartlett 检验

Kaiser – Meyer – Olkin 取样适切性量数		0. 832
Bartlett 球形检验	近似卡方分布	1313. 048
	自由度	15
	显著性	0. 000

表 4 －31 显示，家庭屏幕榜样与偏爱分问卷提取了两个公共因子，其转置后的特征值分别为 2. 266 和 2. 213，累计解释方差百分比达到 74. 651%，符合探索性因子分析要求。

表 4 –31 家庭屏幕榜样与偏爱分问卷总方差解释

成分	初始特征值			提取成分后特征值			转置后特征值		
	特征值	解释方差百分比/%	累计解释方差百分比/%	特征值	解释方差百分比/%	累计解释方差百分比/%	特征值	解释方差百分比/%	累计解释方差百分比/%
1	3.518	58.640	58.640	3.518	58.640	58.640	2.266	37.772	37.772
2	0.961	16.011	74.651	0.961	16.011	74.651	2.213	36.878	74.651

表 4 –32 是家庭屏幕榜样与偏爱分问卷旋转后的成分矩阵，将因子命名为父母观看屏幕的榜样（屏幕榜样）和父母对屏幕的偏爱（屏幕偏爱）。

表 4 –32 家庭屏幕榜样与偏爱分问卷旋转成分矩阵

	成分	
	1	2
PA31	0.875	
PA45	0.805	
PA38	0.799	
PA61		0.866
PA51		0.820
PA56		0.760

4.2.3.3.3 信度分析

表 4 –33 显示了家庭体育行为环境分问卷各维度的内部一致性 α 系数值，各维度的内部一致性 α 系数处于 0.819 ~0.934，说明各维度具有稳定的内部一致性，问卷具有较好的信度。

表 4 –33 家庭体育行为环境分问卷各维度的信度分析

因子及项目	量表 α 系数值	CITC 值	删除的 Cronbach's Alpha 值
屏幕限制	0.934		
PA9		0.799	0.923
PA14		0.793	0.923
PA18		0.794	0.923
PA23		0.784	0.924
PA24		0.777	0.925
PA22		0.804	0.922
PA4		0.756	0.927

续表

因子及项目	量表 α 系数值	CITC 值	删除的 Cronbach's Alpha 值
玩耍限制	0. 906		
PA7		0. 825	0. 866
PA16		0. 823	0. 866
PA11		0. 764	0. 888
PA12		0. 751	0. 892
利用屏幕	0. 858		
PA15		0. 736	0. 805
PA5		0. 695	0. 823
PA19		0. 724	0. 810
口头鼓励	0. 892		
PA28		0. 707	0. 874
PA42		0. 758	0. 863
PA63		0. 708	0. 874
PA53		0. 770	0. 860
PA48		0. 736	0. 868
身体活动榜样	0. 887		
PA69		0. 784	0. 845
PA62		0. 749	0. 856
PA66		0. 752	0. 856
PA70		0. 735	0. 861
后勤支持	0. 879		
PA49		0. 774	0. 835
PA36		0. 736	0. 847
PA54		0. 747	0. 844
PA72		0. 712	0. 856
行动鼓励	0. 885		
PA74		0. 746	0. 854
PA64		0. 722	0. 864
PA76		0. 751	0. 852
PA75		0. 782	0. 840
身体活动偏爱	0. 901		
PA25		0. 821	0. 846
PA27		0. 773	0. 888
PA26		0. 822	0. 844
屏幕偏爱	0. 836		
PA31		0. 729	0. 742
PA45		0. 705	0. 765
PA38		0. 661	0. 808
屏幕榜样	0. 819		
PA61		0. 686	0. 738
PA51		0. 713	0. 710
PA56		0. 621	0. 803

4.2.3.3.4　验证性因子分析

4.2.3.3.4.1　家庭控制青少年身体活动分问卷验证性因子分析

家庭控制青少年身体活动分问卷验证性因子分析模型（修正）见图4－3。家庭控制青少年身体活动分问卷验证性因子分析结果见表4－34。

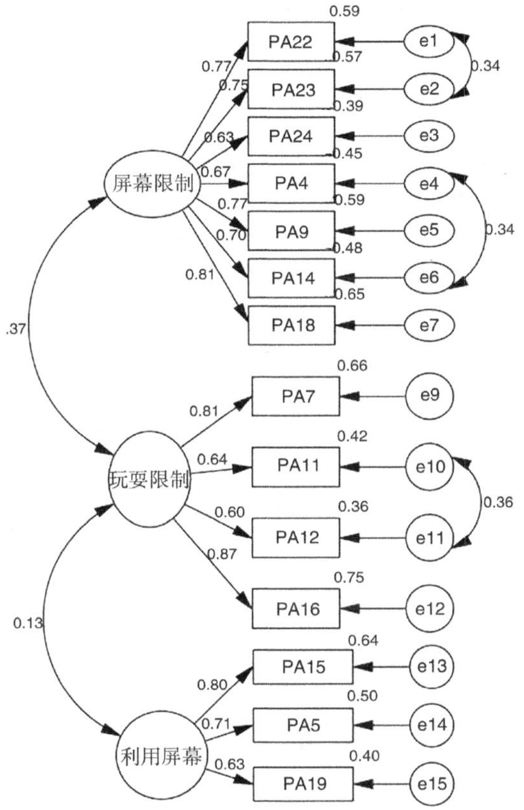

图4－3　家庭控制青少年身体活动分问卷验证性因子分析模型（修正）

表4－34　家庭控制青少年身体活动分问卷验证性因子分析结果

测量项目	测量指标	因素负荷量	信度系数	测量误差	构建信度	收敛度
屏幕限制	PA23	0.752	0.566	0.434	0.887	0.531
	PA24	0.628	0.395	0.605		
	PA4	0.670	0.449	0.551		
	PA9	0.770	0.592	0.408		
	PA14	0.696	0.484	0.516		
	PA18	0.806	0.650	0.350		
	PA22	0.767	0.580	0.420		

续表

测量项目	测量指标	因素负荷量	信度系数	测量误差	构建信度	收敛度
利用屏幕	PA15	0.803	0.645	0.355	0.758	0.514
	PA5	0.707	0.500	0.500		
	PA19	0.630	0.396	0.604		
玩耍限制	PA7	0.809	0.655	0.345	0.824	0.546
	PA11	0.645	0.416	0.584		
	PA12	0.600	0.360	0.640		
	PA16	0.867	0.751	0.249		
拟合优度	GFI = 0.971　AGFI = 0.958　RMSEA = 0.048　NFI = 0.965　RFI = 0.956　IFI = 0.974　TLI = 0.967　CFI = 0.974　PGFI = 0.666　PNFI = 0.764　NC = 4.118					

4.2.3.3.4.2　家庭支持青少年身体活动分问卷验证性因子分析

家庭支持青少年身体活动分问卷验证性因子分析模型见图4－4。家庭支持青少年身体活动分问卷验证性因子分析结果见表4－35。

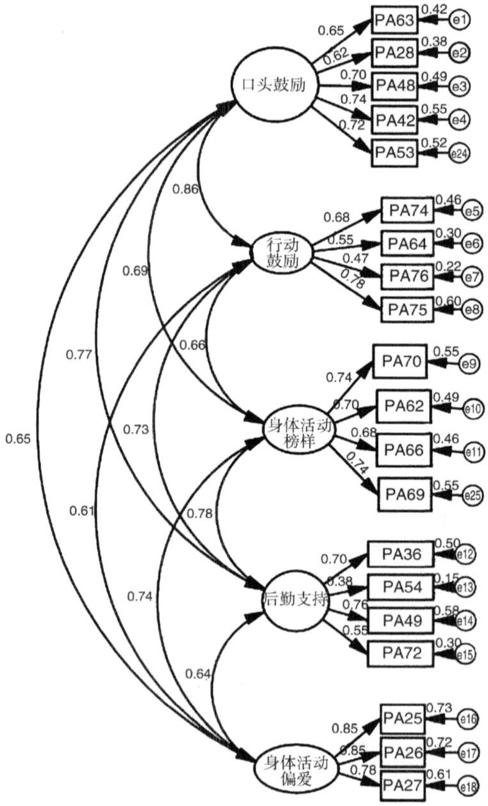

图4－4　家庭支持青少年身体活动分问卷验证性因子分析模型

表 4 – 35 家庭支持青少年身体活动分问卷验证性因子分析结果

测量项目	测量指标	因素负荷量	信度系数	测量误差	构建信度	收敛度
口头鼓励	PA63	0.647	0.419	0.581	0.817	0.473
	PA28	0.618	0.382	0.618		
	PA48	0.703	0.494	0.506		
	PA42	0.738	0.545	0.455		
	PA53	0.724	0.524	0.476		
行动鼓励	PA74	0.679	0.461	0.539	0.717	0.398
	PA64	0.545	0.297	0.703		
	PA76	0.472	0.223	0.777		
	PA75	0.776	0.602	0.398		
身体活动榜样	PA70	0.744	0.553	0.447	0.809	0.514
	PA62	0.700	0.490	0.510		
	PA66	0.678	0.460	0.540		
	PA69	0.743	0.553	0.447		
后勤支持	PA36	0.705	0.497	0.503	0.699	0.382
	PA54	0.385	0.148	0.852		
	PA49	0.763	0.581	0.419		
	PA72	0.547	0.299	0.701		
身体活动偏爱	PA25	0.854	0.730	0.270	0.869	0.689
	PA26	0.851	0.724	0.276		
	PA27	0.782	0.612	0.388		
拟合优度	GFI = 0.943 AGFI = 0.926 RMSEA = 0.054 NFI = 0.932 RFI = 0.920 IFI = 0.945 TLI = 0.935 CFI = 0.945 PGFI = 0.719 PNFI = 0.785 NC = 4.950					

4.2.3.3.4.3 家庭屏幕榜样与偏爱分问卷验证性因子分析

家庭屏幕榜样与偏爱分问卷验证性因子分析模型（修正）见图 4 – 5。家庭屏幕榜样与偏爱分问卷验证性因子分析（修正）见表 4 – 36。

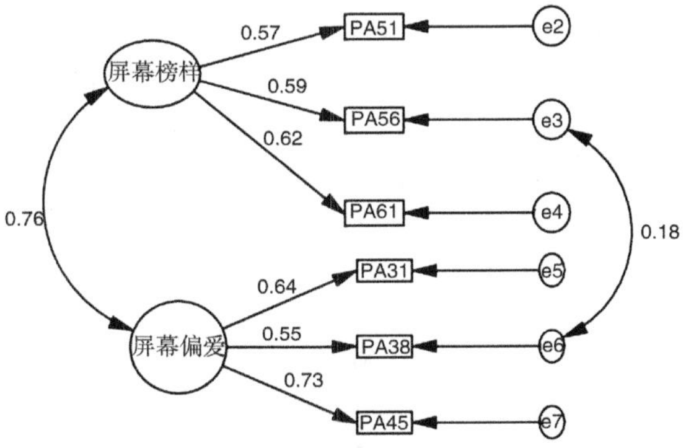

图 4 – 5 家庭屏幕榜样与偏爱分问卷验证性因子分析模型（修正）

表 4－36　家庭屏幕榜样与偏爱分问卷验证性因子分析结果（修正）

测量项目	测量指标	因素负荷量	信度系数	测量误差	构建信度	收敛度
屏幕榜样	PA51	0.567	0.322	0.678	0.619	0.352
	PA56	0.588	0.345	0.655		
	PA61	0.623	0.388	0.612		
屏幕偏爱	PA31	0.636	0.405	0.595	0.675	0.412
	PA38	0.548	0.301	0.699		
	PA45	0.728	0.530	0.470		
拟合优度	GFI＝0.995　AGFI＝0.986　RMSEA＝0.036　NFI＝0.988　RFI＝0.974 IFI＝0.992　TLI＝0.983　CFI＝0.992　PGFI＝0.332　PNFI＝0.461 NC＝2.755					

4.2.3.4　家庭体育心理环境问卷信效度

4.2.3.4.1　项目分析

如前所述，本问卷来源于比较成熟的量表，删除了没有达到要求的题项 PC9、PC10、PC11、PC12、PC20、PC21，如表 4－37 所示。

表 4－37　家庭体育心理环境问卷项目分析

测量项目	初始 CITC 值	初始删除的 Cronbach's Alpha 值	最终 CITC 值	最终删除的 Cronbach's Alpha 值	量表 α 系数值
PC1	0.528	0.758	0.637	0.866	初始 α＝0.775 最终 α＝0.877
PC2	0.509	0.761	0.627	0.867	
PC3	0.512	0.760	0.592	0.868	
PC4	0.520	0.761	0.601	0.868	
PC5	0.525	0.760	0.603	0.868	
PC6	0.336	0.768	0.285	0.878	
PC7	0.330	0.768	0.289	0.878	
PC8	0.354	0.766	0.304	0.878	
PC9	0.174	0.775	—	—	
PC10	0.168	0.775	—	—	
PC11	0.185	0.774	—	—	
PC12	0.066	0.779	—	—	
PC13	0.447	0.760	0.546	0.869	
PC14	0.496	0.757	0.601	0.867	
PC15	0.448	0.761	0.524	0.870	
PC16	0.447	0.761	0.510	0.870	

续表

测量项目	初始 CITC 值	初始删除的 Cronbach's Alpha 值	最终 CITC 值	最终删除的 Cronbach's Alpha 值	量表 α 系数值
PC17	0.344	0.767	0.364	0.875	
PC18	0.326	0.768	0.372	0.875	
PC19	0.371	0.767	0.393	0.874	
PC20	0.064	0.780	—	—	
PC21	0.217	0.834	—	—	
PC22	0.553	0.757	0.560	0.869	
PC23	0.477	0.760	0.522	0.870	
PC24	0.520	0.762	0.529	0.870	
PC25	0.433	0.761	0.455	0.873	

4.2.3.4.2　探索性因子分析

从表 4－38 可以看出，KMO 值为 0.855，Bartlett 球形检验达到显著性水平，表明数据适合进行因子分析。

表 4－38　家庭体育心理环境问卷 KMO 与 Bartlett 检验

Kaiser－Meyer－Olkin 取样适切性量数		0.855
Bartlett 球形检验	近似卡方分布	6273.560
	自由度	171
	显著性	0.000

表 4－39 显示，探索性因子分析最终提取了 5 个公共因子，转置后各因子的特征值分别为 3.986、2.814、2.778、2.549、2.501，累计解释方差百分比为 76.988%。

表 4－39　家庭体育心理环境问卷总方差解释

成分	初始特征值			提取成分后特征值			转置后特征值		
	特征值	解释方差百分比/%	累计解释方差百分比/%	特征值	解释方差百分比/%	累计解释方差百分比/%	特征值	解释方差百分比/%	累计解释方差百分比/%
1	6.329	33.309	33.309	6.329	33.309	33.309	3.986	20.977	20.977
2	3.352	17.640	50.949	3.352	17.640	50.949	2.814	14.809	35.786
3	1.981	10.427	61.376	1.981	10.427	61.376	2.778	14.623	50.409
4	1.568	8.253	69.629	1.568	8.253	69.629	2.549	13.417	63.826
5	1.398	7.359	76.988	1.398	7.359	76.988	2.501	13.163	76.988

该问卷来源于成熟的运动期望与价值量表，将其因子命名为：父母对孩子从事身体活动的能力期望（能力期望）、父母对孩子进行身体活动的失败心理代价评价（失败心理代价）、父母对孩子进行身体活动的工作价值评价（工作价值）、父母对孩子从事身体活动的工作难度评价（工作难度）、父母感知重要他人对孩子身体活动的要求（重要他人期望）。经过探索性因子分析后，本问卷与原始问卷相比有了一些变化，原问卷中包含的需求努力维度，在本研究的探索性因子分析过程中被删除了。原问卷中工作难度维度与能力期望维度是一个维度，但本研究中工作难度因子独立形成一个维度，另外，工作价值维度中删除了原问卷中的两个题项。家庭体育心理环境问卷旋转成分矩阵见表 4 －40。

表 4 －40　家庭体育心理环境问卷旋转成分矩阵

	成分				
	1	2	3	4	5
PC1	0. 867				
PC2	0. 852				
PC3	0. 852				
PC4	0. 848				
PC5	0. 796				
PC15		0. 815			
PC14		0. 798			
PC13		0. 779			
PC16		0. 750			
PC23			0. 872		
PC22			0. 796		
PC24			0. 785		
PC7				0. 908	
PC6				0. 895	
PC8				0. 888	
PC18					0. 894
PC19					0. 864
PC17					0. 862

4. 2. 3. 4. 3　信度分析

表 4 －41 表明，各维度的内部一致性 α 系数值为 0. 836 ~0. 931，远高于 0. 7，说明本问卷具有较好的信度，符合研究要求。

表 4 -41 家庭体育心理环境问卷信度分析

测量项目	量表 α 系数值	CITC 值	删除的 Cronbach's Alpha 值
能力期望	0. 931		
PC1		0. 860	0. 909
PC2		0. 850	0. 910
PC3		0. 812	0. 917
PC4		0. 811	0. 917
PC5		0. 770	0. 924
失败心理代价	0. 858		
PC15		0. 700	0. 821
PC14		0. 781	0. 785
PC13		0. 727	0. 810
PC16		0. 610	0. 856
工作价值	0. 836		
PC23		0. 786	0. 736
PC22		0. 710	0. 774
PC24		0. 676	0. 802
工作难度	0. 906		
PC7		0. 838	0. 845
PC6		0. 807	0. 873
PC8		0. 800	0. 880
重要他人期望	0. 882		
PC18		0. 780	0. 825
PC19		0. 765	0. 840
PC17		0. 774	0. 833

4.2.3.4.4 验证性因子分析

家庭体育心理环境问卷验证性因子分析模型（修正）见图4-6。家庭体育心理环境问卷验证性因子分析结果（修正）见表4-42。

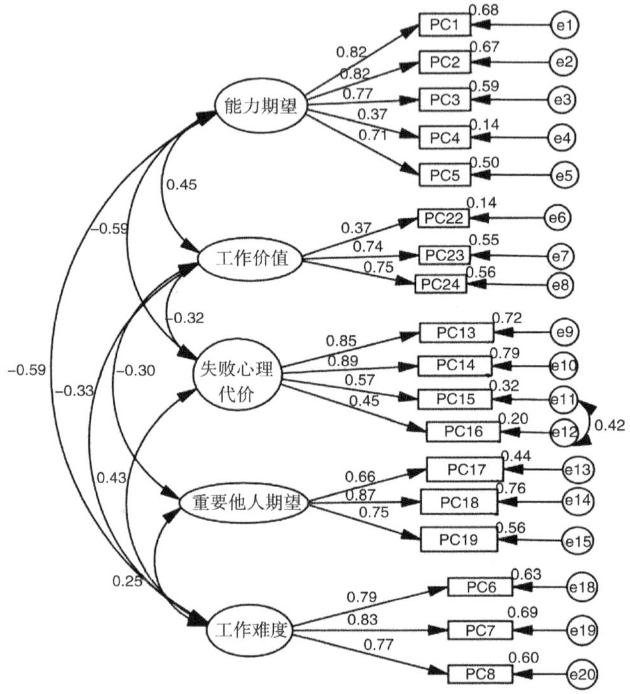

图4-6 家庭体育心理环境问卷验证性因子分析模型（修正）

表4-42 家庭体育心理环境问卷验证性因子分析结果（修正）

测量项目	测量指标	因素负荷量	信度系数	测量误差	构建信度	收敛度
能力期望	PC1	0.825	0.680	0.320	0.835	0.517
	PC2	0.821	0.674	0.326		
	PC3	0.768	0.590	0.410		
	PC4	0.375	0.140	0.860		
	PC5	0.709	0.503	0.497		
工作价值	PC22	0.371	0.138	0.862	0.662	0.414
	PC23	0.739	0.546	0.454		
	PC24	0.746	0.557	0.443		
失败心理代价	PC13	0.846	0.715	0.285	0.793	0.507
	PC14	0.889	0.790	0.210		
	PC15	0.568	0.323	0.677		
	PC16	0.447	0.200	0.800		

续表

测量项目	测量指标	因素负荷量	信度系数	测量误差	构建信度	收敛度
重要他人期望	PC17	0.665	0.442	0.558	0.807	0.586
	PC18	0.871	0.759	0.241		
	PC19	0.747	0.558	0.442		
工作难度	PC6	0.795	0.631	0.369	0.842	0.640
	PC7	0.832	0.692	0.308		
	PC8	0.773	0.598	0.402		
拟合优度	GFI = 0.969　AGFI = 0.957　RMSEA = 0.040　NFI = 0.961　RFI = 0.953　IFI = 0.973　TLI = 0.967　CFI = 0.973　PGFI = 0.714　PNFI = 0.791　NC = 3.159					

4.2.3.5　锻炼行为调节问卷信效度

4.2.3.5.1　项目分析

从表4-43可以看出，SB5、SB10、SB14、SB22不符合项目分析要求，将其删除，删除后的α系数值从0.900提高到0.933。

表4-43　锻炼行为调节问卷项目分析

测量项目	初始CITC值	初始删除的Cronbach's Alpha值	最终CITC值	最终删除的Cronbach's Alpha值	量表α系数值
SB1	0.483	0.896	0.447	0.933	初始α=0.900 最终α=0.933
SB2	0.648	0.892	0.657	0.929	
SB3	0.510	0.896	0.571	0.930	
SB4	0.605	0.893	0.642	0.929	
SB5	0.055	0.906	—	—	
SB6	0.697	0.891	0.716	0.927	
SB7	0.575	0.894	0.549	0.931	
SB8	0.651	0.892	0.662	0.929	
SB9	0.579	0.894	0.618	0.930	
SB10	0.062	0.907	—	—	
SB11	0.664	0.892	0.708	0.928	
SB12	0.618	0.893	0.659	0.929	
SB13	0.558	0.895	0.505	0.932	
SB14	0.029	0.909	—	—	
SB15	0.667	0.892	0.703	0.928	
SB16	0.660	0.892	0.642	0.929	

续表

测量项目	初始 CITC 值	初始删除的 Cronbach's Alpha 值	最终 CITC 值	最终删除的 Cronbach's Alpha 值	量表 α 系数值
SB17	0.590	0.894	0.634	0.929	
SB18	0.630	0.893	0.682	0.928	
SB19	0.528	0.895	0.483	0.932	
SB20	0.649	0.892	0.637	0.929	
SB21	0.622	0.893	0.684	0.928	
SB22	-0.018	0.907	—	—	
SB23	0.688	0.892	0.724	0.927	

4.2.3.5.2 探索性因子分析

表4-44显示了锻炼行为调节问卷的KMO值和Bartlett球形检验达到了进行探索性因子分析的要求，可进行进一步分析。

表4-44 锻炼行为调节问卷KMO与Bartlett检验

Kaiser-Meyer-Olkin 取样适切性量数		0.914
Bartlett 球形检验	近似卡方分布	7639.475
	自由度	171
	显著性	0.000

表4-45显示了最终探索性因子分析提取了5个公共因子，其转置后的特征值分别为3.269、3.182、3.179、3.007、2.454，累计解释方差百分比为79.425%。

表4-45 锻炼行为调节问卷总方差解释

成分	初始特征值			提取成分后特征值			转置后特征值		
	特征值	解释方差百分比/%	累计解释方差百分比/%	特征值	解释方差百分比/%	累计解释方差百分比/%	特征值	解释方差百分比/%	累计解释方差百分比/%
1	8.746	46.029	46.029	8.746	46.029	46.029	3.269	17.206	17.206
2	2.730	14.368	60.397	2.730	14.368	60.397	3.182	16.746	33.952
3	1.517	7.984	68.380	1.517	7.984	68.380	3.179	16.730	50.682
4	1.102	5.798	74.178	1.102	5.798	74.178	3.007	15.825	66.507
5	0.997	5.247	79.425	0.997	5.247	79.425	2.454	12.918	79.425

表4-46是最终形成的旋转成分矩阵，其各个因子的名称为：内部调节、内摄调节、外部调节、整合调节和认同调节。每个因子与原问卷相同，原问卷中的无动机维度在本研究中的探索性因子分析过程中被删除。

4 –46 锻炼行为调节问卷旋转成分矩阵

	成分				
	1	2	3	4	5
SB18	0. 822				
SB4	0. 812				
SB21	0. 786				
SB12	0. 780				
SB20		0. 822			
SB16		0. 817			
SB8		0. 813			
SB2		0. 795			
SB1			0. 854		
SB7			0. 851		
SB19			0. 842		
SB13			0. 825		
SB15				0. 790	
SB23				0. 783	
SB11				0. 756	
SB6				0. 741	
SB9					0. 837
SB17					0. 807
SB3					0. 777

4. 2. 3. 5. 3 信度分析

经过项目分析和探索性因子分析后，对最终形成的各维度进行内部一致性检验，表 4 –47 各分量表的 α 系数值位于 0. 882 ~0. 915，表明量表具有较好的信度。

表 4 –47 锻炼行为调节问卷信度分析

测量项目	量表 α 系数值	CITC 值	删除的 Cronbach's Alpha 值
内部调节	0. 915		
SB18		0. 856	0. 873
SB4		0. 771	0. 903
SB21		0. 820	0. 887
SB12		0. 783	0. 898
内摄调节	0. 908		
SB20		0. 793	0. 881
SB16		0. 795	0. 879
SB8		0. 802	0. 877
SB2		0. 778	0. 886

续表

测量项目	量表 α 系数值	CITC 值	删除的 Cronbach's Alpha 值
外部调节	0.896		
SB1		0.758	0.872
SB7		0.806	0.854
SB19		0.775	0.865
SB13		0.752	0.874
整合调节	0.911		
SB15		0.809	0.881
SB23		0.829	0.875
SB11		0.794	0.886
SB6		0.763	0.897
认同调节	0.882		
SB9		0.806	0.808
SB17		0.791	0.816
SB3		0.739	0.868

4.2.3.5.4 验证性因子分析

锻炼行为调节问卷验证性因子分析模型见图 4－7。锻炼行为调节问卷验证性因子分析结果见 4－48。

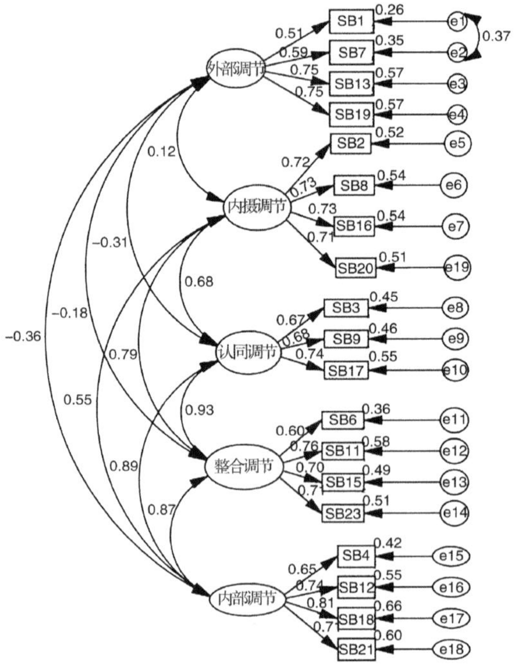

图 4－7 锻炼行为调节问卷验证性因子分析模型

表 4-48 锻炼行为调节问卷验证性因子分析结果

测量项目	测量指标	因素负荷量	信度系数	测量误差	构建信度	收敛度
外部调节	SB1	0.508	0.511	0.489	0.801	0.508
	SB7	0.595	0.595	0.405		
	SB13	0.754	0.656	0.344		
	SB19	0.752	0.550	0.450		
内摄调节	SB2	0.722	0.421	0.579	0.783	0.475
	SB8	0.732	0.506	0.494		
	SB16	0.732	0.485	0.515		
	SB20	0.715	0.258	0.742		
认同调节	SB3	0.673	0.583	0.417	0.743	0.492
	SB9	0.677	0.358	0.642		
	SB17	0.741	0.549	0.451		
整合调节	SB6	0.598	0.459	0.541	0.792	0.489
	SB11	0.763	0.454	0.546		
	SB15	0.697	0.536	0.464		
	SB23	0.711	0.536	0.464		
内部调节	SB4	0.649	0.521	0.479	0.816	0.528
	SB12	0.741	0.566	0.434		
	SB18	0.810	0.569	0.431		
	SB21	0.772	0.354	0.646		
拟合优度	GFI = 0.958 AGFI = 0.944 RMSEA = 0.046 NFI = 0.952 RFI = 0.942 IFI = 0.964 TLI = 0.956 CFI = 0.964 PGFI = 0.711 PNFI = 0.785 NC = 3.884					

4.2.3.6 青少年日常身体活动问卷信效度

4.2.3.6.1 问卷信度

为了检验青少年日常身体活动问卷的信度，采用重测信度（test - retest reliability），根据前后两次测量的分数求其积差相关系数，此系数称为重测信度系数。青少年日常身体活动问卷分为 3 个维度即中等强度身体活动、高等强度身体活动和中高强度身体活动，两次测量的积差相关系数见表 4-49，结果表明问卷具有较好的重测信度。

表 4 -49　青少年日常身体活动问卷各维度相关系数

	MPA. TIME	VPA. TIME	MVPA. TIME
r	0.63**	0.72**	0.68**

注：**在 0.01 水平（双侧）上显著相关；*在 0.05 水平（双侧）上显著相关。MPA. TIME 是中等强度身体活动时间，VPA. TIME 是高等强度身体活动时间，MVPA. TIME 是中高强度身体活动时间。

4.2.3.6.2　问卷效度

对青少年日常身体活动问卷各个维度进行相关分析，可以提供基于问卷内部结构的效度证据。结果表明，MPA. TIME 与 VPA. TIME 的相关系数为 0.241，达到显著性水平，MPA. TIME 与 MVPA. TIME 的相关系数为 0.734，达到显著性水平，VPA. TIME 与 MVPA. TIME 的相关系数为 0.836，达到显著性水平。结果说明该问卷具有较好的结构效度。（表 4 -50）

表 4 -50　青少年日常身体活动问卷各维度相关系数

	MPA. TIME	VPA. TIME
MPA. TIME		
VPA. TIME	0.241**	
MVPA. TIME	0.734**	0.836**

注：**在 0.01 水平（双侧）上显著相关；*在 0.05 水平（双侧）上显著相关。MPA. TIME 是中等强度身体活动时间，VPA. TIME 是高等强度身体活动时间，MVPA. TIME 是中高强度身体活动时间。

4.2.3.7　二阶验证性因子分析

在家庭体育物理环境问卷、家庭体育行为环境问卷和锻炼行为调节问卷中发现，各分量表的有些维度之间具有中等强度的相关性，且一阶验证性因子分析模型与样本数据具有适配性，因此，我们认为原先一阶因素构念均受到一个较高阶潜在特质的影响，这一较高阶潜在特质可以解释所有的一阶因素构念。

4.2.3.7.1　家庭体育物理环境问卷二阶验证性因子分析

家庭体育物理环境分为两类：一类是体育设施类，另外一类是电子媒介类。体育设施类的 6 个维度即家庭球类器材、家庭小型健身器材、力量练习类器材、家庭大型健身器材、户外健身器材和户外场地相互之间达到中等强度的相关性，我们认为这 6 个维度可能有更高阶的潜在变量，为此进行二阶验证性因子分析，从而使模型变得更简洁。其二阶验证性因子分析如图 4 -8 所示。

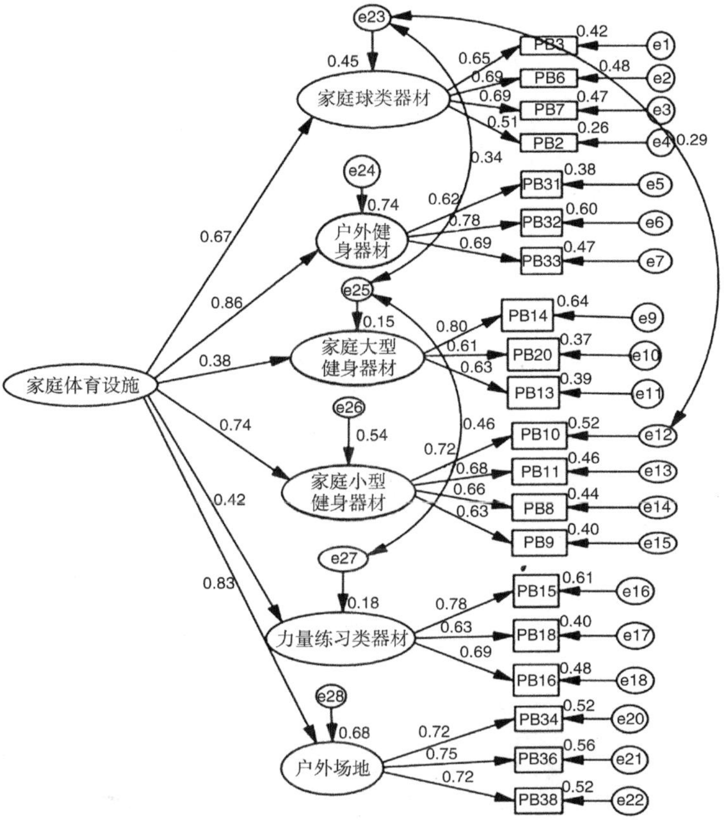

图 4 -8 家庭体育物理环境问卷二阶验证性因子分析

表 4 -51 显示了家庭体育物理环境问卷二阶验证性因子分析结果，二阶模型拟合指标 GFI = 0. 944、AGFI = 0. 927、RMSEA = 0. 052、NFI = 0. 915、RFI = 0. 900、IFI = 0. 933、TLI = 0. 920、CFI = 0. 933、PGFI = 0. 724、PNFI = 0. 776、NC = 4. 524，各拟合指标均达到临界值，表明模型可以接受。这说明家庭球类器材、家庭小型健身器材、力量练习类器材、家庭大型健身器材、户外健身器材及户外场地 6 个维度具有共同的构念，可以进一步进行概括。

表 4 -51 家庭体育物理环境问卷二阶验证性因子分析结果

GFI	AGFI	RMSEA	NFI	RFI	IFI	TLI	CFI	PGFI	PNFI	NC
0. 944	0. 927	0. 052	0. 915	0. 900	0. 933	0. 920	0. 933	0. 724	0. 776	4. 524

4.2.3.7.2 家庭体育行为环境问卷二阶验证性因子分析

家庭体育行为环境问卷由三个分问卷组成，分别是家庭控制青少年身体活动分问卷、家庭支持青少年身体活动分问卷和家庭屏幕榜样与偏爱分问卷。其中，家庭支持青少年身体活动分问卷中的身体活动榜样、行动鼓励、口头鼓励、后勤支持和身体活动偏爱具有中等强度的相关性。屏幕榜样、屏幕偏爱和利用屏幕也具有中等强度的相关性，而且这3个维度都体现了家庭中观看屏幕的氛围。为此，我们对家庭支持、家庭屏幕氛围进行了二阶验证性因子分析。家庭支持二阶验证性因子分析如图4－9所示。

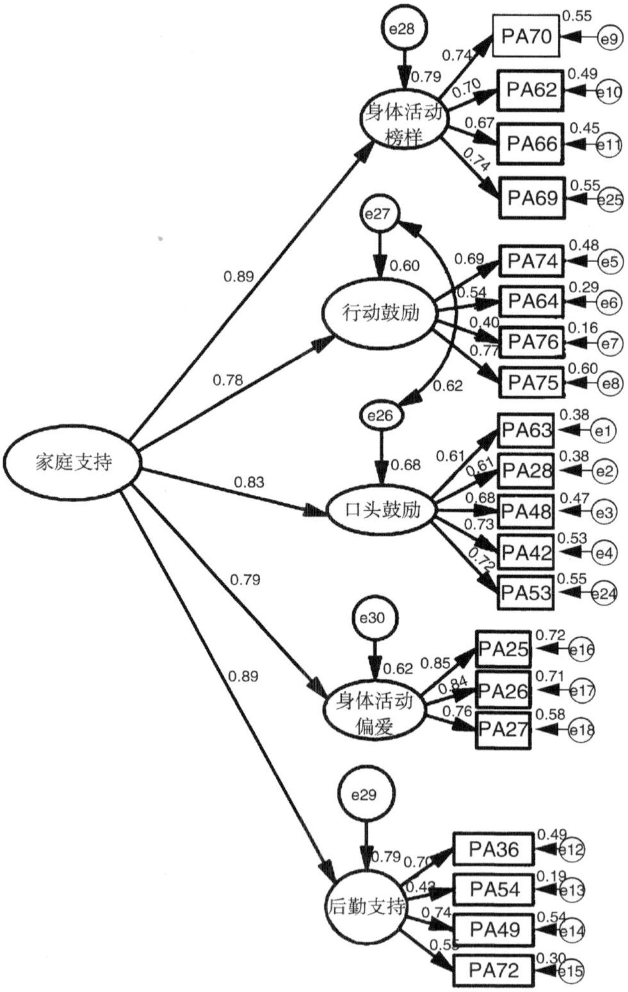

图4－9 家庭支持二阶验证性因子分析

表 4 –52 显示，各拟合指标均达到临界值，指标拟合数据说明了身体活动榜样、行动鼓励、口头鼓励、身体活动偏爱、后勤支持等 5 个维度之间具有共同的构念，可以用高阶潜变量进行概括，将此高阶潜变量命名为“家庭支持”。

表 4 –52 家庭支持二阶验证性因子分析结果

GFI	AGFI	RMSEA	NFI	RFI	IFI	TLI	CFI	PGFI	PNFI	NC
0. 942	0. 925	0. 054	0. 927	0. 916	0. 941	0. 932	0. 941	0. 735	0. 800	4. 485

家庭屏幕氛围二阶验证性因子分析见图 4 –10。

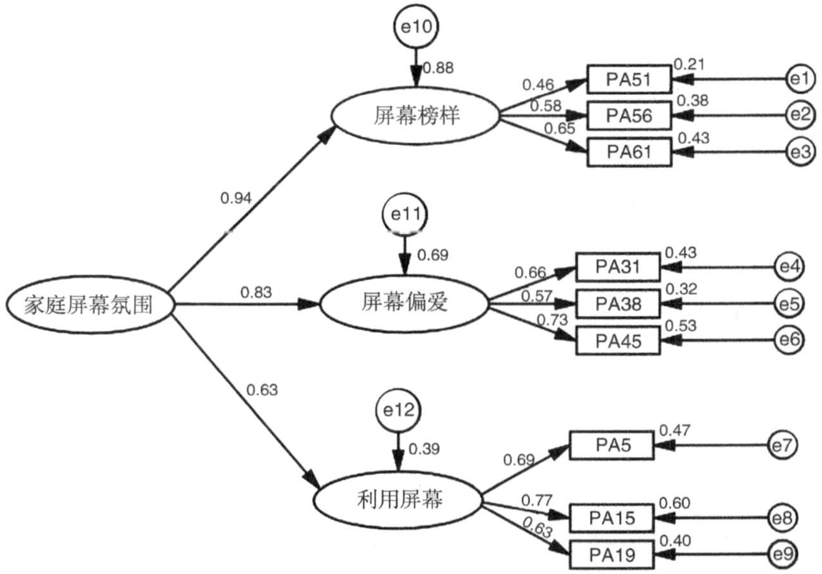

图 4 –10 家庭屏幕氛围二阶验证性因子分析

表 4 –53 显示了屏幕榜样、屏幕偏爱和利用屏幕 3 个维度的二阶验证性因子分析结果，从结果可知，各拟合指标均达到拟合要求，说明模型可以接受。各拟合指标数据也表明 3 个维度具有共同因素，将此共同因素命名为“家庭屏幕氛围”。

表 4 –53 家庭屏幕氛围二阶验证性因子分析结果

GFI	AGFI	RMSEA	NFI	RFI	IFI	TLI	CFI	PGFI	PNFI	NC
0. 981	0. 966	0. 051	0. 959	0. 941	0. 968	0. 953	0. 968	0. 545	0. 666	4. 443

4.2.3.7.3 锻炼行为调节问卷二阶验证性因子分析

在锻炼行为调节问卷中，外部调节、内摄调节是控制性动机，认同调节、整合调节和内部调节为自主性动机，从维度间的相关性来看，自主性动机 3 个维度的相关性达到中等强度，对其进行二阶验证性因子分析如图 4 – 11 所示。

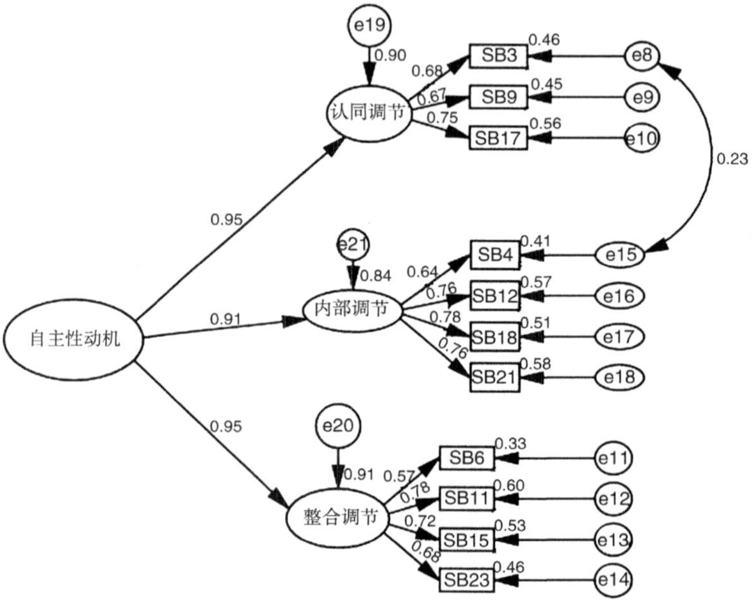

图 4 – 11　自主性动机二阶验证性因子分析

表 4 – 54 显示了认同调节、整合调节和内部调节二阶验证性因子分析结果，各拟合指标均达到临界值，模型可以接受，说明这 3 个维度具有共同因子，可进一步概括为自主性动机。

表 4 – 54　自主性动机二阶验证性因子分析结果

GFI	AGFI	RMSEA	NFI	RFI	IFI	TLI	CFI	PGFI	PNFI	NC
0.977	0.963	0.049	0.974	0.964	0.980	0.972	0.980	0.592	0.708	4.222

4.2.4 讨　论

4.2.4.1 问卷信度与效度

本节对家庭体育物理环境问卷、家庭体育行为环境问卷、家庭体育心理环境问卷和锻炼行为调节问卷的信度与效度进行了检验。从信度评价指标 α 系数 >0.6，构建信度 >0.6 来看，各问卷具有较好的信度。从结构效度评价指标来看：特征值 >1，因子载荷 >0.7，累计贡献率 >50%，说明各问卷具有较好的结构效度。GFI、AGFI、RMSEA、NFI、RFI、IFI、TLI、CFI、PGFI、PNFI、NC 等指标是验证性因子分析拟合指标，模型拟合良好表明探索性因子分析建构的维度可靠、稳定，说明各问卷具有较好的结构效度。验证性因子分析拟合指标均达到了临界值，模型拟合良好，说明问卷具有较好的结构效度。青少年日常身体活动问卷重测信度与结构效度达到心理学测量要求。

4.2.4.2 问卷维度讨论

家庭体育物理环境问卷共提取了 8 个因子，其中家庭体育设施的维度包括家庭球类器材、家庭小型健身器材、家庭大型健身器材、力量练习类器材、户外健身器材和户外场地。家庭电子媒介包括移动电子媒介和固定电子媒介。家庭体育设施的 6 个维度能反映我国广州家庭及其周边的体育设施。家庭电子媒介维度反映了广州家庭所拥有的电子产品。本研究创编的家庭体育物理环境问卷的维度与 John R. Sirard 等人划分的维度不同，他们将家庭体育物理环境分为体育用品、健身器材、交通类器材、水上活动器材、运动鞋类、户外的设施和电子媒体装备。这一差异与我国青少年身体活动类型和国外青少年活动类型不同有关。

家庭体育行为环境问卷共提取了 10 个因子，具体分为家庭支持、父母控制和家庭屏幕氛围三类。家庭支持主要体现在身体活动榜样、口头鼓励、行动鼓励、身体活动偏爱和后勤支持。在探索性因子分析中，将家庭支持分为 5 个维度，但这 5 个维度之间具有中等强度的相关性，可以进一步概括为父母榜样（身体活动榜样与身体活动偏爱）、父母鼓励（行动鼓励和口头鼓励）以及后勤支持 3 个维度，父母在与孩子身体活动互动过程中，主要通过父母榜样、父母鼓励和后勤支持 3 个维度来促进和影响孩子身体活动的参与。二阶验证性因子分析对这 5 个维度进行了更高层的概括，表明这 5 个维度具有共同因素，这个共同因素就是“家庭支持”。本研究的家庭支持与 Amber E. Vaughn 等人编制的身体活动社会环境问卷具有共同之处，Amber E. Vaughn 编制的问卷将家庭支持分为家庭文化、榜样和后勤支持。父母控制包括屏幕限制和玩耍限制，父母对孩子看电子屏幕和玩耍的限制是一种常见的控制手段，屏幕限制能减少孩子静止性活动，但玩耍限制减少了身体活动。家庭屏幕氛围包括屏幕榜样、屏幕偏爱和利用屏幕。在信息化时代，电子屏幕给人们带来了便利，人们现在很难离开电子屏幕，如手机、电脑等，家庭中很容易形成一种屏幕氛围。探索性因子分析划分的维度与亲子日常生活非常契合，说明家庭体育行为环境维度的划分比较科学。

家庭体育心理环境问卷是借鉴 Liao、Lin、Lee 等人编制的运动期望与价值量表，从探索性因子分析的结果来看，本研究家庭体育心理环境问卷维度的确定基本与原问卷相同，但也存在一些差异。原问卷中的需求努力程度维度在探索性因子分析过程中删除了，从统计角度来看，这些题项在父母回答的过程中没有区分度，因不符合探索性因子分析的要求而被删除。需求努力程度维度是测量父母为孩子在体育上取得好成绩的努力程度，而我国父母对孩子体育成绩的重视程度不够，可能与我国传统文化的重文轻武有关。

锻炼行为调节问卷借鉴了 Mullan、Markland 等人编制的问卷，初始问卷有 6 个维度，但对广州中小学生进行应用后，经探索性因子分析，初始问卷中的无动机维度被删除，其他维度被保留。对于中小学生而言，他们在学校一直接受体育教育，学校在课外和课间也会组织学生进行体育锻炼，学生具有锻炼的动机，而无动机指缺少体育锻炼的指向，无动机与中小学生体育锻炼动机不相符，因此无动机维度被删除。

4.2.5 结 论

（1）家庭体育物理环境问卷是一个 8 维结构模型，包括家庭球类器材、力量练习类器材、家庭大型健身器材、家庭小型健身器材、户外健身器材、户外场地、移动电子媒介和固定电子媒介。其中，前 6 个维度可以进一步概括为一个高阶因子，命名为“家庭体育设施”。问卷的内部一致性信度、结构效度指标良好，达到心理学测量的要求。

（2）家庭体育行为环境问卷是一个 10 维度结构模型，具体分为家庭支持（身体活动榜样、身体活动偏爱、行动鼓励、口头鼓励、后勤支持）、家庭屏幕氛围（屏幕榜样、屏幕偏爱和利用屏幕）、玩耍限制和屏幕限制。该问卷的内部一致性信度、结构效度指标达到心理学测量的要求。

（3）家庭体育心理环境问卷分为 5 个维度，分别是工作价值、能力期望、工作难度、失败心理代价和重要他人期望，问卷的内部一致性信度、结构效度指标达到心理学测量的要求。

（4）锻炼行为调节问卷分为 5 个维度，分别是外部调节、内摄调节、认同调节、整合调节和内部调节。问卷的内部一致性信度、结构效度指标达到心理学测量的要求。

（5）青少年日常身体活动问卷具有较好的重测信度与结构效度。

4.3 本章小结

家庭体育环境问卷共分为三个分问卷，分别是家庭体育物理环境问卷、家庭体育行为环境问卷和家庭体育心理环境问卷。基于国外关于家庭体育环境测量的有关研究成果，结合我国家庭实际情况，编制了家庭体育环境问卷初稿，通过专家评价和受试者填写情况的反馈，对初始问卷进行了修改。对初步设计的调查问卷进行了第一轮测试，根据收集的数据运用探索性因子分析确定了各问卷的维度，从探索性因子分析的结果来看，家庭体育物理环境最终确定了 8 个维度，分别是家庭球类器材、家庭小型健身器材、家庭大型健身器材、力量练习类器材、户外健身器材、户外场地、移动电子媒介和固定电子媒介等。家庭体育行为环境问卷确定了 10 个维度，分别是屏幕限制、玩耍限制、利用屏幕、屏幕榜样、屏幕偏爱、身体活动榜样、身体活动偏爱、口头鼓励、行动鼓励、后勤支持。家庭体育心理环境确定了 5 个维度，分别是工作价值、能力期望、工作难度、失败心理代价和重要他人期望。锻炼行为调节问卷确定了 5 个维度，分别是外部调节、内摄调节、认同调节、整合调节和内部调节。在对第一轮数据进行探索性因子分析确定每个维度的条目后，对问卷进行了修正，然后进行了第二轮测试，并运用第二轮问卷收集的数据进行验证性因子分析。通过探索性因子分析和验证性因子分析，对问卷的内部一致性信度和结构效度进行了检验，检验结果表明问卷具有较好的信度和效度。

5 家庭体育物理环境、锻炼动机、身体活动之间的关系

5.1 引 言

一直以来，青少年的健康问题是学界研究的热点，身体活动是影响青少年健康的重要因素。国家出台了一系列关于促进青少年参与体育锻炼的文件与法规，目的是通过体育锻炼提高青少年的健康水平。然而，在现实生活中，我们发现青少年的身体活动存在很大的差异性，一些青少年积极参与身体活动，而另外一些青少年却久坐不动，还有一些青少年处于两者之间。我们不禁要问，是什么因素导致这样的差异性?

研究者们积极寻找影响青少年身体活动的因素，Sallis 和 Nader 提出，影响青少年身体活动的因素非常广泛，包括同伴、社区、教师、学校、媒介和家庭。虽然这些因素都很重要，但家庭的作用，特别是父母的作用显得尤为突出[1]。有一些调查研究探讨了物理和社会环境对青少年身体活动水平的积极或消极的影响。例如，Sallis 和其同事[2]研究了环境与学前儿童身体活动的关系，研究发现活动空间、活动频率和活动持续时间与学前儿童身体活动有显著的相关性。Stucky – Ropp 的研究发现，五、六年级的女孩所拥有的活动性玩具和体育器械的数量与其身体活动相关[3]。Ann E. Maloney 等人进行了一项实验研究，在实验组成员家中安装跳舞机，而控制组成员家中没有安装跳舞机，通过客观测量身体活动时间和自我报告静止性时间，发现实验组高强度身体活动水平显著高于控制组，而静止性活动时间显著低

---

〔1〕 SALLIS J F, NADER P R. Family determinants of health behavior [J]. Health Behavior: Emerging Research Perspectives, 1988: 107 – 124.

〔2〕 SALLIS J F, NADER P R, BROYLES S L, et al. Correlates of physical activity at home in Mexican – American and Anglo – American preschool children. HealthPsychology [J] 1993, 12 (5): 390 – 398.

〔3〕 STUCKY – ROPP R C, DILORENZO T M. Determinants of exercise in children [J]. Preventive Medicine, 1993, 22 (6): 880 – 889.

于控制组[1]。

家庭体育物理环境是影响青少年身体活动的重要因素。Dunton[2]等人以青少年女孩为对象，研究结果发现女孩使用体育器械的频率与体育器械的可用性和多样性有相关性。用各种体育器械来预测个体的体育锻炼行为是有显著意义的，但仅限于成年女性。其他研究结果也显示家中的体育器械最有可能被青少年和成年女性使用。研究者们研究了身体活动与家庭中小型体育器械的关系，研究结果具有性别差异。Patnode[3]等人的研究发现，家庭中可用的和容易接触的小型体育器械能预测男孩的中、高等强度的体育锻炼行为，但对女孩不起作用。Sirard[4]等人的研究发现，家庭体育器械对青少年男女身体活动行为有影响，但效果很小。研究显示家庭中的电子媒介与青少年静止性活动呈正相关，部分研究证明家庭中的体育器械与青少年静止性活动呈负相关。

国外研究发现，家庭中的体育器械、电子媒介与青少年身体活动的关系具有不一致性。而我国关于家庭体育物理环境与身体活动的定量研究不多，基于此，本研究通过创编家庭体育物理环境问卷，对家庭中的体育器械、家庭中的电子媒介和家附近体育设施进行测量，来探讨家庭体育物理环境、锻炼动机和青少年身体活动的关系。具体研究假设如下：家庭体育物理环境能显著影响青少年身体活动；锻炼动机能显著影响青少年身体活动；锻炼动机在家庭体育物理环境与青少年身体活动之间起中介作用。

5.2　研究方法

5.2.1　研究对象

本研究的对象是第二轮调查收集到的学生问卷和家长问卷。学生基本信息如表

---

〔1〕 MALONEY A E , BETHEA T C , KELSEY K S , et al. A pilot of a video game (DDR) to promote physical activity and decrease sedentary screen time [J] . Obesity, 2012, 16 (9): 2074 – 2080.

〔2〕 DUNTON G F , JAMNER M S , COOPER D M . Assessing the perceived environment among minimally active adolescent girls: validity and relations to physical activity outcomes [J] . American Journal of Health Promotion Ajhp, 2003, 18 (1): 70.

〔3〕 PATNODE C D , LYTLE L A , ERICKSON D J , et al. The relative influence of demographic, individual, social, and environmental factors on physical activity among boys and girls [J] . International Journal of Behavioral Nutrition and Physical Activity, 2010, 7 (1): 79.

〔4〕 SIRARD J R , LASKA M N , PATNODE C D , et al. Adolescent physical activity and screen time: associations with the physical home environment [J] . International Journal of Behavioral Nutrition & Physical Activity, 2010, 7 (1): 1 – 9.

5－1 所示：男生 643 人，女生 681 人。其中，4 年级 131 人，5 年级 126 人，6 年级 169 人，7 年级 264 人，8 年级 308 人，10 年级 203 人，11 年级 123 人。9 岁以下 51 人，9 岁 72 人，10 岁 107 人，11 岁 143 人，12 岁 227 人，13 岁 280 人，14 岁 128 人，15 岁 136 人，16 岁及以上 180 人。

表 5－1 第二轮调查学生基本信息一览表

变量	类别	人数	百分比/%
性别	男	643	48.6
	女	681	51.4
	总计	1324	100
年级	4	131	9.9
	5	126	9.5
	6	169	12.8
	7	264	19.9
	8	308	23.3
	10	203	15.3
	11	123	9.3
	总计	1324	100
年龄/岁	9 以下	51	3.8
	9	72	5.5
	10	107	8.1
	11	143	10.8
	12	227	17.1
	13	280	21.1
	14	128	9.7
	15	136	10.3
	16 及以上	180	13.6
	总计	1324	100

5.2.2 测量

本研究在社会认知理论、社会生态模型、自我决定理论等理论的指导下，借鉴国外学者所编制的问卷，经过本土化改造后对广州市的中小学生进行测量，目的是检验家庭体育环境、锻炼动机与青少年身体活动的关系。整套问卷分为两个部分：学生问卷与家长问卷。学生问卷包括锻炼行为调节问卷和青少年日常身体活动问卷，另外还包括个人基本信息。家长问卷包括家庭体育环境问卷（物理环境、行为环境和心理环境）和人口统计学变量。

5.2.2.1 对中小学生的测量

5.2.2.1.1 身体活动的测量

青少年日常身体活动问卷来源于 CLASS 问卷，该问卷最初由澳大利亚迪肯大学设计。Telford[1]等人的研究报道了 CLASS 问卷的信度与效度。其中，父母报告与孩子报告的参与每项运动的重测信度用前后参与的一致性百分比来评价，其值为 62% ~94%，参与项目信度在“一般至非常好”的范围内。父母报告孩子一周参与活动的频率的重测信度 ICC 值分别为 0.83、0.69，而一周内身体活动持续时间 ICC 值为0.76、0.74，在可接受的范围内。黄雅君（2008）报道了中文版青少年闲暇身体活动调查问卷（CLASS－C）的信度与效度，其信度系数的范围为 0.61 ~0.73。效标效度用客观测量与自我报告的身体活动水平的相关性来表示，其相关系数为 0.25 ~0.43。李海燕博士对黄雅君改编的中文版青少年闲暇身体活动调查问卷（CLASS－C）进行了修改，去掉了一些中国内地中小学生不常做的运动项目，增加了一些中小学体育课堂常见项目。改编后的问卷重测信度为 0.82 ~0.84，效标效度为0.31 ~0.48。总之，前人对 CLASS－C 问卷的信度、效度的检验符合统计学要求。

本研究借用改编的 CLASS－C 问卷，该问卷对青少年的静止性活动和身体活动进行自我报告的测量[2]。其中包括 8 项静止性活动和 24 项青少年常见的休闲性活动。学生分别回答工作日（周一至周五）和休息日（周六至周日）参与项目的频率、持续时间，同时分别对工作日和休息日的静止性活动时间进行填写。根据学生填写的身体活动和静止性活动的数据，分别计算出工作日、休息日及一周的中等强度、高等强度和中高等强度及静止性活动的时间。然后根据能量消耗的计算公式 EN ＝某项运动的时间 × 该项运动的 MET 值（用 MET－time 值来表示）分别计算出工作日和休息日的中等强度、高等强度等的能量消耗。MET 值参照 2008 年青少年身体活动能量目录[3]。在调查的身体活动中达到中等强度（3 ~5.9METs）的有：排

[1] TELFORD A，SALMON J，JOLLEY D，et al. Reliability and validity of physical activity questionnaires for children：the children's leisure activities study survey（class）[J]. Pediatric exercise ence，2010，16（1）：64－78.

[2] 李海燕. 上海市青少年日常体力活动测量方法的研究与运用 [D]. 上海：上海体育学院，2010.

[3] RIDLEY K，AINSWORTH B E，OLDS T S. Development of a compendium of energy expenditures for youth [J]. International Journal of Behavioral Nutrition and Physical Activity，2008，5（1）：45.

球、羽毛球、乒乓球、广播操、舞蹈、体操、投掷、游泳、踢毽子等，高等强度（>6.0METs）的有：篮球、足球、武术、跑步、跳高、跳远、跳绳、轮滑、旱冰、骑自行车等。

5.2.2.1.2 锻炼动机及学生个人信息的测量

锻炼动机的测量工具来源于 Wilson、Rogers 和 Loitz 等人研发的锻炼行为调节问卷，用5级李克特量表进行评价，共分为5个维度，每个维度包括3~6个题项，每个题项分为5个等级，例如"1"表示非常不同意，"5"表示非常同意。不同维度的各题项得分加总后的平均数即为该维度的得分。学生个人信息包括学生出生年月、年级、性别、学校等。

5.2.2.2 对父母的测量

5.2.2.2.1 父母人口统计学变量

父母的个人信息包括年龄、职业、教育程度、家庭结构、家庭收入、配偶的年龄、配偶的教育程度和职业。教育程度分为4个等级："1"表示高中及以下，"2"表示大专及本科，"3"表示硕士，"4"表示博士。家庭收入状况分7个等级："1"表示1500元以下，"2"表示1500~3000元，"3"表示3001~6000元，"4"表示6001~1000元，"5"表示10001~20000元，"6"表示20001~50000元，"7"表示50000元以上。家庭结构分为4类，"1"表示核心家庭（父母与子女），"2"表示主干家庭（祖辈、父辈和子女），"3"表示联合家庭（祖辈、父辈和子女及其他亲属），"4"表示单亲家庭。

5.2.2.2.2 家庭体育物理环境的测量

家庭体育物理环境问卷是测量父母感知孩子使用体育锻炼器材和电子媒介的可达性和可用性。家庭体育物理环境的测量分为8个维度，家庭球类器材、家庭小型健身器材、家庭大型健身器材、力量练习类器材、户外健身器材、户外场地、固定电子媒介和移动电子媒介。每个维度有3~6个题项，每个题项分为6个评分等级："0"表示没有该器材，"1"表示很少用该器材，"2"表示比较少用该器材，"3"表示有时候用，"4"表示经常使用，"5"表示很多次使用。每个维度的得分是题项得分加总后的平均数。

5.2.2.2.3 家庭体育行为环境的测量

家庭体育行为环境问卷分为三个分问卷，第一个是家庭控制青少年身体活动

（控制身体活动与屏幕活动）分问卷，第二个是家庭支持青少年身体活动分问卷，第三个是家庭屏幕榜样与偏爱分问卷。家庭控制青少年身体活动分问卷分为 3 个维度，分别是父母对孩子看屏幕时间的监督（屏幕监督）、父母对孩子玩耍行为的限制与规定（玩耍限制）、父母利用屏幕时间奖惩孩子行为（利用屏幕）。家庭支持青少年身体活动分问卷的 5 个维度分别是父母对孩子参与身体活动的口头鼓励（口头鼓励）、父母身体活动的榜样作用（身体活动榜样）、父母对孩子参与身体活动的后勤支持（后勤支持）、父母对孩子参与身体活动的行动鼓励（行动鼓励）、父母对身体活动的偏爱（身体活动偏爱）。家庭屏幕榜样与偏爱分问卷的两个维度是父母观看屏幕的榜样（屏幕榜样）和父母对屏幕的偏爱（屏幕偏爱）。每个维度的题项用 1 ~5 个等级进行评价，维度得分用题项得分总和的平均值表示。

5.2.2.2.4 家庭体育心理环境的测量

家庭体育心理环境问卷来自成熟的运动期望与价值量表，经过研究者们改编后用于测量父母对孩子参与体育锻炼的期望信念与价值信念。该量表分为 5 个维度，分别是父母对孩子从事身体活动的能力期望（能力期望）、父母对孩子进行身体活动的失败心理代价评价（失败心理代价）、父母对孩子进行身体活动的工作价值评价（工作价值）、父母对孩子从事身体活动的工作难度评价（工作难度）、父母感知重要他人对孩子身体活动的要求（重要他人期望）。每个题项用 1 ~5 个等级进行评价，维度得分用题项得分总和的平均值表示。

5.2.3 数据的分析

5.2.3.1 缺失值的处理

学生锻炼行为调节问卷、父母填写的家庭体育环境问卷的缺失值采取随机抽取同班级、同性别、同年龄的数据进行补充。学生班级信息的缺失值从同班学生的数据中获取补充，学生年龄的缺失值采取同班级的平均年龄补充。父母人口统计学变量的缺失值不予补充，人口统计学变量作为自变量分析时缺失样本将不计入分析。将存在身体活动时间大于 2000 分钟的特异性值的样本予以删除，共删除样本 46 人，用于数据分析的样本为 1324 人，父母数据与学生数据需一一对应。

5.2.3.2 数据的转换

通过对各个变量的正态分布检验发现，作为因变量的身体活动的数据不呈正态分布，作为中介变量的锻炼动机的数据也不呈正态分布。而回归分析和结构方程模型分析时，需要因变量的残差为正态分布，统计分析时通常可借检验因变量是否为正态分布来了解残差是否为正态分布。为了满足回归分析、结构方程模型对数据线性的要求，将锻炼动机、身体活动时间和能量消耗数据通过 BOX - COX 变换公式进行转换，可以使数据线性回归模型满足独立性、线性性、方差齐性和正态性，同时又不丢失数据的信息。

在对各个变量进行人口统计学差异性分析时，将父母文化程度中的硕士和博士合并为高文化程度，即“1”表示低文化程度（高中以下）、“2”表示中文化程度（大专及本科）、“3”表示高文化程度（硕士和博士）。将家庭收入状况的原 1、2、3 组合并为低收入组，用“1”表示，原 4 组转换成中收入组，用“2”表示，原 5、6、7 组转换成高收入组，用“3”表示。将 4 年级、5 年级和 6 年级命名为小学组，用“1”表示，7 年级和 8 年级命名为初中组，用“2”表示，10 年级和 11 年级命名为高中组，用“3”表示。家庭结构中的核心家庭用“1”表示，将主干家庭与联合家庭合并为联合家庭，用“2”表示。由于学生报告的单亲家庭仅有 23 个样本，与核心家庭及联合家庭样本数相差太大，分析时将不予考虑。

5.2.3.3 描述性分析

运用描述性分析对数据的正态性进行检验，用偏态系数和峰态系数来表示数据的分布状态，用 Kolmogorov - Smirnov 检验来进一步确认数据是否为正态分布。经过检验发现，各变量不呈正态分布。为了更准确地反映变量的基本情况，用均值 ± 标准差、中位数（P25，P75）来描述各个变量。

5.2.3.4 非参数检验

由于数据呈现非正态分布，为了比较不同人口统计学变量上家庭体育环境、锻炼动机及身体活动的差异性，采用独立样本的非参数检验的方法进行分析。

5.2.3.5 相关与回归分析

运用皮尔森积差相关系数分析了家庭体育物理环境、家庭体育行为环境和家庭体育心理环境、锻炼动机和青少年身体活动两两之间的相关性，相关分析的结果描述了两个变量线性关系的密切程度与方向，为进一步的回归分析打下基础。运用回归分析来检验家庭体育环境、锻炼动机对青少年身体活动的影响力。

5.2.3.6 结构方程模型分析

运用结构方程模型分析来检验假设理论模型的合理性，通过对模型适配性的检验来解决我们的研究问题：锻炼动机在家庭体育环境与青少年身体活动之间起着中介作用。

5.3 研究结果

5.3.1 描述性分析

5.3.1.1 家庭体育物理环境描述性分析

表5-2显示了家庭体育物理环境各个维度的均值±标准差、中位数（P25，P75）、偏态系数、峰态系数及各个维度之间的相关性。家庭体育物理环境描述的是父母感知孩子户内外使用体育器材、场馆和电子媒介的情况，是对孩子身体活动和静止性活动之物理环境的可用性和常用性的感知。各个维度最低分为0，最高分为5，平均分为2.5。从得分来看，父母感知孩子使用电子媒介的得分最高，特别是固定电子媒介，得分超过平均分，达到3.645。而父母感知孩子使用各种体育器材、场馆的得分都低于平均分，特别是使用大型健身器材，如跑步机、椭圆机、跳舞机的得分仅为0.267，从中位数和P75分位数来看，拥有大型健身器材的家庭还是极少数。使用球类器材的得分为0.548，可能因为青少年在学校使用球类较多，而在家使用较少，所以父母感知得分也少。使用力量练习类器材的得分为0.671，其中位数为0，P75分位数为1.000。青少年使用小型健身器材比使用户外健身器材得分高些，小型健身器材一般是孩子们自己喜欢的器材，如轮滑、跳绳、呼啦圈等。使用电子媒介与户内外体育器材和场馆得分从侧面反映了青少年静止性活动较多，身体活动较少。家庭体育物理环境各维度的相关性达到中低水平，且具有显著性。家庭球类器材、家庭小型健身器材、户外健身器材、户外场地两两之间多数达到中等强度的相关性。

表 5－2　家庭体育物理环境描述性分析结果

	均值±标准差	中位数（P25，P75）	1	2	3	4	567	8
1 家庭球类器材	0.548±0.746	0.250（0.000，1.000）						
2 家庭小型健身器材	1.924±1.178	1.750（1.000，2.750）	0.413**					
3 家庭大型健身器材	0.267±0.662	0.000（0.000，0.000）	0.314**	0.182**				
4 户外场地	1.776±1.239	1.667（1.000，2.667）	0.475**	0.499**	0.204**			
5 户外健身器材	1.0399±1.083	0.667（0.000，1.667）	0.480**	0.505**	0.305**	0.552**		
6 力量练习类器材	0.671±0.967	0.000（0.000，1.000）	0.277**	0.212**	0.442**	0.284**	0.262**	
7 移动电子媒介	2.160±1.301	2.333（1.000，3.000）						
8 固定电子媒介	3.645±1.152	3.750（3.000，4.500）						0.402**

注：**在 0.01 水平上显著相关；*在 0.05 水平上显著相关。

父母感知孩子使用家庭及家附近的体育设施的得分不高，特别是力量练习类器材、大型健身器材；父母感知孩子使用电子媒介得分比体育设施得分高。研究结果说明家庭体育设施及社区体育设施的可用性不够，特别是购买大型健身器材的家长不多。家庭和社区体育设施的可用性和易达性是青少年从事身体活动的基础，家庭体育器材的数量及可用性影响青少年体育锻炼的频率，体育器材的多样性与青少年身体活动次数正相关。家庭中的小型健身器材能影响青少年中高强度的锻炼行为。家庭周边的体育设施同样对青少年的身体活动有影响。这启示父母应该多为孩子购买各种体育器材，为孩子进行体育锻炼提供好的物理环境。同时，父母感知孩子使用屏幕的时间较多，孩子对屏幕的使用必然会抢占身体活动时间。家庭中的电子媒介如电视、电脑、游戏机的数量与孩子久坐不动的时间有正相关性。为此，父母一方面要增加体育设施，另一方面要减少孩子对电子媒介的使用。

5.3.1.2　锻炼动机描述性分析

表 5－3 是对青少年锻炼动机的描述性分析，各动机维度得分的顺序为：认同调节 > 内部调节 > 整合调节 > 内摄调节 > 外部调节。自主性动机（内部调节、认同调节和整合调节）的得分高于控制性动机（外部调节和内摄调节）的得分，表明青少年具有较高的自主性动机和较低的控制性动机。从中位数、分位数来看，内部调节、认同调节的中位数（P25，P75）分别为 3.500（3.000，4.500）、3.667（3.000，4.333），进一步反映出青少年具有较高的自主性动机。外部调节和内摄调节的中位

数（P25，P75）偏低。锻炼动机各维度的相关性表明，外部调节与自主性动机的3个维度负相关，相关系数为 -0.108 ~ -0.296，达到显著性水平。内摄调节与自主性动机的3个维度具有中等强度的正相关性，相关系数为0.463 ~0.639，达到显著性水平。自主性动机的3个维度的相关系数为0.687 ~0.707，具有中高度相关性。

表5-3 锻炼动机描述性分析结果

	均值±标准差	中位数（P25，P75）	1	2	3	4
1 外部调节	2.172±0.938	2.000（1.500，2.750）				
2 内摄调节	2.511±1.023	2.500（1.750，3.000）	0.063			
3 认同调节	3.680±0.964	3.667（3.000，4.333）	-0.215**	0.530**		
4 整合调节	3.181±0.978	3.000（2.500，3.750）	-0.108**	0.639**	0.702**	
5 内部调节	3.590±0.991	3.500（3.000，4.500）	-0.296**	0.463**	0.707**	0.687**

注：**在0.01水平上显著相关；*在0.05水平上显著相关。

青少年的外部调节和内摄调节的得分较低，而内部调节、整合调节和认同调节的得分较高，说明青少年在身体活动中能体验到个人自主需求的满足，可能跟与同伴在玩耍过程中体会到被认可和接纳而产生的快乐感有关。青少年锻炼动机有助于教师、家长充分利用青少年的需求，促进青少年进行身体活动。

5.3.1.3 青少年身体活动与静止性活动描述性分析

表5-4显示，青少年一周中等强度身体活动时间（MPA. TIME）为204.769±196.327分钟，高等强度身体活动时间（VPA. TIME）为254.554±247.673分钟，中高强度身体活动时间（MVPA. TIME）为459.323±352.729分钟。从均值看，青少年中高强度身体活动时间似乎达到了每天1小时的标准，但从中位数来看，至少有50%的学生没有达到每天1小时中高强度身体活动时间。

表5-4 青少年一周身体活动时间的描述性分析结果

	均值±标准差	中位数（P25，P75）	1	2	3	4	5
1 MPA. TIME	204.769±196.327	150.000（70.000，275.000）					
2 MPA. EN	919.6609±897.063	650.000（314.250，1236.250）	0.993**				
3 VPA. TIME	254.554±247.673	170.000（70.000，370.000）	0.252**	0.238**			
4 VPA. EN	2018.543±1.968	1375.050（546.750，2950.250）	0.254**	0.240**	0.995**		
5 MVPA. TIME	459.323±352.729	370.000（195.000，645.750）	0.734**	0.719**	0.843**	0.840**	
6 MVPA. EN	2938.203±2.350	2299.425（1176.050，4107.763）	0.591**	0.582**	0.924*	0.929**	0.978**

注：**在0.01水平上显著相关；*在0.05水平上显著相关。

身体活动时间与静止性活动时间是相互竞争的，身体活动时间的增多，必然导致静止性活动时间的减少。表 5 –5 显示了青少年一周静止性活动的时间，总静止性活动时间为 3537. 114 ± 1220. 847 分钟，每天约 8. 4 小时。学习时间每天约 6. 5 小时，屏幕时间每天约 1. 7 小时。特别需要注意的是学生周末每天的屏幕时间明显增多。

表 5 –5　青少年一周静止性活动时间的描述性分析结果

	均值 ± 标准差	中位数（P25，P75）	偏度	峰度
总静止性活动时间	3537. 114 ± 1220. 847	3460. 000（2696. 250，4230. 000）	0. 529	0. 820
总学习时间	2726. 078 ± 897. 861	2640. 000（2125. 000，3268. 750）	0. 556	0. 825
总屏幕时间	695. 474 ± 698. 188	480. 000（220. 000，940. 000）	2. 146	6. 666
总乘车时间	115. 561 ± 146. 745	60. 000（0. 000，180. 000）	1. 610	2. 546
工作日静止性活动时间	2519. 759 ± 865. 285	2480. 000（1921. 250，3020. 000）	0. 361	0. 438
周末静止性活动时间	1017. 355 ± 543. 219	930. 000（660. 000，1290. 000）	1. 204	2. 807
工作日学习时间	2151. 350 ± 724. 315	2100. 000（1680. 000，2580. 000）	0. 408	0. 668
周末学习时间	574. 728 ± 324. 474	520. 000（340. 000，750. 000）	0. 949	0. 912
工作日屏幕时间	283. 129 ± 365. 672	150. 000（30. 000，380. 000）	2. 324	7. 210
周末屏幕时间	412. 346 ± 419. 935	300. 000（130. 000，540. 000）	2. 150	6. 452
工作日乘车时间	85. 280 ± 128. 157	20. 000（0. 000，120. 000）	1. 997	4. 094
周末乘车时间	30. 281 ± 52. 532	0. 000（0. 000，50. 000）	2. 159	4. 643

将青少年中高强度身体活动时间按每天 1 小时的标准进行比较发现，至少有 50% 的青少年没有达到这一标准，而青少年每天看屏幕的时间超过 1 小时。从数据分布看出，不论是身体活动还是静止性活动，两极分化现象比较严重。可见，促进青少年身体活动是一个亟待解决的问题。现代生活对静止性活动有着很大的诱惑，相反，对身体活动是极大的挑战。青少年很容易被电视、电子游戏、网络等屏幕吸引，很难走到户外进行身体活动。

5. 3. 2　不同人口统计特征的差异性分析

人口统计学变量如父母教育程度、家庭经济状况、家庭结构、学生年级等都有可能影响家庭体育环境、锻炼动机和身体活动，需要对人口统计学变量加以控制。为此，人口统计学变量也称为控制变量。在正态性检验中发现，家庭体育环境、锻炼动机和身体活动水平的数据均不是正态分布，为此，本研究采用非参数检验的方法对人口统计学变量对应各组的差异进行分析。根据控制变量的分组采取了 k 个独立样本的秩和检验，当检验显示差异具有显著性时，则进行事后的两两比较，采用两组独立样本的秩和检验判断两两的差异性。

5.3.2.1 家庭体育物理环境的差异性分析

以家庭收入为控制变量进行秩和检验，结果见表 5－6，不同家庭收入在家庭大型健身器材、户外健身器材、力量练习类器材、移动电子媒介上的得分差异具有显著性。在家庭大型健身器材和户外健身器材得分方面，低收入家庭的得分比高收入家庭少，且得分差异具有显著性。在力量练习类器材的得分方面，低收入、中收入家庭与高收入家庭具有显著性差异，表明高收入家庭为孩子购买的力量练习类器材较多，孩子体育器材的使用次数也相对较多。在移动电子媒介得分方面，低收入家庭的得分比高收入家庭低，且差异具有显著性。

表 5－6 家庭体育物理环境与家庭收入非参数统计分析结果

	ECON	*N*	Mean Rank（秩的均值）	Chi－Square（卡方）	Asymp. Sig.（总）	Asymp. Sig.（两两比较）
家庭球类器材	1	347	450.55	3.445	0.179	
	2	288	477.83			
	3	305	486.27			
家庭小型健身器材	1	347	468.71	0.710	0.701	
	2	288	481.03			
	3	305	462.60			
家庭大型健身器材	1	347	447.95	9.344	0.009	0.098（a）
	2	288	472.39			0.002（b）
	3	305	494.37			0.189（c）
户外场地	1	347	457.27	2.777	0.249	
	2	288	464.45			
	3	305	491.27			
户外健身器材	1	347	437.49	11.019	0.004	0.103（a）
	2	288	471.60			0.001（b）
	3	305	507.02			0.103（c）
力量练习类器材	1	347	438.33	14.711	0.001	0.196（a）
	2	288	463.81			0.000（b）
	3	305	513.42			0.019（c）

续表

	ECON	N	Mean Rank（秩的均值）	Chi - Square（卡方）	Asymp. Sig.（总）	Asymp. Sig.（两两比较）
移动电子媒介	1	347	432.32	14.634	0.001	0.074（a）
	2	288	470.87			0.000（b）
	3	305	513.58			0.054（c）
固定电子媒介	1	347	476.16	0.484	0.785	
	2	288	472.82			
	3	305	461.87			

注：a 表示 1 组和 2 组的秩和检验，b 表示 1 组和 3 组的秩和检验，c 表示 2 组和 3 组的秩和检验；ECON 是指经济状况，其中 1 表示低收入家庭，2 表示中收入家庭，3 表示高收入家庭。

根据国内外文献，一般以母亲的文化程度作为控制变量，本研究在分析父母文化程度在各个变量的差异上，以母亲的文化程度作为控制变量。表 5 –7 显示了检验结果：家庭中母亲的文化程度在家庭球类器材、户外健身器材、力量练习类器材、户外场地、家庭大型健身器材和移动电子媒介方面的得分具有显著性差异。在家庭球类器材、户外健身器材和户外场地方面，低文化程度家庭的得分比中文化、高文化程度家庭低，且差异具有显著性；而中文化和高文化程度家庭之间的得分差异不具显著性。在力量练习类器材得分方面，不同文化程度家庭的得分之间都具显著性差异，低文化程度家庭的得分显著低于中、高文化程度家庭，中文化程度家庭的得分显著低于高文化程度家庭。在家庭大型健身器材方面，低文化程度家庭的得分显著低于中文化程度家庭。在移动电子媒介得分方面，低文化程度家庭的得分比中、高文化程度家庭低，且差异具有显著性，而中文化程度家庭与高文化程度家庭之间没有差异性。在家庭小型健身器材和固定电子媒介得分方面，低、中、高文化程度家庭之间不存在显著性差异。

表 5 –7　家庭体育物理环境与家庭文化程度非参数统计分析结果

	EDUC	N	Mean Rank（秩的均值）	Chi - Square（卡方）	Asymp. Sig.（总）	Asymp. Sig.（两两比较）
家庭球类器材	1	532	445.00	14.418	0.001	0.003（a）
	2	366	496.97			0.004（b）
	3	42	562.87			0.123（c）

续表

	EDUC	N	Mean Rank（秩的均值）	Chi－Square（卡方）	Asymp. Sig.（总）	Asymp. Sig.（两两比较）
家庭小型健身器材	1	532	455.59	4.045	0.132	
	2	366	492.55			
	3	42	467.21			
家庭大型健身器材	1	532	448.02	16.537	0.000	0.000（a）
	2	366	500.59			0.117（b）
	3	42	493.07			0.848（c）
户外场地	1	532	446.77	12.027	0.001	0.009（a）
	2	366	494.16			0.007（b）
	3	42	564.86			0.094（c）
户外健身器材	1	532	438.21	19.365	0.000	0.000（a）
	2	366	507.23			0.004（b）
	3	305	559.38			0.242（c）
力量练习类器材	1	532	433.56	33.460	0.000	0.000（a）
	2	366	507.39			0.000（b）
	3	42	616.89			0.009（c）
移动电子媒介	1	532	433.90	22.453	0.000	0.000（a）
	2	366	517.32			0.048（b）
	3	42	526.06			0.687（c）
固定电子媒介	1	532	483.94	4.376	0.112	
	2	366	458.25			
	3	42	407.08			

注：a 表示 1 组和 2 组的秩和检验，b 表示 1 组和 3 组的秩和检验，c 表示 2 组和 3 组的秩和检验；EDUC 是指母亲文化程度，其中 1 表示低文化程度，2 表示中文化程度，3 表示高文化程度。

5.3.2.2　青少年锻炼动机的差异性分析

以家庭收入、母亲文化程度为控制变量进行秩和检验，结果表明，外部调节、内摄调节、认同调节、整合调解、内部调节在家庭收入、母亲文化程度、家庭结构上的得分没有差异性。以性别为控制变量进行秩和检验，结果见表 5－8，不同性别在内摄调节、认同调节、整合调节和内部调节上的得分差异具有显著性。这 4 个维度中男生组的得分比女生组高，且差异具有显著性。

表 5-8　锻炼动机与性别非参数统计分析结果

	GENDER	*N*	Mean Rank（秩的均值）	Chi - Square（卡方）	Asymp. Sig.（总）
外部调节	1	455	473.20	0.088	0.767
	2	485	467.97		
内摄调节	1	455	500.58	10.911	0.001
	2	485	442.28		
认同调节	1	455	501.21	11.442	0.001
	2	485	441.69		
整合调节	1	455	517.19	26.267	0.000
	2	485	426.69		
内部调节	1	455	511.18	19.971	0.000
	2	485	432.34		

注：GENDER 是指性别，其中 1 表示男，2 表示女。

以年级为控制变量进行秩和检验，结果见表 5-9，不同年级在内摄调节、认同调节、整合调节、内部调节上的得分差异具有显著性。在内摄调节中，低年级组的得分比中年级组高，且差异具有显著性；低年级组得分高于高年级组，其差异具有边缘显著性。在认同调节中，低年级组与中年级组得分没有显著性差异，低年级组与高年级组得分具有边缘显著性差异（$P=0.052$），而中年级组与高年级组得分差异达到非常显著的水平，高年级组得分低于中年级组。在整合调节中，低年级组的得分比高年级组高，且差异具有显著性。在内部调节中，低年级组的得分与中年级组的得分差异不显著，而低、中年级组的得分比高年级组高，且差异具有显著性，可能是因为低年级组的学生玩的天性使然，发自内心地喜欢和同伴交流、玩耍，不需要家长或他人的控制和引导；而中年级组学生不受拘束的要求远远高于低年级组，其锻炼的原因多源于自己的喜好，且中年级组的学生多处于青春叛逆期，更渴望无拘束的生活方式；高年级组学生的学业繁重，其锻炼动机多为缓解压力，强健体魄，具有较强的目的性，故呈现出低年级组和中年级组得分高于高年级组得分的现象。

表 5-9　锻炼动机与年级非参数统计分析结果

	GRADE	*N*	Mean Rank（秩的均值）	Chi - Square（卡方）	Asymp. Sig.（总）	Asymp. Sig.（两两比较）
外部调节	1	302	477.30	4.737	0.094	
	2	399	449.81			
	3	239	496.44			
内摄调节	1	302	507.01	8.650	0.013	0.004（a）
	2	399	447.12			0.065（b）
	3	239	463.41			0.469（c）

续表

	GRADE	*N*	Mean Rank（秩的均值）	Chi - Square（卡方）	Asymp. Sig.（总）	Asymp. Sig.（两两比较）
认同调节	1	302	481.12	5.699	0.058	0.915（a）
	2	399	483.96			0.052（b）
	3	239	434.60			0.023（c）
整合调节	1	302	504.14	8.404	0.015	0.067（a）
	2	399	464.81			0.003（b）
	3	239	437.49			0.250（c）
内部调节	1	302	481.54	9.991	0.007	0.694（a）
	2	399	490.46			0.015（b）
	3	239	423.22			0.002（c）

注：a 表示 1 组和 2 组的秩和检验，b 表示 1 组和 3 组的秩和检验，c 表示 2 组和 3 组的秩和检验；GRADE 是指年级，其中 1 表示小学组，2 表示初中组，3 表示高中组。

5.3.2.3 青少年身体活动的差异性分析

以家庭收入、母亲文化程度为控制变量进行秩和检验，结果表明，中高强度身体活动时间（MVPA. TIME）及能量消耗（MVPA. EN）在家庭收入、家庭文化程度的得分上差异不显著。

以性别为控制变量进行秩和检验，结果见表 5 - 10，中高强度身体活动时间（MVPA. TIME）及能量消耗（MVPA. EN）在性别的得分上差异具有显著性。由此可见，男生从事高强度身体活动要比女生多。从总体的身体活动情况来看，男生进行身体活动的总时间多于女生，其身体活动的能量消耗非常显著地高于女生。

表 5 - 10 青少年身体活动与性别非参数统计分析结果

	GENDER	*N*	Mean Rank（秩的均值）	Chi - Square（卡方）	Asymp. Sig.（总）
MPA. TIME	1	455	452.43	3.907	0.048
	2	485	487.45		
MPA. EN	1	455	450.81	4.640	0.031
	2	485	488.97		
VPA. TIME	1	455	529.62	41.830	0.000
	2	485	415.04		
VPA. EN	1	455	531.86	45.055	0.000
	2	485	412.93		
MVPA. TIME	1	455	503.27	12.847	0.000
	2	485	439.76		
MVPA. EN	1	455	513.74	22.366	0.000
	2	485	429.94		

注：GENDER 是指性别，其中 1 表示男，2 表示女。

以年级为控制变量进行秩和检验，结果见表 5 - 11。中等强度的身体活动时间及能量消耗、高等强度的身体活动时间及能量消耗和中高强度的身体活动时间及能量消耗在年级的得分上差异具有显著性。在中等强度的身体活动时间及能量消耗方面，低、中、高年级组得分两两之间都具有显著性差异，低年级组得分 > 中年级组得分 > 高年级组得分，即随着年级的升高，学生中等强度的身体活动也随之减少。在高等强度身体活动时间及能量消耗方面，低年级组与中年级组得分没有显著性差异，但低年级组、中年级组得分显著高于高年级组。从中高强度的身体活动时间及能量消耗来看，低年级组与中年级组得分差异不显著，但低、中年级组的身体活动时间及能量消耗显著高于高年级组。可能是因为高年级组的学生学习任务相对繁重，参加身体活动的时间有限，所以得分也相对较低。

表 5 - 11　青少年身体活动与年级非参数统计分析结果

	GRADE	*N*	Mean Rank（秩的均值）	Chi - Square（卡方）	Asymp. Sig.（总）	Asymp. Sig.（两两比较）
MPA. TIME	1	302	544. 76	68. 380	0. 000	0. 003 (a)
	2	399	484. 61			0. 000 (b)
	3	239	353. 11			0. 000 (c)
MPA. EN	1	302	547. 82	71. 719	0. 000	0. 001 (a)
	2	399	483. 55			0. 000 (b)
	3	239	351. 01			0. 000 (c)
VPA. TIME	1	302	503. 96	96. 928	0. 000	0. 143 (a)
	2	399	533. 64			0. 000 (b)
	3	239	322. 80			0. 000 (c)
VPA. EN	1	302	502. 46	98. 041	0. 000	0. 107 (a)
	2	399	535. 11			0. 000 (b)
	3	239	322. 26			0. 000 (c)
MVPA. TIME	1	302	528. 53	110. 301	0. 000	0. 714 (a)
	2	399	521. 94			0. 000 (b)
	3	239	311. 30			0. 000 (c)
MVPA. EN	1	302	522. 04	114. 021	0. 000	0. 757 (a)
	2	399	528. 45			0. 000 (b)
	3	239	308. 63			0. 000 (c)

注：a 表示 1 组和 2 组的秩和检验，b 表示 1 组和 3 组的秩和检验，c 表示 2 组和 3 组的秩和检验；GRADE 是指年级，其中 1 表示小学组，2 表示初中组，3 表示高中组。

以家庭结构为控制变量进行秩和检验，结果见表 5 - 12。中等强度的身体活动时间及能量消耗、高等强度的身体活动时间及能量消耗和中高强度的身体活动时间及能量消耗在家庭结构的得分上差异具有显著性。核心家庭组的得分比联合家庭组低，且差异具有显著性。由此可见，联合家庭的孩子的身体活动比核心家庭多。

表 5 – 12 青少年身体活动与家庭结构非参数统计分析结果

	FAM. STRU	*N*	Mean Rank（秩的均值）	Chi – Square（卡方）	Asymp. Sig.（总）
MPA. TIME	1	591	446. 22	6. 456	0. 011
	2	334	492. 68		
MPA. EN	1	591	446. 21	6. 462	0. 011
	2	334	492. 70		
VPA. TIME	1	591	444. 83	7. 574	0. 006
	2	334	495. 15		
VPA. EN	1	591	445. 52	7. 009	0. 008
	2	334	493. 93		
MVPA. TIME	1	591	441. 73	10. 373	0. 001
	2	334	500. 63		
MVPA. EN	1	591	442. 59	9. 552	0. 002
	2	334	499. 11		

注：FAM. STRU 是指家庭结构，其中 1 表示核心家庭组，2 表示联合家庭组。

5. 3. 3 家庭体育物理环境对青少年身体活动的影响

5.3.3.1 家庭体育物理环境与青少年身体活动的相关分析

表 5 – 13 显示了家庭体育物理环境与青少年身体活动的皮尔森相关系数，结果显示：家庭球类器材、户外健身器材、家庭小型健身器材和户外场地的得分均与中等强度身体活动时间（MPA. TIME）及能量消耗（MPA. EN）、高等强度身体活动时间（VPA. TIME）及能量消耗（VPA. EN）和中高强度身体活动时间（MVPA. TIME）及能量消耗（MVPA. TIME. EN）具有正相关性，且达到显著性水平，其相关系数 *r* 为 0. 113 ~ 0. 299。而家庭大型健身器材、力量练习类器材、固定电子媒介和移动电子媒介的得分与青少年身体活动水平没有相关性。

表 5 – 13 家庭体育物理环境与青少年身体活动的相关分析

	中等强度身体活动时间	中等强度身体活动能量消耗	高等强度身体活动时间	高等强度身体活动能量消耗	中高强度身体活动时间	中高强度身体活动能量消耗
家庭球类器材	0. 156**	0. 154**	0. 233**	0. 241**	0. 251**	0. 262**
户外健身器材	0. 155**	0. 155**	0. 157**	0. 154**	0. 198**	0. 189**

续表

	中等强度身体活动时间	中等强度身体活动能量消耗	高等强度身体活动时间	高等强度身体活动能量消耗	中高强度身体活动时间	中高强度身体活动能量消耗
家庭小型健身器材	0.257**	0.256**	0.220**	0.210**	0.299**	0.275**
力量练习类器材	-0.032	-0.036	-0.021	-0.016	-0.033	-0.027
移动电子媒介	0.035	0.039	0.010	0.013	0.027	0.026
固定电子媒介	-0.018	-0.013	0.016	0.018	0.001	0.010
户外场地	0.116**	0.113**	0.244**	0.249**	0.236**	0.252**
家庭大型健身器材	0.030	0.032	0.020	0.021	0.031	0.030

注：**在0.01水平（双侧）上显著相关；*在0.05水平（双侧）上显著相关。

5.3.3.2 家庭体育物理环境对青少年身体活动的回归分析

在相关分析的基础上，为了进一步探讨家庭体育物理环境与青少年身体活动的关系，本研究以家庭体育物理环境的8个维度作为自变量，以青少年一周中高强度身体活动的能量消耗为因变量进行回归分析。回归分析采取两个模型，模型1是控制人口统计学基础上的单变量回归，模型2采取高阶潜变量即家庭体育设施来代替家庭球类器材、家庭小型健身器材、力量练习类器材、家庭大型健身器材、户外场地和户外健身器材等进行多变量的回归分析。由于人口统计学变量是分类变量，对这些分类变量进行回归分析时，需要进行虚拟变量的转换，性别以女生为参照组，家庭结构以核心家庭为参照组，年级分为低年级（4~6年级）、中年级（7~8年级）、高年级（9~10年级）三个组，以高年级组为参照组。

在多元回归分析中要注意自变量间的共线性问题，为避免回归分析时多元共线性问题，回归分析前要对自变量进行相关分析，如果自变量的相关性达到高度相关，则可能存在多元共线性问题。通过描述性分析发现，家庭体育物理环境各维度的相关性为低中相关，可能不存在相关性。由于本研究是横截面的数据，不存在自相关问题。多元共线性的常用评价指标为容忍度（tolerance；TOL值）、方差膨胀因素（variance inflation factor；VIF值）、条件指标（condition index；CI值）、特征值（eigenvalue）。当TOL<0.10，VIF>10，CI>30，eigenvalue<0.01时，可能存在多元共线性问题。反之，当TOL>0.10，VIF<10，CI<30，eigenvalue>0.01时，则自变量间多元共线性问题不存在。在进行多元回归分析前，均需对多元共线性问题进行诊断。

分析结果见表5-14，可以看出，在模型1中，家庭球类器材、户外健身器材、家庭小型健身器材、户外场地能显著预测中高强度身体活动能量消耗，其他维度不能显著预测因变量。其标准的 β 值家庭小型健身器材 > 户外场地 > 家庭球类器材 > 户外健身器材。

表 5－14　家庭体育物理环境对中高强度身体活动能量消耗的回归分析

		家庭球类器材	户外健身器材	家庭小型健身器材	力量练习类器材	移动电子媒介	固定电子媒介	户外场地	家庭大型健身器材
M1	Std. β	0.208**	0.171**	0.274**	0.020	0.066	0.034	0.223**	0.045
	调整 R^2	0.173	0.161	0.201	0.132	0.135	0.132	0.181	0.133
	$\triangle R^2$	0.041	0.029	0.069	－－	－－	－－	0.049	－－
		家庭体育设施			固定电子媒介			移动电子媒介	
M2	Std. β	0.236**			－0.008			0.020	
	调整 R^2				0.187				
	$\triangle R^2$				0.055				

注：校正性别、家庭结构、年级，自变量为家庭体育物理环境，因变量为一周中高强度身体活动能量消耗（MIU＊MET）。

在模型 2 中，在回归分析之前，自变量间的多元共线性诊断指标表明不存在多元共线性问题。家庭体育物理环境在校正性别、家庭结构和年级后，能解释青少年中高强度身体活动能量消耗的变异量为 5.5%。家庭体育设施对身体活动影响的标准化 β 值为 0.236。家庭电子媒介不能预测身体活动。

研究结果部分支持了 3.4.1.1 假设 1，即家庭体育物理环境能显著预测身体活动。具体而言，家庭体育设施能显著正向预测身体活动，本研究支持了该假设，而家庭电子媒介显著负向预测身体活动，没有得到本研究的支持。

5.3.4　锻炼动机对青少年身体活动的影响

5.3.4.1　锻炼动机与身体活动的相关分析

表 5－15 显示了锻炼动机与身体活动的皮尔森相关系数，结果显示：内摄调节、认同调节、整合调节、内部调节的得分均与中等强度身体活动时间（MPA. TIME）及能量消耗（MPA. EN）、高等强度身体活动时间（VPA. TIME）及能量消耗（VPA. EN）和中高强度身体活动时间（MVPA. TIME）及能量消耗（MVPA. EN）具有正相关性，且达到显著性水平，其相关系数 *r* 为 0.146～0.336。外部调节与中等强度身体活动时间（MPA. TIME）及能量消耗（MPA. EN）、高等强度身体活动时间（VPA. TIME）及能量消耗（VPA. EN）和中高强度身体活动时间（MVPA. TIME）

及能量消耗（MVPA. EN）具有负相关性，且达到显著性水平，其相关系数 r 为 $-0.189 \sim -0.102$。

表 5－15 锻炼动机与身体活动的相关分析

	中等强度身体活动时间	中等强度身体活动能量消耗	高等强度身体活动时间	高等强度身体活动能量消耗	中高强度身体活动时间	中高强度身体活动能量消耗
外部调节	-0.104**	-0.102**	-0.178**	-0.178**	-0.184**	-0.189**
内摄调节	0.157**	0.146**	0.175**	0.177**	0.211**	0.204**
认同调节	0.159**	0.148**	0.206**	0.210**	0.234**	0.234**
整合调解	0.207**	0.196**	0.307**	0.310**	0.332**	0.336**
内部调节	0.181**	0.170**	0.300**	0.307**	0.312**	0.323**

注：**在 0.01 水平（双侧）上显著相关；*在 0.05 水平（双侧）上显著相关。

5.3.4.2 锻炼动机对身体活动的回归分析

如表 5－16 所示，锻炼动机与身体活动同样采用上述两个模型进行回归分析。在回归分析之前，对自变量间可能存在的多元共线性问题进行了检验，检验结果表明不存在多元共线性问题。在模型 1 中，外部调节、内摄调节、认同调节、整合调节、内部调节 5 个维度都可以对中高强度身体活动能量消耗进行显著预测，但是外部调节对中高强度身体活动能量消耗是负向影响。在模型 2 中，自主性动机对身体活动的影响为正，而外部调节的影响为负，其标准化的 β 值分别为 0.267、-0.157。锻炼动机对身体活动的解释力为 11.8%，而内摄调节不能显著预测身体活动。

该研究结果部分支持了 3.4.1.2 假设 2，外部调节显著负向预测身体活动，自主性动机显著正向预测身体活动。

表 5－16 锻炼动机对中高强度身体活动能量消耗的回归分析

		外部调节	内摄调节	认同调节	整合调节	内部调节
M1	Std. β	-0.218**	0.171**	0.221**	0.309**	0.312**
	调整 R^2	0.178	0.160	0.180	0.224	0.227
	$\triangle R^2$	0.046	0.028	0.048	0.092	0.095
		外部调节	内摄调节	自主性动机		
M2	Std. β	-0.157**	0.020	0.267**		
	调整 R^2			0.250		
	$\triangle R^2$			0.118		

注：校正性别、家庭结构、年级，自变量为锻炼动机，因变量为一周中高强度身体活动能量消耗（MIU * MET）。

5.3.5 锻炼动机在家庭体育物理环境与青少年身体活动之间的中介作用

5.3.5.1 外部调节的中介作用

以概念模型框架图 3－2 为理论指导，将家庭体育物理环境、外部调节及身体活动投入模型中进行分析，得出图 5－1 的家庭体育物理环境、外部调节及身体活动未修正的结构方程模型图。从表 5－17 可知，模型拟合各项指标均达到临界值，证明模型拟合良好。图 5－1 及表 5－17 表明，家庭电子媒介的 2 个维度对外部调节没有显著性的预测能力，家庭电子媒介不能显著预测身体活动，家庭体育设施负向影响外部调节，正向直接影响身体活动。

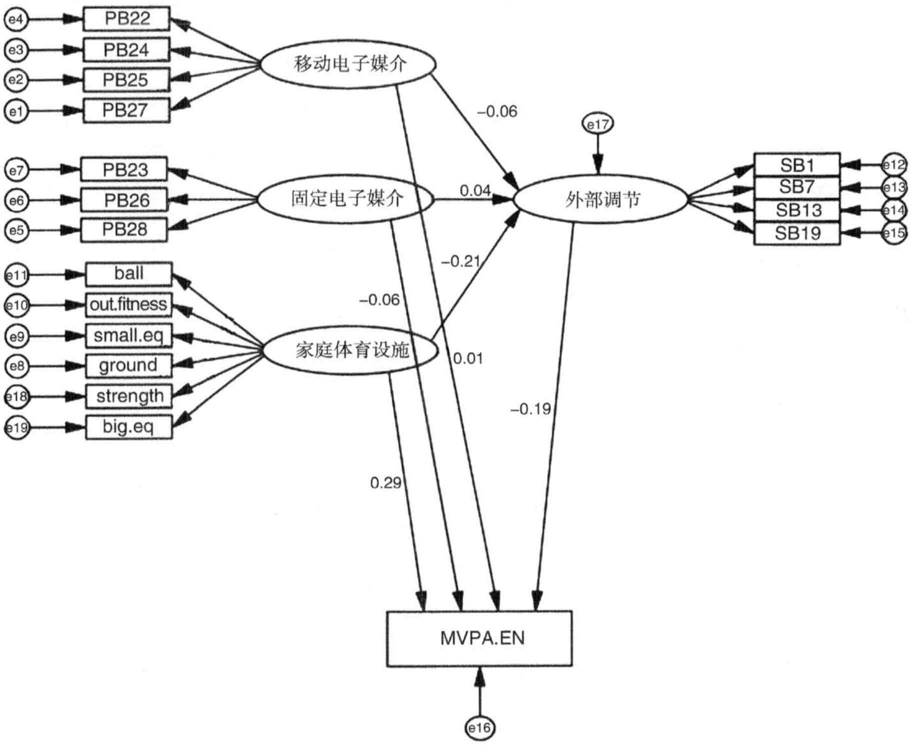

图 5－1 家庭体育物理环境－外部调节－身体活动结构方程模型图（未修正）

表 5－17 家庭体育物理环境－外部调节－身体活动结构方程模型参数估计摘要表

	Estimate	Std. Estimate	*P*	R^2
外部调节＜－－－移动电子媒介	－0.050	－0.056	0.198	0.044
外部调节＜－－－固定电子媒介	0.058	0.037	0.445	
外部调节＜－－－家庭体育设施	－0.209	－0.214	***	0.136
MVPA. EN＜－－－家庭体育设施	1.998	0.292	***	
MVPA. EN＜－－－固定电子媒介	－0.621	－0.057	0.174	
MVPA. EN＜－－－移动电子媒介	0.049	0.008	0.834	
MVPA. EN＜－－－外部调节	－1.321	－0.189	***	

注：GFI＝0.967，AGFI＝0.953，RMSEA＝0.042，NFI＝0.925，RFI＝0.905，IFI＝0.947，TLI＝0.932，CFI＝0.946，PGFI＝0.684，PNFI＝0.732，NC＝3.322。

图 5－2 是在图 5－1 的基础上，删除不显著的路径后的家庭体育物理环境、外部调节和身体活动结构方程模型图，模型拟合指标达到统计学要求，表明模型拟合良好。将图 5－2、表 5－18 结合来看，家庭体育设施直接影响身体活动，其效应值为 0.28。外部调节直接显著影响身体活动，其效应值为－0.19。家庭体育设施通过外部调节间接影响身体活动，其效应值为－0.21×－0.19≈0.04。可见，外部调节在家庭体育设施与身体活动之间起中介作用。家庭体育设施对外部调节的解释力为 4.3%，家庭体育设施与外部调节共同对身体活动的解释力为 13.3%。

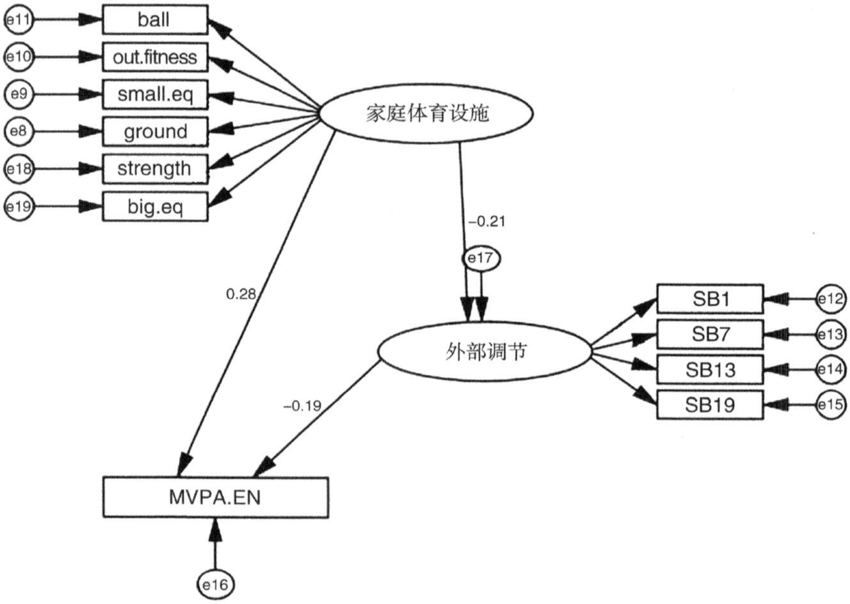

图 5－2 家庭体育物理环境－外部调节－身体活动结构方程模型图（修正）

表 5－18 家庭体育物理环境－外部调节－身体活动结构方程模型（修正）参数估计摘要表

	Estimate	Std. Estimate	*P*	R^2
外部调节＜－－－－家庭体育设施	－0. 202	－0. 208	***	0. 043
MVPA. EN＜－－－－家庭体育设施	1. 871	0. 275	***	0. 133
MVPA. EN＜－－－－外部调节	－1. 322	－0. 189	***	

注：GFI＝0. 980，AGFI＝0. 966，RMSEA＝0. 046，NFI＝0. 961，RFI＝0. 943，IFI＝0. 971，TLI＝0. 958，CFI＝0. 971，PGFI＝0. 564，PNFI＝0. 664，NC＝3. 813。

5.3.5.2 内摄调节的中介作用

将家庭体育物理环境、内摄调节及身体活动投入图 3－2 的模型中进行分析，得出图 5－3 是未修正的结构方程模型图。表 5－19 显示，模型拟合各项指标均达到临界值，证明模型拟合良好。图 5－3 及表 5－19 表明，家庭电子媒介对内摄调节没有显著性的预测能力，家庭电子媒介不能显著预测身体活动，家庭体育设施正向影响内摄调节，正向直接影响身体活动。

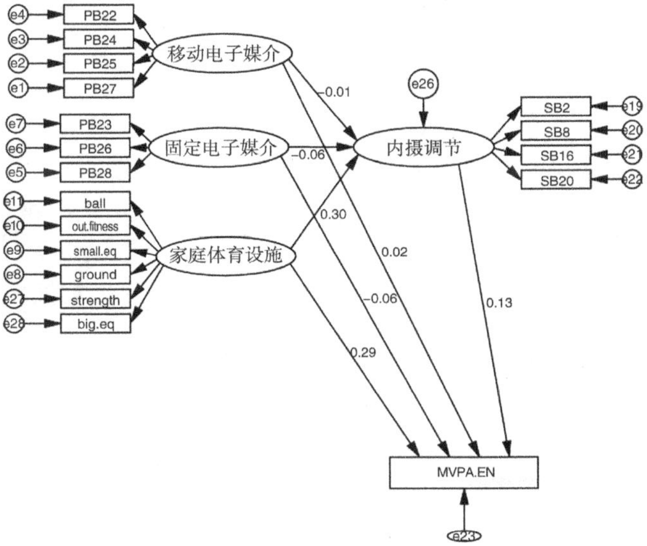

图 5－3 家庭体育物理环境－内摄调节－身体活动结构方程模型图（未修正）

表 5－19 家庭体育物理环境－内摄调节－身体活动结构方程模型参数估计摘要表

	Estimate	Std. Estimate	*P*	R^2
内摄调节＜－－－－移动电子媒介	－0. 013	－0. 014	0. 740	0. 084
内摄调节＜－－－－固定电子媒介	－0. 094	－0. 059	0. 223	

续表

	Estimate	Std. Estimate	P	R^2
内摄调节 < - - - 家庭体育设施	0.302	0.299	***	
MVPA. EN < - - - 家庭体育设施	2.017	0.293	***	0.116
MVPA. EN < - - - 固定电子媒介	-0.650	-0.060	0.161	
MVPA. EN < - - - 移动电子媒介	0.152	0.024	0.518	
MVPA. EN < - - - 内摄调节	0.878	0.129	***	

注：GFI = 0.966，AGFI = 0.925，RMSEA = 0.043，NFI = 0.924，RFI = 0.906，IFI = 0.945，TLI = 0.931，CFI = 0.945，PGFI = 0.695，PNFI = 0.743，NC = 0.429。

图5-4是修正后的结构方程模型图，模型拟合指标达到统计学要求，表明模型拟合良好。将图5-4、表5-20结合来看，家庭体育设施直接影响身体活动，其效应值为0.28。内摄调节直接显著影响身体活动，其效应值为0.13。家庭体育设施通过内摄调节间接影响身体活动的效应值为0.28×0.13≈0.04。可见，内摄调节在家庭体育设施与身体活动之间起中介作用。家庭体育设施对内摄调节的解释力为7.8%，家庭体育设施与内摄调节共同对身体活动的解释力为11.4%。

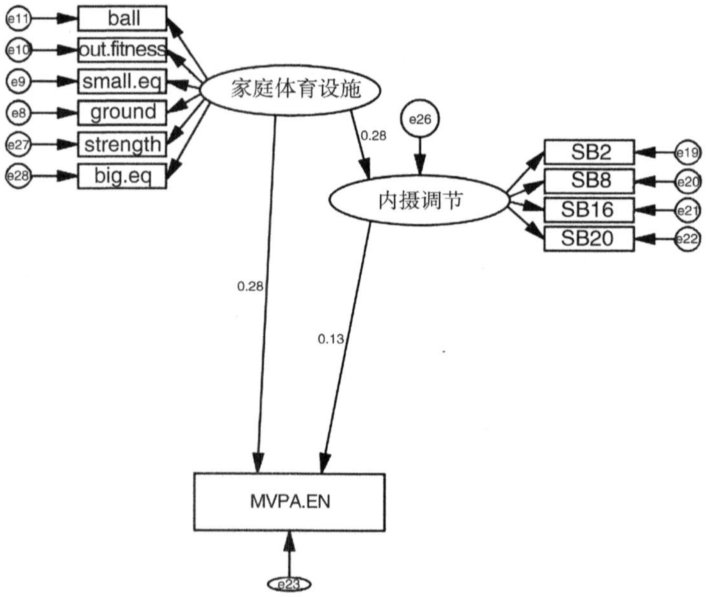

图5-4 家庭体育物理环境-内摄调节-身体活动结构方程模型图（修正）

表 5－20 家庭体育物理环境－内摄调节－身体活动结构方程模型（修正）参数估计摘要表

	Estimate	Std. Estimate	*P*	R^2
内摄调节 < － － － 家庭体育设施	0. 279	0. 279	***	0. 078
MVPA. EN < － － － 家庭体育设施	1. 888	0. 277	***	0. 114
MVPA. EN < － － － 内摄调节	0. 894	0. 131	***	

注：GFI = 0. 977，AGFI = 0. 963，RMSEA = 0. 05，NFI = 0. 956，RFI = 0. 940，IFI = 0. 966，TLI = 0. 953，CFI = 0. 966，PGFI = 0. 952，PNFI = 0. 695，NC = 4. 263。

5.3.5.3 自主性动机的中介作用

以概念模型框架图 3－2 为理论指导，将家庭体育物理环境、自主性动机及身体活动投入模型中进行分析，得到未修正的结构方程模型图 5－5。从表 5－21 可知，模型拟合各项指标均达到临界值，证明模型拟合良好。图 5－5 及表 5－21 表明，移动电子媒介对自主性动机没有显著性的预测能力，固定电子媒介对自主性动机有显著负向预测能力。家庭体育设施正向直接影响自主性动机，同时也正向直接显著影响身体活动。

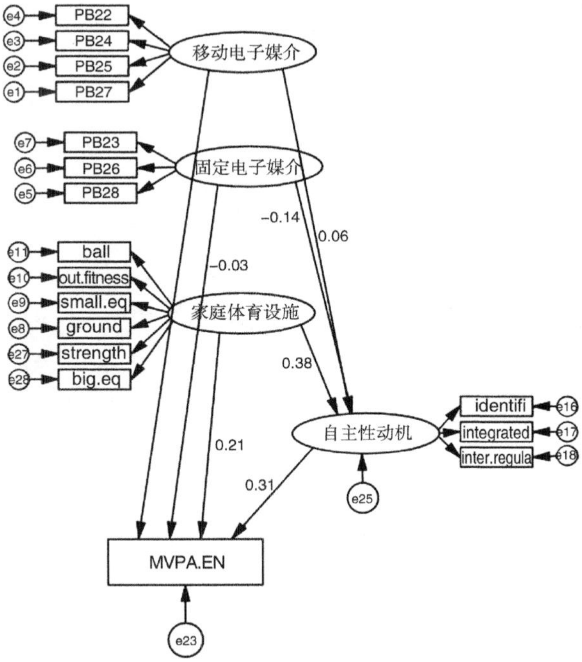

图 5－5 家庭体育物理环境－自主性动机－身体活动结构方程模型图（未修正）

表5－21 家庭体育物理环境－自主性动机－身体活动结构方程模型参数估计摘要表

	Estimate	Std. Estimate	*P*	R^2
自主性动机 < －－－移动电子媒介	0.046	0.060	0.151	0.131
自主性动机 < －－－固定电子媒介	－0.176	－0.135	0.004	
自主性动机 < －－－家庭体育设施	0.316	0.381	***	
MVPA. EN < －－－家庭体育设施	1.457	0.212	***	0.187
MVPA. EN < －－－固定电子媒介	－0.275	－0.025	0.538	
MVPA. EN < －－－移动电子媒介	0.022	0.004	0.922	
MVPA. EN < －－－自主性动机	2.604	0.314	***	

注：GFI＝0.962，AGFI＝0.945，RMSEA＝0.049，NFI＝0.927，RFI＝0.906，IFI＝0.944，TLI＝0.927，CFI＝0.943，PGFI＝0.667，PNFI＝0.722，NC＝4.133。

图5－6是修正后的结构方程模型图，模型拟合指标达到临界值，表明模型拟合较好。将图5－6、表5－22结合来看，家庭体育设施直接影响身体活动，其效应值为0.20。自主性动机直接显著影响身体活动，其效应值为0.32。家庭体育设施通过

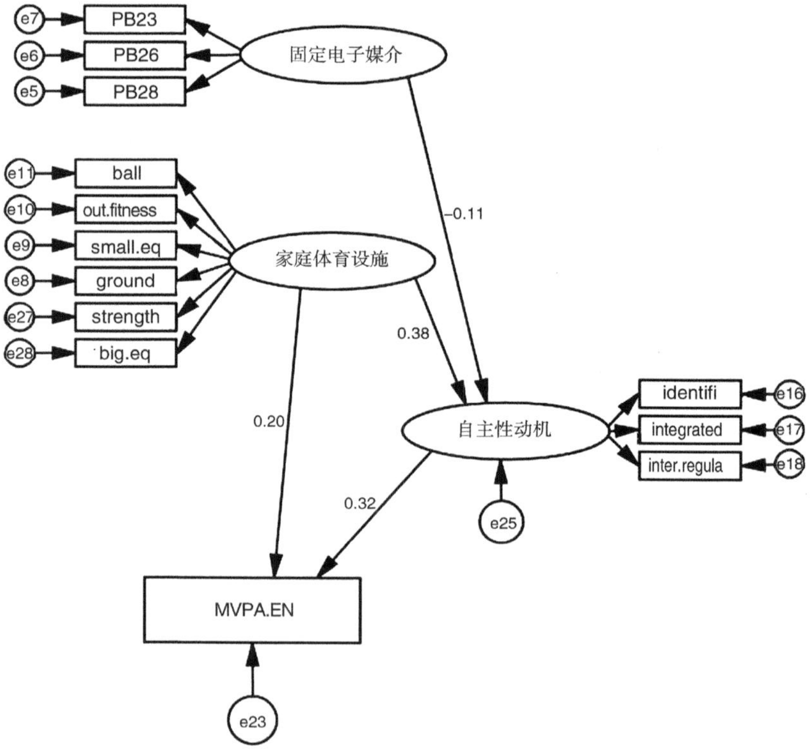

图5－6 家庭体育物理环境－自主性动机－身体活动结构方程模型图（修正）

自主性动机间接影响身体活动的效应值为 0.38 ×0.32 ≈0.12。由此可知，自主性动机在家庭体育设施与身体活动之间起中介作用。固定电子媒介能显著负向预测自主性动机，不能显著预测身体活动，固定电子媒介间接预测身体活动的效应值为 -0.11 ×0.32 ≈ -0.04。可见，自主性动机在家庭电子媒介与身体活动之间起中介作用。家庭体育设施和固定电子媒介对自主性动机的解释力为 13.0%，家庭体育设施和自主性动机共同对身体活动的解释力为 18.6%。

表 5 -22 家庭体育物理环境 - 自主性动机 - 身体活动结构方程模型（修正）参数估计摘要表

	Estimate	Std. Estimate	*P*	R^2
自主性动机 < - - - - 固定电子媒介	-0.146	-0.113	0.004	0.130
自主性动机 < - - - - 家庭体育设施	0.313	0.380	***	
MVPA. EN < - - - - 家庭体育设施	1.382	0.202	***	0.186
MVPA. EN < - - - - 自主性动机	2.641	0.318	***	

注：GFI = 0.972，AGFI = 0.956，RMSEA = 0.049，NFI = 0.950，RFI = 0.933，IFI = 0.961，TLI = 0.948，CFI = 0.961，PGFI = 0.619，PNFI = 0.706，NC = 4.225。

综合 5.3.5.1、5.3.5.2 和 5.3.5.3 的研究结果，锻炼动机的 3 个维度均在家庭体育物理环境与身体活动之间起到中介作用，验证了 3.4.1.3 的假设 3。

5.4 讨 论

5.4.1 人口统计学变量对家庭体育物理环境、锻炼动机和青少年身体活动的影响

5.4.1.1 不同背景下家庭体育物理环境的差异性

家庭收入影响家庭为孩子购买健身设施，特别是大型健身器材（如跑步机）、力量健身器材（如哑铃、杠铃）等，也影响孩子居住的环境，进而影响户外健身设施。社会生态模型认为，社区环境、家庭环境是影响身体活动的因素。优美的社区环境、健全的社区设施以及社区的安全性等因素能促进孩子进行身体活动。家庭及其周边的体育设施的可用性和易达性是孩子从事各种身体活动的物质保障。本研究的结果表明，家庭经济状况影响了户外健身器材、力量练习类器材、家庭大型健身器材。但家庭收入同样影响家庭移动电子媒介，高收入家庭可能为孩子提供更多的

电子媒介使用和接触的机会，而电子媒介往往比体育器材更具有诱惑力，而把孩子拉向静止性活动。

父母文化程度也是影响家庭体育物理环境的另一个因素，父母文化程度越高，对健康行为知识可能掌握得越多，从而为孩子创造和提供有利于孩子健康成长的环境。为此，高文化程度的家庭与低文化程度的家庭相比较，前者为孩子提供了较好的身体活动环境。研究同时发现，在使用电子媒介上，低、高文化程度组的使用得分与中文化程度组没有差异性，而低文化程度组的得分比高文化程度组高。高文化程度组的孩子使用固定电子媒介（如电视、电脑）的得分显著性偏低。

5.4.1.2 不同背景下青少年锻炼动机的差异性

从研究结果可知，青少年锻炼动机在家庭收入水平、父母文化程度和家庭结构上没有差异性，但在性别、年级上存在显著差异。从性别上的差异来看，外部调节上男女生不存在差异性；在内摄调节、认同调节、整合调节和内部调节上男生的各类动机水平都显著高于女生，但有一些研究认为男女生在锻炼动机上不存在差异性〔1〕。而有几项研究则认为男女生的锻炼动机在性别上有差异，如女生身体活动的外部调节比男生强〔2〕。一项研究分析显示，外部调节上男女生没有差异性，而内摄调节上女生显著高于男生。Di Bartolo 认为锻炼动机在性别上有较大差异，女性锻炼的动机更关注自我形象，如体重、形体和外表〔3〕，男性锻炼的动机可能是为了挑战、竞争、社会认同或能力达到一定的水平〔4〕，男女生在认同调节和和内摄调节上有差异〔5〕。本研究显示男生外摄调节高于女生，可能是因为我国传统文化认为男生主动，而女生主静。为此，男生感受到更大的外部压力，要求他们从事更

---

〔1〕 DUNCAN L R , HALL C R , WILSON P M , et al. Exercise motivation: a cross – sectional analysis examining its relationships with frequency, intensity, and duration of exercise ［J］. International Journal of Behavioral Nutrition and Physical Activity, 2010, 7 (1): 7.

〔2〕 WILSON P M , RODGERS W M , FRASER S N , et al. Relationships between exercise regulations and motivational consequences in university students ［J］. Res Q Exerc Sport, 2004, 75 (1): 81 – 91.

〔3〕 DI BARTOLO P M , SHAFFER C . A comparison of female college athletes and nonathletes: eating disorder symptomatology and psychological well – being ［J］. Journal of Sport & Exercise Psychology, 2010, 24 (1): 33 – 41.

〔4〕 KILPATRICK M , HEBERT E , BARTHOLOMEW J . College students' motivation for physical activity: differentiating men's and women's motives for sport participation and exercise ［J］. Journal of American College Health, 2005, 54 (2): 87 – 94.

〔5〕 JENNIFER, BRUNET, AND, et al. Social physique anxiety and physical activity: A self – determination theory perspective ［J］. Psychology of Sport & Exercise, 2009, 10 (3): 329 – 335.

多的身体活动。

锻炼动机在年级上的差异性如下：小学生在锻炼动机的各个维度上的得分都比较高；初中生自主性动机的得分比较高而外部动机得分低；而高中生的外部动机得分高，自主性动机得分低。高中生自主性动机得分低于小学生和初中生，可能是因为高中生升学压力大，学业繁重，时间和精力很大程度上投入学习上了，锻炼动机多为缓解压力，强健体魄，目的性强。初中生正处于青春期，其叛逆的心理使他们不愿意受到他人的约束，产生了很强的自主性需求、能力感需求和关联性需求，他们一方面想展现自己的能力和与他人关联，一方面不愿受到约束，为此，初中生表现出较低的外部动机和较高的自主性动机。小学生爱动，爱表现自己，但也容易受到重要他人的影响和控制，为此，表现出各种形式的动机水平，得分比较高。

5.4.1.3 不同背景下青少年身体活动的差异性

青少年身体活动在家庭收入和父母文化程度上不存在显著性差异，也就是说家庭社会经济地位对青少年身体活动没有影响。金崎良三的研究显示，高中生的体育锻炼行为与家庭经济状况没有显著相关性。L. A. Kelly 等人运用客观测量仪器测量青少年身体活动，发现富裕区域孩子与贫困区域孩子的身体活动比较来看，配对 t 检验表明当校正性别与测量月份以后两者没有差异性。Hyo Lee、Bradley J. Cardinal 等人运用加速测试仪对 153 名墨西哥裔美国男孩和 169 名墨西哥裔美国女孩的中高等强度身体活动进行了连续 7 天的测量，用收入 – 贫困比例（poverty – to – income ratio）来评价 SES。研究发现，在墨西哥裔青少年中低 SES 不是影响其身体活动的风险因素。本研究的结果得到了以上研究的支持。但另外一些研究却认为家庭社会经济状况影响青少年的身体活动。例如，Hasbrook[1]的研究结果显示，具有较高社会经济地位的女孩参与体育锻炼的比例高，反之，比例低。Pooja S. Tandon[2]等人的研究认为，社会经济地位较低的家庭为孩子提供了更多的久坐不动的机会，而很少提供身体活动的机会。研究结果的不一致性，可能与评价身体活动的方式不同有关，也可能与社会经济地位评价指标不同有关。本研究显示，社会经济地位较高的

---

〔1〕 HASBROOK C A. The sport participation – social class relationship: some recent youth sport participation date. [J]. Sociology of sport Journal, 1986, 3 (2): 154 – 159.

〔2〕 TANDON P S, ZHOU C, SALLIS J F, et al. Home environment relationships with children's physical activity, sedentary time, and screen time by socioeconomic status [J]. International Journal of Behavioral Nutrition&Physical Activity, 2012, 9: 88 – 96

家庭为孩子身体活动提供了较好的体育设施，提供了各种社会性的支持。但青少年的身体活动在家庭社会经济地位上却没有显著差异性，可能其他一些混杂因素（如同伴作用、教师作用等因素）影响了这一结果。

青少年身体活动在性别上显示出显著的差异性，男孩的身体活动水平显著高于女孩，特别是高强度身体活动方面。本研究结果与以往的研究具有一致性，有研究者认为，在身体活动水平方面，男性比女性高，其原因可能是生理或社会因素的影响[1]。男女青春期的表现有所不同，女孩身体的脂肪逐渐增多，而男孩身体的肌肉逐渐增多，这些身体的变化导致男孩比女孩更爱活动。男孩可能参与竞争性更强的团体性身体活动，而女孩可能从事一些有氧运动来控制体重或塑形。卢元镇、吕树庭认为性别差异影响着中学生体育参与的程度，即女生除体育认知层次外，在体育情感、直接和间接体育参与各层次上均明显低于男生。

在年级方面，青少年身体活动存在显著性差异，低、中年级青少年的身体活动水平显著高于高年级。随着年龄的增长，身体活动水平逐渐降低。虽然身体活动可能会沿着孩提时期的身体活动惯性延续下去，但随着年龄的增长，总体身体活动水平会下降[2]。我国高中生学习任务很重，家长、学校和社会把孩子高考看成头等大事，学习时间占据比例较大。因此，高中生的身体活动时间急剧减少。

在家庭结构方面，核心家庭孩子的身体活动水平显著低于主干家庭孩子的身体活动水平，可能因为主干家庭除了父母以外的其他人对孩子的身体活动有影响。有一些研究比较了完整家庭与单亲家庭孩子的身体活动，发现完整家庭孩子的身体活动比单亲家庭孩子的身体活动多，原因可能是单亲家庭父亲或母亲的工作压力和经济压力导致他们没有多大精力来照顾孩子包括孩子的身体活动。本研究与其他研究的不同在于本研究考察了核心家庭（父母—子女）与主干家庭（祖辈—父辈—子女）孩子的身体活动。我国传统文化中，三世同堂的家庭非常普遍，但由于我国处于转型期，核心家庭的比例逐渐增大。在城市家庭中父母大多有工作，孩子由祖辈照顾的情况不少。在主干家庭中，父母照料的缺失可以由祖辈来弥补，当父母忙于工作不能给予孩子身体活动支持时，祖辈可以支持孩子的身体活动，而在核心家庭

---

〔1〕 SHAW B S, SHAW I. Determinants of physical activity in children and adolescents: implications for the increasing prevalence of childhood obesity [J]. Journal of the Royal Anthropological Institute, 2014, 18 (2): 808 - 827.

〔2〕 PATE R R, BARANOWSKI T, DOWDA M, et al. Tracking of physical activity in young children [J]. Medicine & Science in Sports & Exercise, 1996, 28 (1): 92 - 96.

中却不能。

5.4.2 家庭体育物理环境影响青少年身体活动的讨论

本研究发现，家庭体育设施中的部分维度（家庭球类器材、户外健身器材、户外场地和家庭小型健身器材）与青少年身体活动正相关，家庭电子媒介中的2个维度与青少年身体活动没有相关性。校正控制变量后，单变量回归分析表明家庭体育设施中的部分维度（家庭球类器材、户外健身器材、户外场地和家庭小型健身器材）能显著正向预测身体活动。多变量回归分析结果显示家庭体育设施对身体活动有显著正向影响。

这些研究结果表明家庭体育设施的可用性和常用性能预测青少年身体活动。研究还发现，家庭体育设施的类型对青少年身体活动影响的程度不同，如家庭小型健身器材、家庭球类器材、户外健身器材和户外场地均对身体活动有预测能力，但家庭大型健身器材和力量练习类器材却没有预测能力，这可能与青少年使用不同类型的健身器材的频率有关。Patnode[1]等人的研究认为家庭中可用的和易接触的小型体育器械能预测男孩的中高等强度的体育锻炼行为，这一结果与本研究相似，但本研究全面考察家庭体育设施与青少年身体活动的关系。有研究认为家庭体育设施对青少年身体活动行为有影响，但影响很小[2]。

从青少年的特点来看，一些球类器材和小型健身器材是他们平时喜欢使用的，青少年可能携带自己喜欢的体育器材到户外玩耍，他们运用这些器材进行锻炼可能是因为爱好这些运动项目。力量练习类器材、大型健身器材的使用对青少年来说缺乏趣味性，如在家中，利用跑步机健身可能是一件令孩子乏味的事情，其外部动机的成分多些。力量练习类器材与外部调节和内摄调节具有正相关性正好佐证了此观点，青少年使用这些健身器材可能是由控制性动机驱动的。当把家庭体育设施的各维度作为一个整体来分析时，家庭体育设施能正向预测青少年中高强度身体活动。

---

〔1〕 PATNODE C D, LYTLE L A, ERICKSON D J, et al. The relative influence of demographic, individual, social, and environmental factors on physical activity among boys and girls [J]. International Journal of Behavioral Nutrition and Physical Activity, 2010, 7 (1): 79.

〔2〕 HENDRIE G A, COVENEY J, COX D N. Factor analysis shows association between family activity environment and children's health behaviour [J]. Australian & New Zealand Journal of Public Health, 2011, 35 (6): 524－529.

5.4.3 锻炼动机影响青少年身体活动的讨论

研究结果表明，外部调节与青少年身体活动显著负相关，而内摄调节、认同调节、整合调节和内部调节与青少年身体活动显著正相关。校正控制变量后，表 5 - 16 中，模型 1 显示外部调节能显著负向预测身体活动，其他各维度能显著正向预测身体活动。模型 2 显示外部调节显著负向预测身体活动，自主性动机（认同调节、整合调节和内部调节）能正向预测身体活动，但内摄调节不能显著预测身体活动。单变量回归分析时，内摄调节可以正向预测身体活动，而多变量回归分析时则不能显著预测身体活动，原因可能是自主性动机对身体活动的影响削弱了内摄调节的影响，导致其对身体活动的影响消失。

Tracey A. Brickell 的一项研究探讨了锻炼动机与身体活动的关系，发现认同调节能显著正向预测青少年自我报告的中高强度身体活动，其效应值为 0.26[1]。Ullrich - French 和 Cox 等人的研究认为，内摄调节与身体活动有显著性的正相关[2],外部调节与自我报告的身体活动的相关性不具有一致性。Chatzisarantis 发现外部调节得分高的青少年，其身体活动水平高[3]；而 Ullrich - French 和 Cox 的研究发现两者没有关系[4]。本研究结果与 Tracey A. Brickel、Ullrich - French 等人的研究结果具有一致性，与 Chatzisarantis 的研究结果不一致。

自主性动机水平高的青少年参与中高强度的身体活动可能是为了满足内部的奖赏（如快乐或挑战），更可能坚持身体活动，为此，身体活动的水平高些。反之，控制性动机水平高的青少年进行中高强度身体活动是为了得到外部的奖赏（如健身、塑形和保持好的体适能等），或为了规避重要他人的“惩罚”（如顺从家长、教师和同伴的要求），基于工具理性的身体锻炼目的，很难有长时间的坚持，很容易放弃身体活动，因而控制性动机水平高的青少年身体活动水平低些。本研究的结果

---

〔1〕 BRICKELL T A, CHATZISARANTIS N L D. Using self - determination theory to examine the motivational correlates and predictive utility of spontaneous exercise implementation intentions [J] . Psychology of Sport & Exercise, 2007, 8 (5): 758 -770.

〔2〕 ULLRICH - FRENCH S, COX A . Using cluster analysis to examine the combinations of motivation regulations of physical education students [J] . J Sport Exerc Psychol, 2009, 31 (3): 358 -379.

〔3〕 CHATZISARANTIS N L D, HAGGER M S, BIDDLE S J H, et al. The cognitive processes by which perceived locus of causality predicts participation in physical activity. [J] . Journal of Health Psychology, 2002, 7 (6): 685 -699.

〔4〕 ULLRICH - FRENCH S, COX A . Using cluster analysis to examine the combinations of motivation regulations of physical education students [J] . J Sport Exerc Psychol, 2009, 31 (3): 358 -379.

部分得到 Martyn Standage[1]研究的支持，Martyn Standage 运用加速度计测量了 55 名成年人的身体活动，运用锻炼行为调节问卷测量了受试者的锻炼动机，校正年龄、性别等因素后，多变量回归分析显示自主性动机能正向预测中高强度的身体活动，而控制性动机不能显著预测。自我决定理论认为当个体具有较高的内部动机和内化的外部动机时，其持续坚持运动是最有可能的，两者能促进个体持续参与体育锻炼。

自我决定理论提出了非常重要的“内化”概念[2]，内化是指个体的控制性动机（以前不感兴趣的任务）可以逐步转化成自主性动机，这是一个渐进的过程。要保证身体活动持续下去，通过内化过程促进个体认同调节动机水平的提高能有效使个体维持身体活动行为。从健康促进的角度来看，自我决定理论提供了非常有价值的策略，即增强青少年自主性动机有助于身体活动的维持。如何增加青少年自主性动机？促使内化过程的发生非常重要，自我决定理论提出了满足个体的基本心理需求，自主性、能力感和关联性有助于增强自主性动机和心理健康。Deci 和其同事们[3]检验了各种社会条件可以导致内化发生，将其总结为以下四个方面：第一，人际环境的支持是满足基本心理需求的基础；第二，提供一个有意义的理论解释；第三，对青少年的行为表达一种同理心或关心；第四，以一种选择性和支持性的方式表达有意义的理论解释和同理心。Deci 总结的四点为促进青少年锻炼动机的内化提供了策略。

本研究结果与自我决定理论有很好的适应性，支持了自我决定理论。从单变量回归分析发现，各类型的动机调节对身体活动的影响效果不同，表现出内部调节 > 整合调节 > 认同调节 > 内摄调节 > 外部调节。内部动机的成分越高，其对身体活动的预测能力越强，越能坚持或维持身体活动行为。为此，加强和促进外部动机的内化显得尤为重要。

5.4.4 锻炼动机在家庭体育物理环境与青少年身体活动之间的中介作用

研究结果表明，外部调节、内摄调节和自主性动机在家庭体育环境和青少年身

[1] MARTYN S. Exercise adherence and cardiac heath: Role of self－determined motivation [J]. Journal of Sport and Exercise Psychology, 2010, 32 (2), 265.

[2] DECI E L, EGHRARI H, PATRICK B C, et al. Facilitating internalization: the self－determination theory perspective [J]. Journal of Personality, 1994, 62 (1): 119－142.

[3] DECI E L, VANSTEENKISTE M. Self－determination theory and basic need satisfaction: understanding human development in positive psychology [J]. RICERCHE DI PSICOLOGIA, 2004, 27 (1): 23－40.

体活动之间起着中介作用。家庭体育物理环境对青少年身体活动的影响存在正反两个方面。良好的体育设施能增强青少年自主性动机，还直接和间接影响参与身体活动的时间。电子媒介的可达性和可用性会增加青少年静止性活动时间，自主性动机间接负向影响青少年身体活动时间。当家庭环境为青少年提供了可选择的锻炼地点、锻炼器材，满足了青少年自主性的需要时，行为的坚持性就极有可能发生，参与锻炼的时间就会增多。电子屏幕对青少年的吸引力很大，特别是电子游戏、网络游戏可能会使青少年上瘾。在电子屏幕与身体活动的竞争中，电子屏幕往往很容易占据优势，削弱了青少年参与身体活动的自主性动机，负向影响身体活动的参与。

McNeill 等人的研究支持了本研究，其研究发现，优美的社区环境和户外设施的便利性能显著影响内部调节，而内部调节显著影响步行等健身活动[1][2]。本研究的结果表明，家庭体育设施能显著预测自主性动机，家庭体育设施也能显著性预测身体活动。家庭及家附近（社区或街道）体育设施的可达性、可用性及便利性能增强青少年的自主性动机，降低外部调节。例如，居住的社区有宽阔的人行道，环境优美，没有汽车往返穿梭，社区距离公园很近或周边有完备的体育设施，这些可能增强个体参与锻炼的机会。而居住在没有安全人行通道的社区，锻炼设施匮乏，不能为个体提供任何可供选择的锻炼项目，会大大降低锻炼的自主性动机。个体越是感到体育锻炼地点的安全、社区锻炼器材的可达性，越可能满足个体基本心理需求，潜在增加了参与身体锻炼的机会，增强了个体自主性动机。而家庭体育设施的可用性和可达性负向预测外部调节和内摄调节，其原因可能是可供选择的锻炼机会增强了自主性，而不是外部压力源（家长的要求）迫使个体参与身体活动。

5.5 结　论

（1）家庭收入状况影响家庭体育物理环境各维度的得分，中、高收入家庭在户外健身器材、力量练习类器材、移动电子媒介、家庭大型健身器材上的得分高于低收入家庭。家庭文化程度（以母亲文化程度为标准）影响家庭体育物理环境各维度

---

〔1〕 MCNEILL L H, WYRWICH K W, BROWNSON R C, et al. Individual, social environmental, and physical environmental influences on physical activity among black and white adults: A structural equation analysis ［J］. Annals Behavioral Medcine, 2006, 31 (1): 36 – 44.

〔2〕 SPRINGER A E, KELDER S H, HOELSCHER D M. Social support, physical activity and sedentary behavior among 6th – grade girls: a cross – sectional study ［J］. International Journal of Behavioral Nutrition & Physical Activity, 2006, 3 (1): 8.

得分，在家庭球类器材、户外健身器材、力量练习类器材、移动电子媒介、家庭大型健身器材和户外场地的得分上，中、高文化程度家庭高于低文化程度家庭，但固定电子媒介得分没有差异。

（2）青少年锻炼动机在家庭收入水平、父母文化程度和家庭结构上没有差异性，但在性别、年级上存在显著差异。

从性别上的差异来看，外部调节男女生不存在差异性，在内摄调节、认同调节、整合调节和内部调节上男生的各类动机水平都显著高于女生。

锻炼动机在年级上的差异如下：外部调节方面不具有差异性；内摄调节方面，小学生显著高于初中生和高中生；认同调节方面，小学生和初中生显著高于高中生；整合调节方面，小学生显著高于高中生；内部调节方面，小学生和初中生显著高于高中生。可见，小学生在锻炼动机的各个维度上的得分都比较高；初中生自主性动机的得分比较高而外部动机得分低；而高中生的外部动机得分高，自主性动机得分低。

（3）青少年身体活动在家庭收入和父母文化程度上不存在显著性差异。青少年身体活动在性别上显示出显著性差异，男孩的身体活动水平显著高于女孩，特别是高强度身体活动。在年级上，身体活动存在显著性差异，低、中年级身体活动显著高于高年级。在家庭结构方面，核心家庭孩子的身体活动显著低于主干家庭孩子的身体活动。

（4）校正性别、年级和家庭结构后，家庭球类器材、户外健身器材、家庭小型健身器材、户外场地能显著预测身体活动，其他维度不能显著预测。

（5）校正性别、年级和家庭结构后，外部调节负向显著预测身体活动，而内摄调节、认同调节、整合调节和内部调节显著正向预测身体活动。

（6）外部调节、内摄调节和自主性动机在家庭体育设施与青少年身体活动之间起中介作用；自主性动机在固定电子媒介与青少年身体活动之间起中介作用。

6 家庭体育行为环境、锻炼动机、身体活动之间的关系

6.1 引 言

家庭体育行为环境同样影响着青少年的身体活动，父母被认为是促进青少年从事身体活动的关键因素。青少年社会化过程中，父母是为青少年提供行为学习榜样的第一人。父母既是青少年行为学习的榜样，又是青少年学习过程中经验的诠释者。如果父母支持青少年参与身体活动，青少年最有可能参与到身体活动中去[1]。父母支持与否是决定孩子是否参与身体活动的重要指标，父母参与身体活动的时间增加，孩子身体活动的时间也会增加，但父母鼓励却不能产生这种效果[2]。但另外一些研究者却认为父母对孩子身体活动的影响非常微弱，甚至没有关联性。Springer、Kelder 和 Hoelscher 认为同伴支持是唯一能预测高强度身体活动的社会因素[3]。Trost 等人的比较研究发现，肥胖与非肥胖学前儿童，其父母对他们身体活动的影响没有显著性。

动机是个体行为的原因，是个体行为的一部分。自我决定理论将动机分为控制性动机与自主性动机。Martyn 等人通过客观测量 55 位成人的身体活动，用锻炼行为调节问卷测量了受试者的锻炼动机。研究结果表明，自主性动机能正向预测

---

〔1〕 HAYE K D L, HEER H D D, WILKINSON A V, et al. Predictors of parent - child relationships that support physical activity in Mexican - American families [J] . Journal of Behavioral Medicine, 2014, 37 (2): 234 - 244.

〔2〕 ZHEN, CONG. Sedentary behaviors among hispanic children: influences of parental support in a school intervention program. [J] . American Journal of Health Promotion, 2012, 26 (5): 270.

〔3〕 SPRINGER A E, KELDER S H, HOELSCHER D M . Social support, physical activity and sedentary behavior among 6th - grade girls: a cross - sectional study [J] . International Journal of Behavioral Nutrition & Physical Activity, 2006, 3 (1): 8.

中高强度的锻炼时间，而控制性动机不能。Duncan[1]等人的研究认为，内部动机和其他自主性动机高度相关，对男性而言，锻炼频率和强度与认同调节有非常显著的正相关，而锻炼持续时间与内部调节正相关；对女性而言，认同调节与锻炼强度非常显著相关，内部调节与锻炼频率正相关，整合调节与锻炼持续时间正相关。Edmunds[2]等人的研究发现内摄调节能预测总体锻炼行为，内摄调节和认同调节能预测高强度的锻炼行为。

以往的研究表明，父母支持对孩子的身体活动有影响，但有一些研究却表明家庭体育行为环境与孩子的身体活动没有关联。家庭体育行为环境对青少年身体活动的影响仍处于模棱两可的状况，现实表明需要更多的研究去继续探索两者的关系。家庭体育行为环境与青少年身体活动的关系不明朗是否因为有其他中介变量起到了作用？通过文献调研我们发现，青少年锻炼动机是影响身体活动的重要因素。基于此，本研究在社会生态模型、自我决定理论的框架下，来探究家庭体育行为环境、锻炼动机和身体活动之间的关系，为促进青少年身体活动提供正确的思路和策略。具体研究假设如下：①家庭体育行为环境能显著预测青少年身体活动。②锻炼动机在家庭体育行为环境和青少年身体活动之间起中介作用。

6.2 研究方法

详见第 5 章 5. 2。

6.3 研究结果

6. 3. 1 家庭体育行为环境描述性分析

表 6 – 1 描述了家庭体育行为环境各维度的均值 ± 标准差、中位数以及各维度之间的相关性。该问卷分为 9 个维度，测量了父母对孩子身体活动的支持、家庭屏幕

---

〔1〕 DUNCAN L R, HALL C R, WILSON P M, et al. Exercise motivation: a cross – sectional analysis examining its relationships with frequency, intensity, and duration of exercise [J] . International Journal of Behavioral Nutrition and Physical Activity, 2010, 7 (1): 7.

〔2〕 EDMUNDS J, NTOUMANIS N, DUDA J L . A test of self - determination theory in the exercise domain [J] . Journal of Applied Social Psychology, 2006, 36 (9): 2240 – 2265.

氛围、父母对孩子行为的控制（屏幕限制、玩耍限制）。每个维度的最低分为1，最高分为5。从得分排序来看，父母鼓励（行动和口头鼓励）>屏幕限制>身体活动偏爱>后勤支持>身体活动榜样>家庭屏幕氛围>玩耍限制>利用屏幕。从父母对孩子身体活动和屏幕活动的支持与控制的自我报告来看，父母表现出对孩子从事身体活动是非常支持的，同时也显示出父母对孩子看屏幕的限制。

表6－1　家庭体育行为环境描述性结果

	均值±标准差	中位数（P25，P75）	1	2	3	4	5	6	7	8
1 身体活动榜样	2.926±0.791	3.000（2.500，3.250）								
2 行动鼓励	3.700±0.792	3.750（3.000，4.250）	0.519**							
3 口头鼓励	3.541±0.779	3.600（3.000，4.200）	0.565**	0.668**						
4 玩耍限制	2.585±0.945	2.500（2.000，3.250）	0.197**	0.060	0.140**					
5 屏幕限制	3.434±0.900	3.429（2.857，4.143）	0.360**	0.460**	0.516**	0.349**				
6 身体活动偏爱	3.293±0.899	3.000（2.667，4.000）	0.636**	0.530**	0.565**	0.158**	0.387**			
7 利用屏幕	2.288±0.856	2.333（1.667，3.000）	-0.098**	-0.224**	-0.128**	0.139**	-0.036	-0.136**		
8 后勤支持	2.949±0.836	3.000（2.500，3.500）	0.642**	0.634**	0.634**	0.135**	0.393**	0.552**	-0.081*	
9 家庭屏幕氛围	2.627±0.676	2.583（2.167，3.000）	-0.079*	-0.246**	-0.190**	0.079*	-0.258**	-0.107**	0.462**	-0.129**

注：**在0.01水平上显著相关；*在0.05水平上显著相关。

从各维度的相关性来看，父母支持的5个维度（行动鼓励、口头鼓励、后勤支持、身体活动榜样、身体活动偏爱）两两之间的相关性达到中等强度，相关系数为0.519～0.668。家庭屏幕氛围与父母支持的各维度呈现负相关，与屏幕限制也呈现负相关，即父母支持青少年身体活动得分越多，家庭屏幕氛围得分越少。父母利用屏幕来控制孩子行为的得分为2.288，该维度与家庭屏幕氛围正相关，与父母支持孩子身体活动负相关。屏幕限制与父母身体活动支持各维度正相关，相关系数为0.158～0.516，P 值达到显著性水平。

6.3.2　不同背景下家庭体育行为环境的差异性分析

以家庭收入为控制变量，进行非参数检验，其检验结果见表6－2，行动鼓励、玩耍限制、后勤支持在家庭收入上差异具有显著性。从检验结果可知，在行动鼓励方面，低收入家庭组的得分比中、高收入家庭组低，且差异具有显著性，而中收入家庭组的得分与高收入家庭组的得分没有差异性。然而，在玩耍限制方面，随着家庭收入的增加其得分呈下降趋势，表明随着家庭收入的增加，父母对孩子的限制呈逐渐放松的趋势，且低、中、高收入家庭组的得分之间具有显著性差异。在后勤支持作为因变量的检验中，随着家庭收入的增加其得分呈上升趋势，高收入家庭组与低、中收入家庭组均有显著性差异，但低、中收入家庭组之间无显著性差异。

表 6-2 家庭体育行为环境与家庭收入非参数统计分析结果

	ECON	*N*	Mean Rank（秩的均值）	Chi-Square（卡方）	Asymp. Sig.（总）	Asymp. Sig.（两两比较）
身体活动榜样	1	347	467.45	1.500	0.472	
	2	288	458.67			
	3	305	485.14			
行动鼓励	1	347	426.29	15.722	0.000	0.007（a）
	2	288	485.01			0.000（b）
	3	305	507.10			0.324（c）
口头鼓励	1	347	448.45	4.507	0.105	
	2	288	472.84			
	3	305	493.38			
玩耍限制	1	347	516.07	21.933	0.000	0.046（a）
	2	288	472.56			0.000（b）
	3	305	416.70			0.013（c）
屏幕限制	1	347	452.33	5.317	0.070	
	2	288	461.81			
	3	305	499.38			
身体活动偏爱	1	347	460.30	0.877	0.645	
	2	288	473.24			
	3	305	479.52			
利用屏幕	1	347	468.70	1.535	0.464	
	2	288	485.54			
	3	305	458.34			
后勤支持	1	347	426.95	25.041	0.000	0.133（a）
	2	288	458.60			0.000（b）
	3	305	531.28			0.001（c）
家庭屏幕氛围	1	347	470.33	0.086	0.958	
	2	288	473.95			
	3	305	467.43			

注：a 表示 1 组和 2 组的秩和检验，b 表示 1 组和 3 组的秩和检验，c 表示 2 组和 3 组的秩和检验；ECON 是指经济状况，其中 1 表示低收入家庭，2 表示中收入家庭，3 表示高收入家庭。

在家庭文化程度的非参数检验中，以家庭文化程度作为控制变量进行分析，其检验结果见表 6-3，身体活动榜样、行动鼓励、口头鼓励、玩耍限制、屏幕限制、身体活动偏爱、利用屏幕、后勤支持在家庭文化程度上的差异具有显著性。在身体活动榜样、行动鼓励、口头鼓励、后勤支持方面，家庭文化程度越高，其得分越高；在玩耍限制与利用屏幕方面，家庭文化程度越高，其得分越低；在屏幕限制与身体活动偏爱方面，低文化程度家庭组的得分比中、高文化程度家庭组都低。

表 6-3 家庭体育行为环境与家庭文化程度非参数统计分析结果

	EDUC	*N*	Mean Rank（秩的均值）	Chi - Square（卡方）	Asymp. Sig.（总）	Asymp. Sig.（两两比较）
身体活动榜样	1	532	444.49			0.001（a）
	2	366	504.10	11.431	0.003	0.154（b）
	3	42	507.20			0.913（c）
行动鼓励	1	532	439.53			0.000（a）
	2	366	503.79	18.556	0.000	0.002（b）
	3	42	572.63			0.125（c）
口头鼓励	1	532	439.34			0.000（a）
	2	366	506.09	17.485	0.000	0.008（b）
	3	42	555.05			0.255（c）
玩耍限制	1	532	524.61			0.000（a）
	2	366	407.26	51.665	0.000	0.000（b）
	3	42	336.14			0.166（c）
屏幕限制	1	532	452.18			0.013（a）
	2	366	497.90	6.193	0.045	0.791（b）
	3	42	463.70			0.439（c）
身体活动偏爱	1	532	451.75			0.013（a）
	2	366	496.97	6.193	0.045	0.543（b）
	3	42	477.37			0.757（c）
利用屏幕	1	532	479.84			0.544（a）
	2	366	468.86	6.926	0.031	0.009（b）
	3	42	366.42			0.018（c）
后勤支持	1	532	423.88			0.000（a）
	2	366	523.11	39.800	0.000	0.000（b）
	3	42	602.58			0.053（c）
家庭屏幕氛围	1	532	485.11			
	2	366	456.59	4.865	0.088	
	3	42	406.61			

注：a 表示 1 组和 2 组的秩和检验，b 表示 1 组和 3 组的秩和检验，c 表示 2 组和 3 组的秩和检验；EDUC 是指母亲文化程度，其中 1 表示低文化程度，2 表示中文化程度，3 表示高文化程度。

6.3.3 家庭体育行为环境对青少年身体活动的影响

6.3.3.1 家庭体育行为环境与青少年身体活动的相关分析

表6-4显示了家庭体育行为环境与身体锻炼动机的皮尔森相关系数，结果显示：身体活动榜样、行动鼓励、口头鼓励、玩耍限制、屏幕限制、后勤支持、身体活动偏爱的得分均与内摄调节、认同调节、整合调节、内部调节具有正相关性，且达到显著性水平，其相关系数 r 为0.138~0.291，身体活动榜样、行动鼓励、口头鼓励、玩耍限制、屏幕限制、后勤支持、身体活动偏爱的得分均与外部调节具有负相关性，且达到显著性水平，其相关系数 r 为-0.157~-0.089。屏幕榜样、屏幕偏爱、利用屏幕的得分均与内摄调节、认同调节、整合调节、内部调节具有负相关性，且达到显著性水平，其相关系数 r 为-0.201~-0.138，屏幕榜样、屏幕偏爱、利用屏幕的得分与外部调节具有正相关性，且达到显著性水平，其相关系数 r 为0.187~0.306。

表6-4 家庭体育行为环境与锻炼动机相关分析

	外部调节	内摄调节	认同调节	整合调节	内部调节
身体活动榜样	-0.157**	0.209**	0.270**	0.267**	0.278**
屏幕榜样	0.187**	-0.178**	-0.179**	-0.188**	-0.195**
行动鼓励	-0.143**	0.163**	0.227**	0.236**	0.231**
口头鼓励	-0.139**	0.217**	0.291**	0.253**	0.261**
玩耍限制	-0.089**	0.197**	0.138**	0.163**	0.168**
屏幕限制	-0.157**	0.196**	0.246**	0.242**	0.235**
后勤支持	-0.097**	0.213**	0.229**	0.208**	0.247**
身体活动偏爱	-0.136**	0.186**	0.237**	0.269**	0.242**
屏幕偏爱	0.189**	-0.201**	-0.138**	-0.166**	-0.180**
利用屏幕	0.306**	-0.154**	-0.176**	-0.197**	-0.182**

注：**在0.01水平（双侧）上显著相关；*在0.05水平（双侧）上显著相关。

6.3.3.2 家庭体育行为环境对青少年身体活动的回归分析

模型1是控制人口统计学基础上的单变量回归。模型2采用多变量回归分析，同样控制人口统计学变量。由表6-5可知，在模型1中，身体活动榜样、行动鼓励、口头鼓励、玩要限制、屏幕限制、后勤支持、身体活动偏爱、屏幕榜样、屏幕偏爱、利用屏幕能显著预测 MVPA. EN，而屏幕榜样、屏幕偏爱、利用屏幕 3 个维度对 MVPA. EN 有显著的负向影响。本研究结果对 3. 4. 2. 1 研究假设 4 进行了检验，但玩要限制能显著正向影响身体活动与假设 4 中的分假设不符。

在模型 2 中，家庭体育行为环境能解释 MVPA. EN 的变异量为 5. 3%，具体来看，家庭支持、玩要限制能显著正向预测 MVPA. EN，而家庭屏幕氛围负向预测 MVPA. EN。

表 6 – 5　家庭体育行为环境对中高强度活动能量消耗的回归分析

		身体活动榜样	屏幕榜样	行动鼓励	口头鼓励	玩要限制	屏幕限制	后勤支持	身体活动偏爱	屏幕偏爱	利用屏幕
M1	Std. β	0. 187 * *	−0. 088 * *	0. 186 * *	0. 144 * *	0. 102 * *	0. 136 * *	0. 170 * *	0. 169 * *	−0. 068 * *	−0. 103 * *
	调整 R^2	0. 166	0. 139	0. 154	0. 152	0. 141	0. 149	0. 160	0. 160	0. 136	0. 142
	$\triangle R^2$	0. 034	0. 007	0. 022	0. 020	0. 009	0. 017	0. 028	0. 028	0. 004	0. 010

		家庭支持	家庭屏幕氛围	玩要限制	屏幕限制
M2	Std. β	0. 180 * *	−0. 086 * *	0. 087 * *	0. 003
	调整 R^2	0. 185			
	$\triangle R^2$	0. 053			

注：校正性别、家庭结构、年级，自变量为家庭体育行为环境，因变量为一周中高强度身体活动能量消耗（MIU * MET）。

6. 3. 4　锻炼动机在家庭体育行为环境与青少年身体活动之间的中介作用

6.3.4.1　外部调节的中介作用

以概念模型为理论指导，将家庭体育行为环境、外部调节及身体活动投入模型中进行分析，图 6 – 1 是家庭体育行为环境、外部调节及身体活动未修正的结构方程模型图。由表 6 – 6 可知，模型拟合各项指标均符合统计学要求，证明模型拟合良好。图 6 – 1 及表 6 – 6 表明，屏幕限制对外部调节和身体活动均没有影响，考虑删除此路径；家庭屏幕氛围对身体活动影响不显著，考虑删除此路径；家庭支持对外部调节的影响达到边缘显著水平（$P = 0.059$），考虑保留此路径。

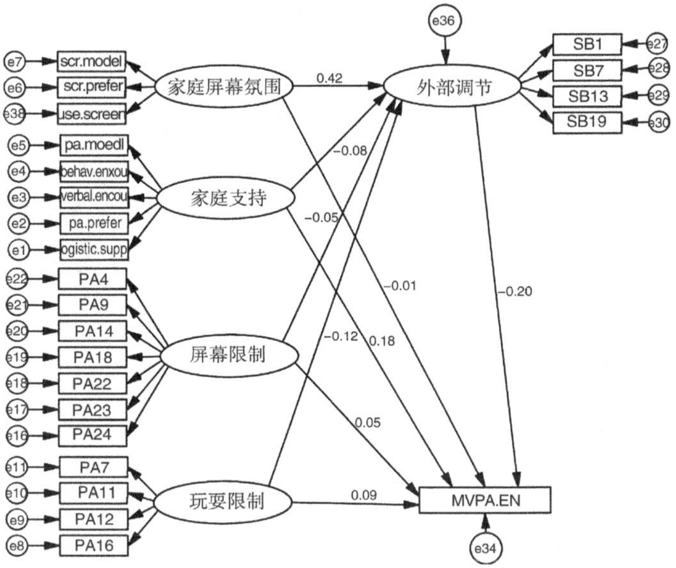

图 6－1　家庭体育行为环境－外部调节－身体活动结构方程模型图（未修正）

表 6－6　家庭体育行为环境－外部调节－身体活动结构方程模型参数估计摘要表

	Estimate	Std. Estimate	*P*	R^2
外部调节 < －－－家庭支持	－0. 106	－0. 079	0. 059	0. 210
外部调节 < －－－家庭屏幕氛围	1. 065	0. 422	***	
外部调节 < －－－玩耍限制	－0. 107	－0. 123	***	
外部调节 < －－－屏幕限制	－0. 073	－0. 052	0. 240	
MVPA. EN < －－－家庭支持	1. 641	0. 179	***	0. 111
MVPA. EN < －－－家庭屏幕氛围	－0. 161	－0. 009	0. 804	
MVPA. EN < －－－玩耍限制	0. 545	0. 092	0. 004	
MVPA. EN < －－－屏幕限制	0. 506	0. 053	0. 173	
MVPA. EN < －－－外部调节	－1. 331	－0. 195	***	

注：GFI＝0. 936，AGFI＝0. 919，RMSEA＝0. 050，NFI＝0. 923，RFI＝0. 910，IFI＝0. 939，TLI＝0. 930，CFI＝0. 939，PGFI＝0. 743，PNFI＝0. 796，NC＝4. 356。

图 6－2 是修正后的结构方程模型图，模型拟合指标达到统计学要求，表明模型拟合良好。把图 6－2、表 6－7 结合来看，外部调节直接负向影响身体活动，其效应值为－0. 20。家庭支持直接影响身体活动，也通过外部调节间接影响身体活动，其直接效应值为 0. 21，间接效应值为－0. 06 × －0. 20≈0. 01。玩耍限制直接正向影响身体活动，其效应值为 0. 11。玩耍限制通过外部调节间接影响身体活动，其间接效应值为－0. 20 × －0. 14≈0. 03。家庭屏幕氛围通过外部调节负向间接影响身体活

动，其间接效应值为 0.45 × −0.20 ≈ −0.09。家庭体育行为环境对外部调节的解释力为 23.5%，家庭体育行为环境和外部调节对身体活动的解释力为 11.5%。

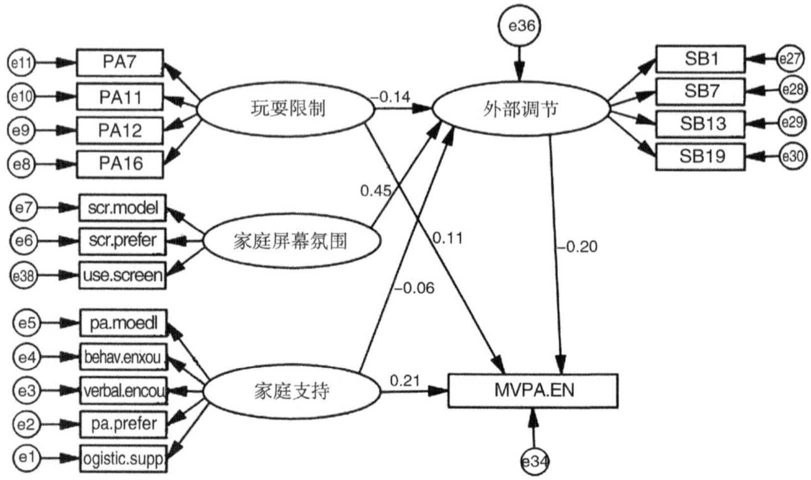

图 6－2　家庭体育行为环境－外部调节－身体活动结构方程模型图（修正）

表 6－7　家庭体育行为环境－外部调节－身体活动结构方程模型（修正）参数估计摘要表

	Estimate	Std. Estimate	*P*	R^2
外部调节 < － － － 家庭屏幕氛围	1.034	0.445	***	0.235
外部调节 < － － － 玩耍限制	−0.119	−0.137	***	
外部调节 < － － － 家庭支持	−0.086	−0.064	0.066	
MVPA.EN < － － － 玩耍限制	0.625	0.105	***	0.115
MVPA.EN < － － － 家庭支持	1.913	0.209	***	
MVPA.EN < － － － 外部调节	−1.369	−0.201	***	

注：GFI = 0.957，AGFI = 0.940，RMSEA = 0.051，NFI = 0.937，RFI = 0.922，IFI = 0.950，TLI = 0.938，CFI = 0.950，PGFI = 0.694，PNFI = 0.764，NC = 4.493。

6.3.4.2　内摄调节的中介作用

以概念模型为理论指导，将家庭体育行为环境、内摄调节及身体活动投入模型中进行分析，图 6－3 是家庭体育行为环境、内摄调节及身体活动未修正的结构方程模型图。由表 6－8 可知，模型拟合各项指标均符合统计学要求，证明模型拟合良好。图 6－3 及表 6－8 表明，屏幕限制对内摄调节没有显著性影响，屏幕限制对身体活动没有显著性影响，考虑删除这两条路径。

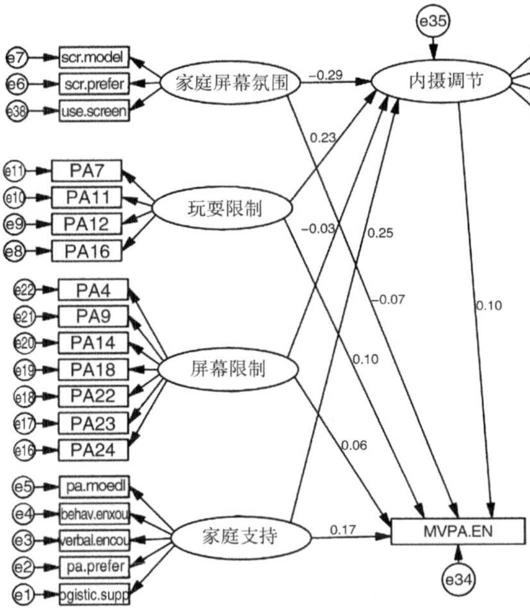

图6－3　家庭体育行为环境－内摄调节－身体活动结构方程模型图（未修正）

表6－8　家庭体育行为环境－内摄调节－身体活动结构方程模型参数估计摘要表

	Estimate	Std. Estimate	*P*	R^2
内摄调节 < － － － 家庭支持	0. 326	0. 245	***	0. 184
内摄调节 < － － － 家庭屏幕氛围	－0. 515	－0. 288	***	
内摄调节 < － － － 玩耍限制	0. 200	0. 231	***	
内摄调节 < － － － 屏幕限制	－0. 046	－0. 033	0. 440	
MVPA. EN < － － － 家庭支持	1. 586	0. 174	***	0. 090
MVPA. EN < － － － 家庭屏幕氛围	－0. 908	－0. 074	0. 052	
MVPA. EN < － － － 玩耍限制	0. 568	0. 096	0. 004	
MVPA. EN < － － － 屏幕限制	0. 535	0. 056	0. 144	
MVPA. EN < － － － 内摄调节	0. 692	0. 101	0. 003	

注：GFI＝0. 932，AGFI＝0. 915，RMSEA＝0. 746，NFI＝0. 918，RFI＝0. 906，IFI＝0. 935，TLI＝0. 925，CFI＝0. 935，PGFI＝0. 746，PNFI＝0. 799，NC＝4. 623。

图6－4是修正后的结构方程模型图，表6－9是结构方程模型（修正）参数估计摘要表，从结果可知，模型拟合指标达到相应的临界值，证明模型拟合良好。内摄调节直接正向影响身体活动，其效应值为0. 13。家庭屏幕氛围通过内摄调节间接影响身体活动，其间接效应值为－0. 29×0. 13≈－0. 04。家庭支持直接正向显著影响身体活动的效应值为0. 21，通过内摄调节间接影响身体活动的效应值为0. 23×

0. 13≈0. 03。玩耍限制直接正向影响身体活动的效应值为 0. 10，通过内摄调节间接影响身体活动的效应值为 0. 22 ×0. 13≈0. 03。

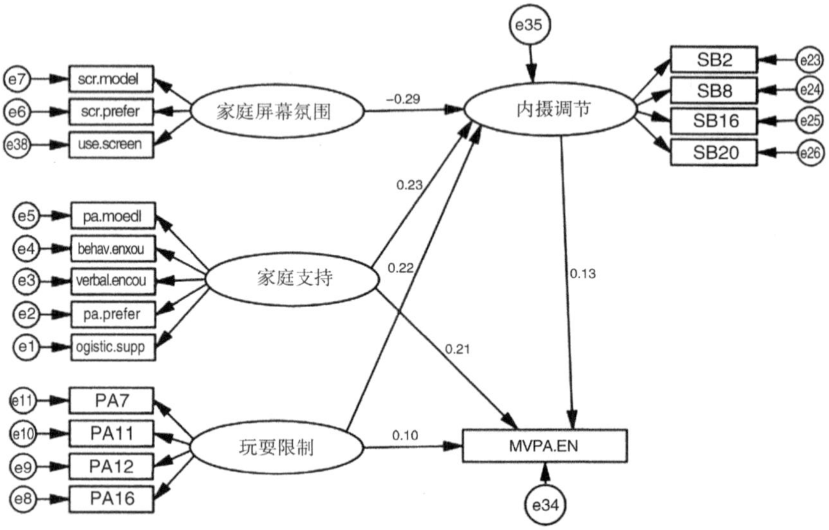

图 6 −4　家庭体育行为环境 − 内摄调节 − 身体活动结构方程模型图（修正）

表 6 −9　家庭体育行为环境 − 内摄调节 − 身体活动结构方程模型（修正）参数估计摘要表

	Estimate	Std. Estimate	*P*	R^2
内摄调节 < − − − 家庭支持	0. 300	0. 227	***	0. 184
内摄调节 < − − − 家庭屏幕氛围	−0. 511	−0. 289	***	
内摄调节 < − − − 玩耍限制	0. 190	0. 220	***	
MVPA. EN < − − − 家庭支持	1. 896	0. 209	***	0. 087
MVPA. EN < − − − 玩耍限制	0. 577	0. 097	0. 001	
MVPA. EN < − − − 内摄调节	0. 889	0. 129	***	

注：GFI = 0. 954，AGFI = 0. 937，RMSEA = 0. 053，NFI = 0. 933，RFI = 0. 920，IFI = 0. 947，TLI = 0. 935，CFI = 0. 946，PGFI = 0. 704，PNFI = 0. 775，NC = 4. 471。

6.3.4.3　自主性动机的中介作用

以概念模型为指导，将家庭体育行为环境、自主性动机和身体活动投入模型中进行分析，其未修正的结构方程模型如图 6 −5 所示。表 6 −10 是结构方程模型参数估计摘要，各拟合指标达到统计学要求，表明模型拟合良好。屏幕限制对自主性动机的影响不显著，对身体活动的影响也不显著，考虑删除这两条路径；家庭屏幕氛围对身体活动影响不显著，考虑删除此路径。

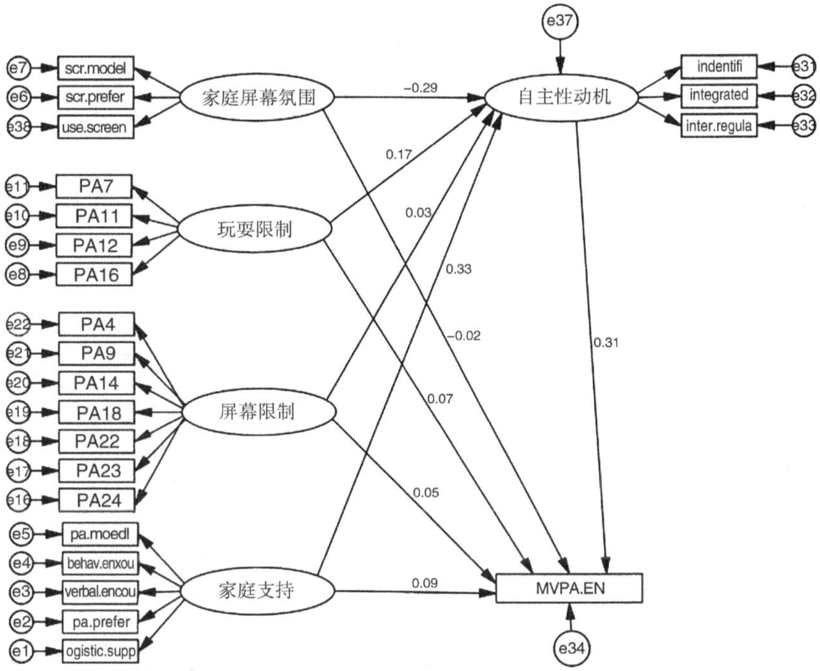

图 6 -5 家庭体育行为环境 - 自主性动机 - 身体活动结构方程模型图（未修正）

表 6 -10 家庭体育行为环境 - 自主性动机 - 身体活动结构方程模型参数估计摘要表

	Estimate	Std. Estimate	*P*	R^2
自主性动机 < - - - 家庭支持	0. 383	0. 333	***	0. 238
自主性动机 < - - - 家庭屏幕氛围	-0. 532	-0. 293	***	
自主性动机 < - - - 玩耍限制	0. 125	0. 167	***	
自主性动机 < - - - 屏幕限制	0. 033	0. 027	0. 493	
MVPA. EN < - - - 家庭支持	0. 847	0. 092	0. 014	0. 155
MVPA. EN < - - - 家庭屏幕氛围	-0. 230	-0. 016	0. 662	
MVPA. EN < - - - 玩耍限制	0. 397	0. 067	0. 033	
MVPA. EN < - - - 屏幕限制	0. 482	0. 050	0. 169	
MVPA. EN < - - - 自主性动机	2. 454	0. 308	***	

注：GFI = 0. 930，AGFI = 0. 911，RMSEA = 0. 055，NFI = 0. 922，RFI = 0. 909，IFI = 0. 936，TLI = 0. 926，CFI = 0. 936，PGFI = 0. 735，PNFI = 0. 794，NC = 5. 039。

图 6 -6 是修正后的结构方程模型图，从结构方程模型（修正）参数估计摘要表 6 -11 可知，模型拟合指标达到统计学要求，表明模型拟合良好。家庭支持直接

显著正向影响青少年的身体活动，其直接效应值为0.12，另外，家庭支持还通过自主性动机间接影响青少年的身体活动，其间接效应值为0.31×0.32≈0.10。玩耍限制可直接正向预测身体活动，其效应值为0.08，同时也通过自主性动机间接正向预测身体活动，间接效应值为0.19×0.32≈0.06。家庭屏幕氛围不能直接预测青少年身体活动，但可以通过自主性动机间接负向影响身体活动，其效应值为-0.30×0.32≈-0.10。自主性动机直接正向显著影响身体活动，其效应值为0.32。

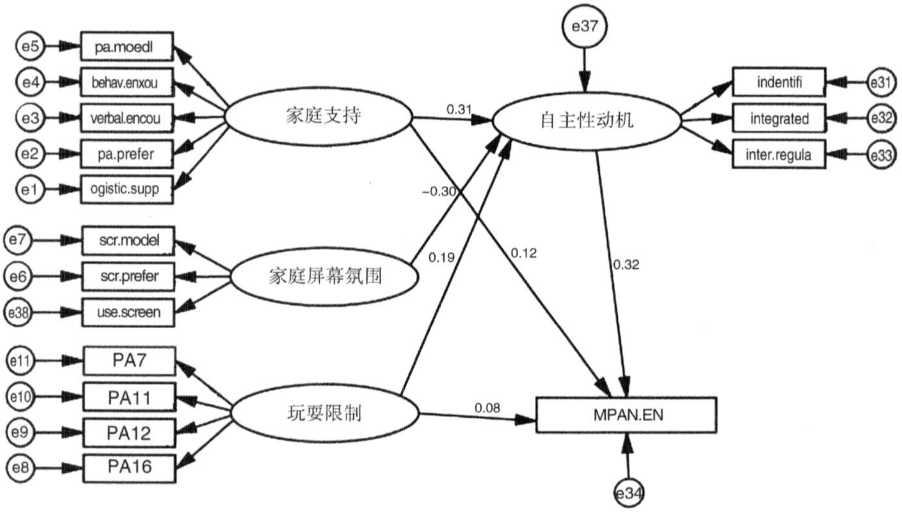

图6-6 家庭体育行为环境-自主性动机-身体活动结构方程模型图（修正）

表6-11 家庭体育行为环境-自主性动机-身体活动结构方程模型（修正）参数估计摘要表

	Estimate	Std. Estimate	*P*	R^2
自主性动机<---家庭支持	0.358	0.310	***	0.256
自主性动机<---家庭屏幕氛围	-0.528	-0.301	***	
自主性动机<---玩耍限制	0.145	0.192	***	
MVPA.EN<---玩耍限制	0.457	0.077	0.006	0.158
MVPA.EN<---自主性动机	2.515	0.318	***	
MVPA.EN<---家庭支持	1.099	0.120	***	

注：GFI=0.956，AGFI=0.938，RMSEA=0.054，NFI=0.944，RFI=0.930，IFI=0.955，TLI=0.944，CFI=0.955，PGFI=0.675，PNFI=0.755，NC=4.914。

综合6.3.4.1、6.3.4.2和6.3.4.3的研究结果可以看出，锻炼动机的外部调节、内摄调节和自主性动机各维度在家庭体育行为环境与青少年身体活动之间起着中介的作用，验证了3.4.2.2的假设5。

6.4 讨　论

6.4.1 不同背景下家庭体育行为环境的差异性讨论

社会经济地位是对家庭收入、受教育程度的综合评价。本研究的研究结果显示社会经济地位高的家庭对孩子身体活动的支持显著多于社会经济地位低的家庭。社会经济地位高的父母在孩子身体活动的过程中给予孩子更多的支持，包括鼓励、为孩子提供各种后勤支持。在身体活动榜样方面，高、中层社会经济地位的家庭得分显著高于低层次的家庭，从侧面反映出前者身体活动水平高于后者。高、中层社会经济地位的父母，其屏幕榜样的得分显著低于低层社会经济地位的父母，对孩子玩耍限制也少些。家庭体育行为环境的差异体现出高、中层社会经济地位的父母给予孩子更多身体活动的支持，而且抑制孩子更多的屏幕活动。

6.4.2 家庭体育行为环境影响青少年身体活动的讨论

我们检验了家庭中父母支持、父母对孩子屏幕行为和玩耍行为的控制以及家庭屏幕氛围与青少年身体活动的关系。结果显示，父母支持的各维度与中高强度身体活动正相关，家庭屏幕氛围各维度与身体活动负相关，屏幕限制、玩耍限制与身体活动正相关。校正控制变量后，单变量回归分析父母支持的各维度能显著预测中高强度身体活动，家庭屏幕氛围各维度负向预测身体活动，屏幕限制、玩耍限制正向预测身体活动。

前人研究发现，父母支持是激励孩子参与身体活动的重要因素。角色楷模是班杜拉社会学习理论的中心概念，认为孩子能通过观察重要他人的行为而学习或模仿，父母爱好运动，能为孩子树立运动的榜样。家庭有良好的锻炼氛围并经常组织家庭成员参与锻炼，增加了孩子身体活动的机会，孩子有可能学到更多的身体锻炼手段和技术，能增强孩子的锻炼能力，让孩子获得能力感，体验到身体活动的各种乐趣。鼓励作为一种支持的机制能提高孩子参与身体活动的水平，父母鼓励孩子参与身体活动能增强孩子锻炼的信心，父母通过爱、信任和同理心的鼓励能提高孩子身体活动的动机水平。父母为孩子提供各种锻炼的器材或接送孩子参与各种运动培训能使孩子锻炼的机会大大增多，这些因素有利于孩子参与身体活动。父母喜好静止性活动如看电视、上网，同样为孩子树立了屏幕榜样，家庭的屏幕氛围可能使家庭成员在闲暇时间一起看电视，孩子有可能在闲暇时间养成看屏幕的习惯，这些因素不利于孩子参与身体活动。

本研究的结果得到了其他一些研究的支持，如 Haye〔1〕等人发现青少年的行为倾向于父母支持的行为，如果青少年感知到父母对身体活动的支持，他们参与身体活动的可能性就会非常大。但也有一些研究结果与本研究相冲突，Ferreira〔2〕等人的研究发现，父母支持与儿童身体活动没有相关性。同样，Sallis 和 Prochaska〔3〕等人发现父母支持与孩子身体活动水平没有因果关系。这些差异的存在可能是因为父母支持的测量方法有所不同。本研究的父母支持包括鼓励、榜样、提供锻炼器材和交通等后勤支持，每一种支持都显著预测身体活动。

6.4.3 锻炼动机在家庭体育心理环境与青少年身体活动之间的中介作用

成功地让青少年多参与身体活动，锻炼动机起到主要的作用。要想得到身体活动带来的身体的、心理的各种收益，关键在于个体积极地、长期地坚持有规律的身体活动行为。自我决定理论认为自主性动机是个体对参与身体活动理由和身体活动带来价值的深刻理解和内化。从前面的分析发现，自主性动机最能显著预测青少年的身体活动行为，如何提高青少年自主性动机成为关注的焦点。根据自我决定理论，人的三种基本需求——自主性、能力感和关联性得到满足时，就能提高个体的自主性动机和内化的外部动机，而满足三种基本需求依赖于环境的支持。自我决定理论认为动机依赖环境并且强调重要他人（父母、教师和同伴）在动机改变中的作用，特别是父母支持孩子基本心理需求有助于提高他们参与身体活动的内部动机。本研究结果支持了自我决定理论，当父母提供支持性的环境时，孩子锻炼自主性动机提高，而当父母提供屏幕氛围环境时，孩子锻炼自主性动机则降低。

父母为孩子提供的自主性支持环境不仅直接影响孩子参与身体活动的行为，还通过增强孩子自主性动机间接影响孩子的身体活动行为。屏幕氛围对身体活动的影

---

〔1〕 HAYE K D L, HEER H D D, WILKINSON A V, et al. Predictors of parent - child relationships that support physical activity in Mexican - American families [J]. Journal of Behavioral Medicine, 2014, 37 (2): 234 - 244.

〔2〕 FERREIRA I, HORST K V D, WENDEL - VOS W, et al. Environmental correlates of physical activity in youth - a review and update [J]. Obesity Reviews, 2007, 8 (2): 129 - 154.

〔3〕 SALLIS J F, PROCHASKA J J, TAYLOR W C. A review of correlates of physical activity of children and adolescents [J]. Med Sci Sports Exerc, 2000, 32 (15): 963 - 975.

响与父母支持的影响相反，表明家庭的屏幕氛围不利于孩子参与身体活动，因为屏幕氛围可能让孩子处于静止性活动行为之中，甚至让孩子对各类屏幕活动如看电视、上网、玩电子游戏等上瘾，削弱了孩子参与锻炼的动机，负向影响了孩子的身体活动水平。

6.5 结　论

（1）家庭收入影响青少年的家庭体育行为环境。在行动鼓励、玩耍限制、后勤支持上，低、中、高收入家庭具有显著性差异；但在身体活动榜样、口头鼓励、屏幕限制、身体活动偏爱、利用屏幕和家庭屏幕氛围上，低、中、高收入家庭没有显著性差异。

（2）家庭文化程度影响青少年的家庭体育行为环境。低、中、高文化程度家庭在身体活动榜样、行动鼓励、口头鼓励、后勤支持、身体活动偏爱、玩耍限制、屏幕限制、利用屏幕上的得分具有显著性差异。

（3）校正控制变量后，父母支持的各维度能显著预测中高强度身体活动，家庭屏幕氛围各维度负向预测身体活动，玩耍限制正向预测身体活动。

（4）外部调节、内摄调节、自主性动机分别在家庭支持与身体活动之间起中介作用；外部调节、内摄调节、自主性动机分别在家庭屏幕氛围与身体活动之间起中介作用；外部调节、内摄调节、自主性动机分别在玩耍限制与身体活动之间起中介作用。

7 家庭体育心理环境、锻炼动机、身体活动之间的关系

7.1 引 言

家庭体育心理环境是父母对孩子参与身体活动的期望信念和价值信念。Eccles（1983）等人认为父母对孩子的期望价值信念有可能影响孩子的行为表现及活动选择。Dempdey、Kimiecik 和 Horn[1]的研究检验了父母对孩子参与中高强度身体活动的期望价值及能力知觉信念与孩子本身的期望价值、能力知觉信念及身体活动，研究结果表明父母感知孩子运动能力与孩子运动参与显著相关。父母认为孩子有不错的运动能力而且觉得自己的孩子有很好的表现时，孩子则表现出经常参与运动的倾向。父母在孩子社会化、价值和信念系统的形成中起着关键性作用。可见，父母对孩子身体活动的信念会对孩子产生影响，一旦父母形成对孩子身体活动的信念，那么有可能父母与孩子身体活动的互动行为以及这一行为带来的某些结果也将由父母的信念所决定，即“父母认为孩子是什么样的，孩子就会变成什么样的”。

本研究将自我决定理论、期望价值理论和社会生态模型进行整合，来探讨父母期望价值信念与青少年锻炼动机、身体活动的关系，并对家庭体育环境影响身体活动的机制进行分析。具体研究假设如下：①家庭体育心理环境能显著预测青少年身体活动；②锻炼动机在家庭体育心理环境与身体活动之间起中介作用。

7.2 研究方法

详见第 5 章 5.2。

---

[1] DEMPERY，KIMECKI，HORN. Parental influence children's moderate to vigorous physical activity participation：An expectancy－value approach [J] . Pediatric Exercise science，1993，5 (2)：151－167.

7.3　研究结果

7.3.1　家庭体育心理环境描述性分析

表7－1是父母对孩子身体活动的期望信念与价值信念的描述性分析。从能力期望和工作价值的均值与中位数（P25，P75）来看，父母对孩子从事身体锻炼的能力期望高于均值，父母对体育锻炼的价值认识也高于均值。而工作难度、失败心理代价和重要他人期望的得分低于均值，表明父母认为孩子进行身体锻炼的难度不大，失败的心理代价低，感知重要他人对孩子身体活动的期望值低。各维度的相关性表明：工作价值与能力期望正相关，工作难度与失败心理代价正相关。工作价值、能力期望与工作难度、失败心理代价之间，前两者与后两者之间负相关。

表7－1　家庭体育心理环境描述性分析

	均值±标准差	中位数（P25，P75）	1	2	3	4
1 工作价值	3.785±0.831	4.000（3.333，4.000）				
2 能力期望	3.514±0.736	3.600（3.000，4.000）	0.330**			
3 工作难度	2.515±0.762	2.333（2.000，3.000）	－0.248**	－0.434*		
4 失败心理代价	2.286±0.903	2.250（1.500，3.000）	－0.351**	－0.516**	0.401**	
5 重要他人期望	2.215±0.704	2.000（2.000，2.667）	－0.180**	－0.033	0.269**	0.079*

注：**在0.01水平上显著相关；*在0.05水平上显著相关。

7.3.2　不同背景下家庭体育心理环境的差异性分析

以家庭收入为控制变量，进行非参数检验，其检验结果见表7－2，工作价值、能力期望和工作难度在家庭收入上没有显著性差异，失败心理代价、重要他人期望在家庭收入上的差异具有显著性。在失败心理代价维度中，低收入家庭组的得分比中、高收入家庭组得分高，且低、中收入家庭组之间差异具有显著性。在重要他人期望维度中，低收入家庭组的得分比中、高收入家庭组得分高，且差异具有显著性。

在家庭文化程度的秩和检验中，以家庭文化程度作为控制变量进行分析，检验结果见表7－3，工作价值、能力期望、工作难度、失败心理代价和重要他人期望在家庭文化程度上没有显著性差异。

表 7－2 家庭体育心理环境与家庭收入非参数统计分析结果

	ECON	N	Mean Rank（秩的均值）	Chi－Square（卡方）	Asymp. Sig.（总）	Asymp. Sig.（两两比较）
工作价值	1	347	455.41			
	2	288	483.09	1.884	0.390	
	3	305	475.78			
能力期望	1	347	448.98			
	2	288	493.33	4.317	0.116	
	3	305	473.43			
工作难度	1	347	475.17			
	2	288	465.78	0.199	0.905	
	3	305	469.65			
失败心理代价	1	347	498.56			0.010（a）
	2	288	443.30	6.829	0.033	0.107（b）
	3	305	464.26			0.349（c）
重要他人期望	1	347	508.21			0.002（a）
	2	288	444.74	11.187	0.004	0.008（b）
	3	305	451.92			0.772（c）

注：a 表示 1 组和 2 组的秩和检验，b 表示 1 组和 3 组的秩和检验，c 表示 2 组和 3 组的秩和检验；ECON 是指经济状况，其中 1 表示低收入家庭，2 表示中收入家庭，3 表示高收入家庭。

表 7－3 家庭体育心理环境与家庭文化程度非参数统计分析结果

	EDUC	N	Mean Rank（秩的均值）	Chi－Square（卡方）	Asymp. Sig.（总）	Asymp. Sig.（两两比较）
工作价值	1	532	472.08			
	2	366	470.86	0.337	0.845	
	3	42	447.37			
能力期望	1	532	463.04			
	2	366	479.03	1.010	0.603	
	3	42	490.68			
工作难度	1	532	466.93			
	2	366	469.37	1.879	0.391	
	3	42	525.49			
失败心理代价	1	532	483.55			
	2	366	454.84	2.951	0.229	
	3	42	441.67			
重要他人期望	1	532	475.90			
	2	366	469.46	2.318	0.314	
	3	42	411.19			

注：a 表示 1 组和 2 组的秩和检验，b 表示 1 组和 3 组的秩和检验，c 表示 2 组和 3 组的秩和检验；EDUC 是指母亲文化程度，其中 1 表示低文化程度，2 表示中文化程度，3 表示高文化程度。

7.3.3　家庭体育心理环境对青少年身体活动的影响

7.3.3.1　家庭体育心理环境与青少年身体活动的相关分析

表 7－4 显示了家庭体育心理环境与身体活动的皮尔森相关系数：工作价值、能力期望的得分与中等强度身体活动时间（MPA. TIME）及能量消耗（MPA. EN）、高等强度身体活动时间（VPA. TIME）及能量消耗（VPA. EN）和中高强度身体活动时间（MVPA. TIME）及能量消耗（MVPA. EN）具有正相关性，且达到显著性水平，其相关系数 r 为 0. 130 ~ 0. 240。工作难度、失败心理代价的得分与中等强度身体活动时间（MPA. TIME）及能量消耗（MPA. EN）、高等强度身体活动时间（VPA. TIME）及能量消耗（VPA. EN）和中高强度身体活动时间（MVPA. TIME）及能量消耗（MVPA. EN）具有负相关性，且达到显著性水平，其相关系数 r 为 －0. 207 ~ －0. 113。重要他人期望的得分与身体活动各维度之间没有相关性。

表 7－4　家庭体育心理环境与身体活动相关分析

	中等强度身体活动时间	中等强度身体活动能量消耗	高等强度身体活动时间	高等强度身体活动能量消耗	中高强度身体活动时间	中高强度身体活动能量消耗
工作价值	0. 136**	0. 130**	0. 216**	0. 220**	0. 228**	0. 235**
能力期望	0. 143**	0. 138**	0. 214**	0. 223**	0. 231**	0. 240**
工作难度	－0. 123**	－0. 118**	－0. 187**	－0. 191**	－0. 200**	－0. 206**
失败心理代价	－0. 121**	－0. 113**	－0. 190**	－0. 195**	－0. 202**	－0. 207**
重要他人期望	－0. 024	－0. 024	－0. 030	－0. 029	－0. 034	－0. 034

注：**在 0. 01 水平（双侧）上显著相关；*在 0. 05 水平（双侧）上显著相关。

7.3.3.2　家庭体育心理环境对青少年身体活动的回归分析

在模型 1 中，以家庭体育心理环境的 5 个维度作为自变量，以青少年一周中高强度身体活动能量消耗为因变量进行回归分析，分析结果见表 7－5。工作价值、能力期望、工作难度、失败心理代价能显著预测 MVPA. EN，而工作难度、失败心理代价 2 个维度能显著负向预测 MVPA. EN。重要他人期望对 MVPV. EN 没有显著性影响。

在模型 2 中，在回归分析之前，对自变量间的多元共线性问题进行诊断后发现不存在多元共线性问题。家庭体育心理环境能解释 MVPA. EN 的变异量为 8. 3%，具体而言，工作价值、能力期望正向预测身体活动，而工作难度、失败心理代价负向预测身体活动。

模型1和模型2显示的结果部分检验了3.4.3.1的假设6。本研究结果中的重要他人期望不能显著正向预测身体活动，与3.4.3.1假设6中的分假设不一致。

表7-5 家庭体育心理环境对中高强度身体活动能量消耗的回归分析

		工作价值	能力期望	工作难度	失败心理代价	重要他人期望
M1	Std. β	0.195**	0.224**	-0.182**	-0.204**	-0.035
	调整 R^2	0.168	0.181	0.164	0.173	0.132
	$\triangle R^2$	0.036	0.049	0.032	0.041	--
		工作价值	能力期望	工作难度	失败心理代价	重要他人期望
M2	Std. β	0.116**	0.110**	-0.074**	-0.081**	0.021
	调整 R^2			0.205		
	$\triangle R^2$			0.083		

注：校正性别、家庭结构、年级，自变量为家庭体育心理环境，因变量为一周中高强度身体活动能量消耗（MIU * MET）。

7.3.4 锻炼动机在家庭体育心理环境与青少年身体活动之间的中介作用

7.3.4.1 外部调节的中介作用

以理论模型为指导，将家庭体育心理环境的5个维度工作价值、工作难度、失败心理代价、重要他人期望、能力期望与外部调节、身体活动投入模型中进行分析，其未修正的结构方程模型如图7-1所示。表7-6显示了参数估计结果，各拟合指标值如下：GFI = 0.950，AGFI = 0.935，RMSEA = 0.045，NFI = 0.934，RFI = 0.921，IFI = 0.951，TLI = 0.942，CFI = 0.951，PGFI = 0.736，PNFI = 0.790，NC = 3.647，各指标达到了统计学要求，表明模型拟合良好。

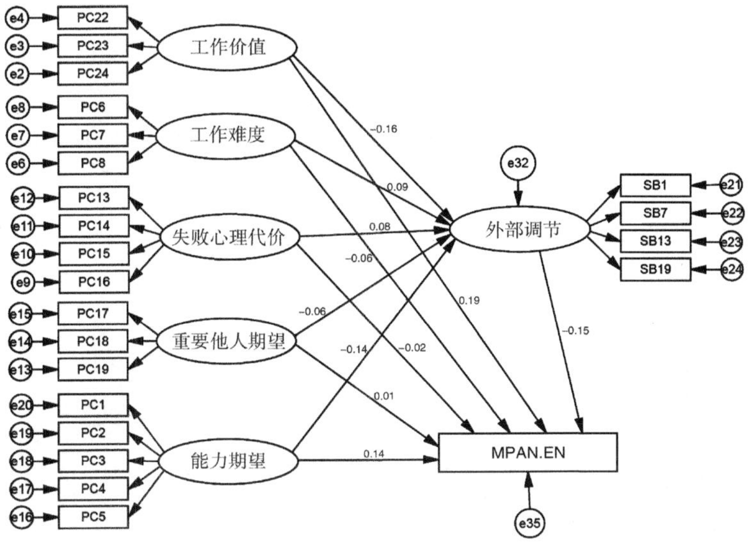

图 7－1　家庭体育心理环境－外部调节－身体活动结构方程模型图（未修正）

从表 7－6 可知，失败心理代价对外部调节的影响不显著（$P=0.080$），对身体活动的影响也不显著（$P=0.538$），考虑删除此路径；重要他人期望对身体活动影响不显著（$P=0.869$），对外部调节影响也不显著（$P=0.121$），考虑删除此路径；工作难度不能显著预测身体活动（$P=0.162$），考虑删除此路径；其他路径均达到显著性水平，予以保留。

表 7－6　家庭体育心理环境－外部调节－身体活动结构方程模型参数估计摘要表

	Estimate	Std. Estimate	*P*	R^2
外部调节 <－－－工作价值	－0.231	－0.163	***	0.094
外部调节 <－－－工作难度	0.126	0.092	0.047	
外部调节 <－－－失败心理代价	0.144	0.076	0.080	
外部调节 <－－－重要他人期望	－0.083	－0.057	0.121	
外部调节 <－－－能力期望	－0.229	－0.140	0.007	
MVPA. EN <－－－工作价值	1.778	0.185	***	0.119
MVPA. EN <－－－工作难度	－0.526	－0.057	0.162	
MVPA. EN <－－－失败心理代价	－0.300	－0.023	0.538	
MVPA. EN <－－－重要他人期望	0.053	0.005	0.869	
MVPA. EN <－－－能力期望	1.560	0.140	0.002	
MVPA. EN <－－－外部调节	－1.038	－0.152	***	

注：GFI＝0.950，AGFI＝0.935，RMSEA＝0.045，NFI＝0.934，RFI＝0.921，IFI＝0.951，TLI＝0.942，CFI＝0.951，PGFI＝0.736，PNFI＝0.790，NC＝3.647。

图7-2是修正后的结构方程模型图，结构方程模型参数估计摘要表7-7显示了模型拟合指标达到临界值，证明模型拟合良好。工作价值直接正向影响身体活动，其效应值为0.19，工作价值还通过外部调节间接影响身体活动，其间接效应值为-0.16×-0.16≈0.03。能力期望对身体活动影响的直接效果为0.19，通过外部调节影响的间接效应值为-0.19×-0.16≈0.03。工作难度不能显著影响身体活动，而通过外部调节间接影响身体活动，间接效应值为-0.16×0.08≈-0.01。

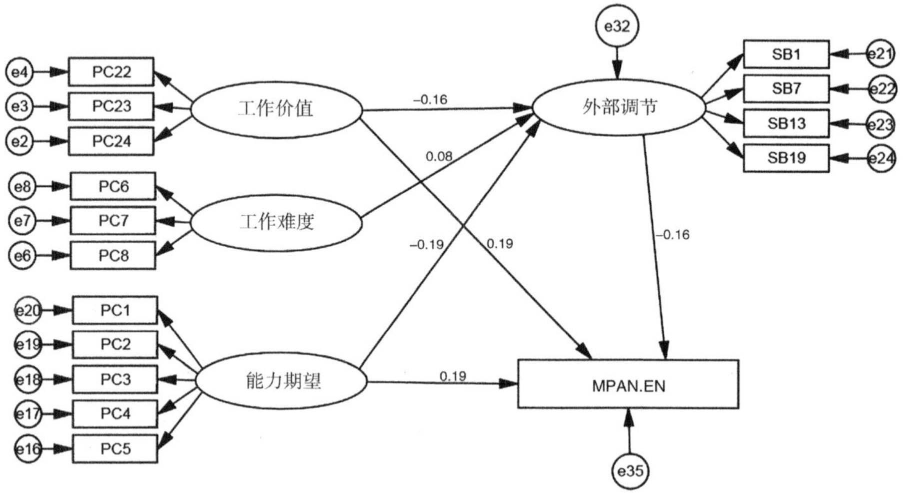

图7-2　家庭体育心理环境-外部调节-身体活动结构方程模型图（修正）

表7-7　家庭体育心理环境-外部调节-身体活动结构方程模型（修正）参数估计摘要表

	Estimate	Std. Estimate	*P*	R^2
外部调节<---工作价值	-0.225	-0.159	***	0.086
外部调节<---工作难度	0.112	0.083	0.057	
外部调节<---能力期望	-0.309	-0.189	***	
MVPA.EN<---工作价值	1.815	0.189	***	0.119
MVPA.EN<---能力期望	2.094	0.188	***	
MVPA.EN<---外部调节	-1.071	-0.157	***	

注：GFI=0.968，AGFI=0.956，RMSEA=0.045，NFI=0.952，RFI=0.940，IFI=0.964，TLI=0.956，CFI=0.964，PGFI=0.691，PNFI=0.769，NC=3.729。

7.3.4.2　内摄调节的中介作用

图7-3为家庭体育心理环境、内摄调节和身体活动未修正的结构方程模型图，从表7-8显示的拟合指标来看，各拟合指标达到统计学要求，说明模型拟合良好。

工作难度与身体活动的路径系数不显著（$P=0.076$），考虑删除该路径；失败心理代价与身体活动的路径系数不显著（$P=0.365$），删除该路径；重要他人期望对身体活动的影响也不显著（$P=0.560$），删除该路径；其他路径均达到显著性水平，予以保留。

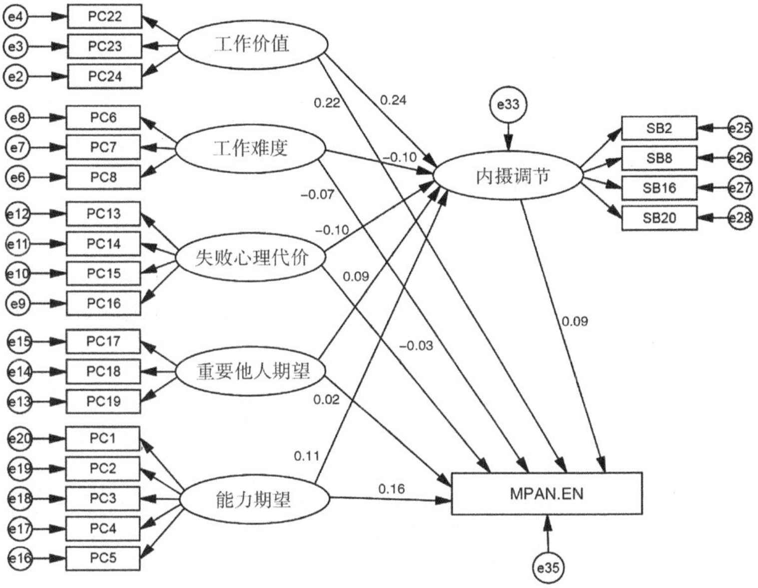

图 7－3　家庭体育心理环境－内摄调节－身体活动结构方程模型图（未修正）

表 7－8　家庭体育心理环境－内摄调节－身体活动结构方程模型参数估计摘要表

	Estimate	Std. Estimate	*P*	R^2
内摄调节 <－－－－工作价值	0.334	0.239	***	0.130
内摄调节 <－－－－工作难度	－0.136	－0.100	0.027	
内摄调节 <－－－－失败心理代价	－0.197	－0.104	0.015	
内摄调节 <－－－－重要他人期望	0.134	0.092	0.010	
内摄调节 <－－－－能力期望	0.182	0.112	0.026	
MVPA. EN <－－－－工作价值	2.110	0.221	***	0.102
MVPA. EN <－－－－工作难度	－0.670	－0.072	0.076	
MVPA. EN <－－－－失败心理代价	－0.446	－0.034	0.365	
MVPA. EN <－－－－重要他人期望	0.186	0.019	0.560	
MVPA. EN <－－－－能力期望	1.766	0.158	***	
MVPA. EN <－－－－内摄调节	0.613	0.089	0.005	

注：GFI＝0.950，AGFI＝0.936，RMSEA＝0.045，NFI＝0.934，RFI＝0.923，IFI＝0.951，TLI＝0.943，CFI＝0.951，PGFI＝0.744，PNFI＝0.798，NC＝3.640。

图7－4是修正后的结构方程模型图，表7－9显示的拟合指标值如下：GFI = 0.950，AGFI = 0.937，RMSEA = 0.044，NFI = 0.935，RFI = 0.924，IFI = 0.952，TLI = 0.944，CFI = 0.952，PGFI = 0.751，PNFI = 0.805，NC = 3.585。拟合指标达到统计学要求，证明模型拟合良好。内摄调节正向影响身体活动，其效应值为0.10。工作价值正向直接影响身体活动，其效应值为0.19，工作价值还通过内摄调节间接影响身体活动，其间接效应值为0.23×0.10≈0.02。能力期望直接影响身体活动，其效应值为0.20，还通过内摄调节间接影响身体活动，其间接效应值为0.11×0.10≈0.01。重要他人期望、失败心理代价和工作难度通过内摄调节间接影响身体活动。家庭体育行为环境对内摄调节的解释力为12.6%，内摄调节与家庭体育行为环境共同对身体活动的解释力为10.6%。

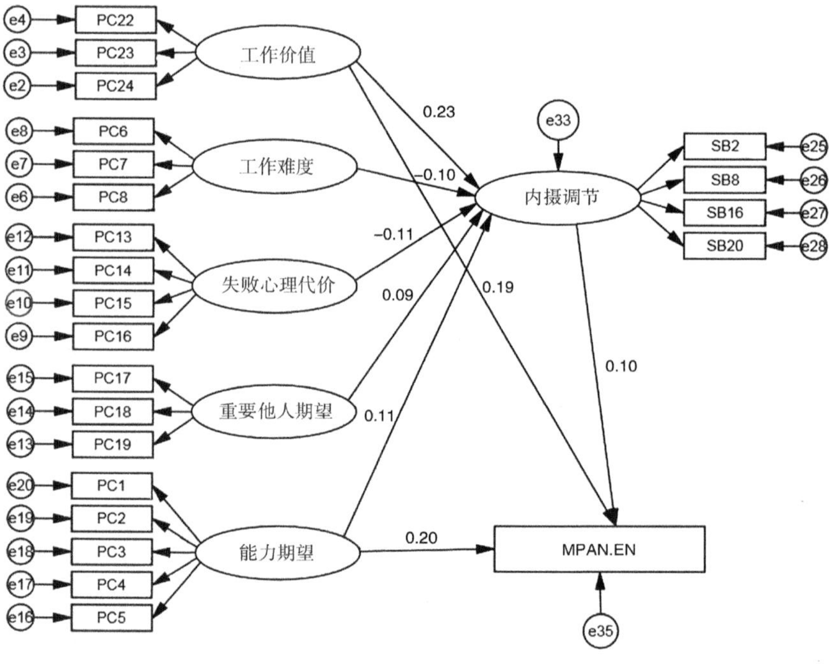

图7－4　家庭体育心理环境－内摄调节－身体活动结构方程模型图（修正）

表7－9　家庭体育心理环境－内摄调节－身体活动结构方程模型（修正）参数估计摘要表

	Estimate	Std. Estimate	*P*	R^2
内摄调节＜－－－工作价值	0.322	0.231	***	0.126
内摄调节＜－－－工作难度	−0.136	−0.101	0.027	
内摄调节＜－－－失败心理代价	−0.201	−0.106	0.013	

续表

	Estimate	Std. Estimate	*P*	R^2
内摄调节 < - - - - 重要他人期望	0. 130	0. 090	0. 012	
内摄调节 < - - - - 能力期望	0. 181	0. 111	0. 027	
MVPA. EN < - - - - 能力期望	2. 280	0. 204	***	0. 106
MVPA. EN < - - - - 内摄调节	0. 653	0. 095	0. 003	
MVPA. EN < - - - - 工作价值	1. 857	0. 194	***	

注：GFI = 0. 950，AGFI = 0. 937，RMSEA = 0. 044，NFI = 0. 935，RFI = 0. 924，IFI = 0. 952，TLI = 0. 944，CFI = 0. 952，PGFI = 0. 751，PNFI = 0. 805，NC = 3. 585。

7.3.4.3 自主性动机的中介作用

图 7 – 5 是家庭体育心理环境、自主性动机和身体活动未修正的结构方程模型图。参数估计摘要表 7 – 10 显示，模型拟合指标达到统计学要求，证明模型拟合良好。重要他人期望对自主性动机影响不显著，删除该路径；工作难度、失败心理代价和重要他人期望对身体活动影响不显著，删除这三条路径；其他路径均达到显著性水平，予以保留。

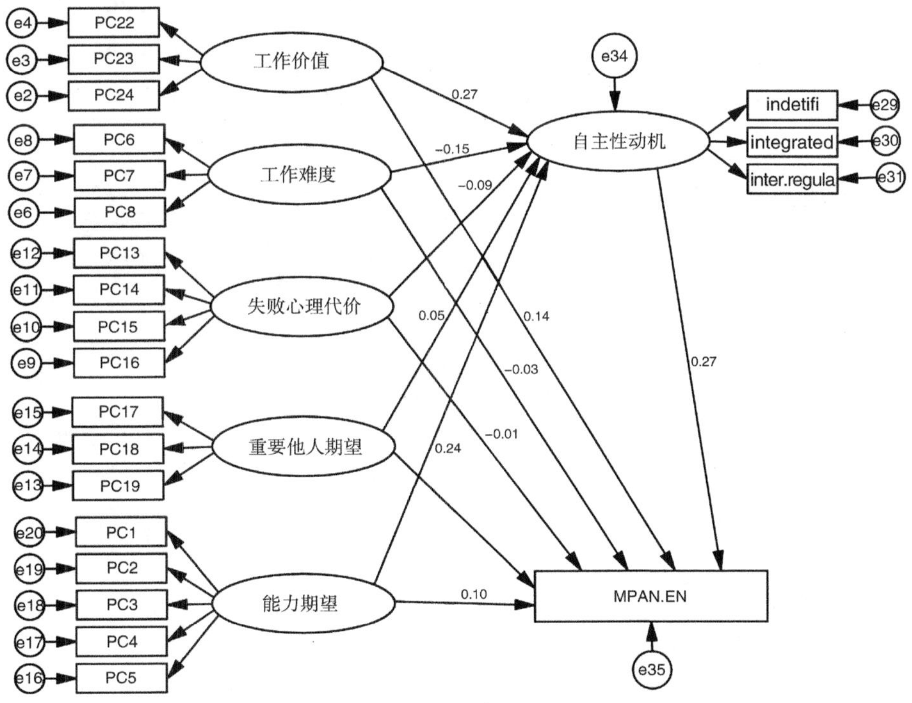

图 7 – 5 家庭体育心理环境 – 自主性动机 – 身体活动结构方程模型图（未修正）

表7－10 家庭体育心理环境－自主性动机－身体活动结构方程模型参数估计摘要表

	Estimate	Std. Estimate	*P*	R^2
自主性动机 < － － － 工作价值	0. 320	0. 268	***	0. 231
自主性动机 < － － － 工作难度	－0. 172	－0. 149	***	
自主性动机 < － － － 失败心理代价	－0. 139	－0. 086	0. 026	
自主性动机 < － － － 重要他人期望	0. 059	0. 048	0. 147	
自主性动机 < － － － 能力期望	0. 325	0. 235	***	
MVPA. EN < － － － 工作价值	1. 338	0. 139	***	0. 155
MVPA. EN < － － － 工作难度	－0. 282	－0. 030	0. 446	
MVPA. EN < － － － 失败心理代价	－0. 144	－0. 011	0. 763	
MVPA. EN < － － － 重要他人期望	0. 020	0. 002	0. 948	
MVPA. EN < － － － － 能力期望	1. 079	0. 097	0. 029	
MVPA. EN < － － － － 自主性动机	2. 182	0. 271	***	

注：GFI＝0. 949，AGFI＝0. 933，RMSEA＝0. 047，NFI＝0. 938，RFI＝0. 926，IFI＝0. 953，TLI＝0. 944，CFI＝0. 953，PGFI＝0. 728，PNFI＝0. 788，NC＝3. 970。

图7－6是修正后的结构方程模型图。参数估计摘要表7－11显示，模型拟合指标达到统计学要求，证明模型拟合良好。自主性动机正向影响身体活动，对身体活动的效应值为0. 28。工作价值正向影响自主性动机，其效应值为0. 26。工作难度负向影响自主性动机，其效应值为－0. 13。能力期望正向影响自主性动机，其效应值为0. 25。失败心理代价在本研究中对自主性动机的影响不具有显著性。

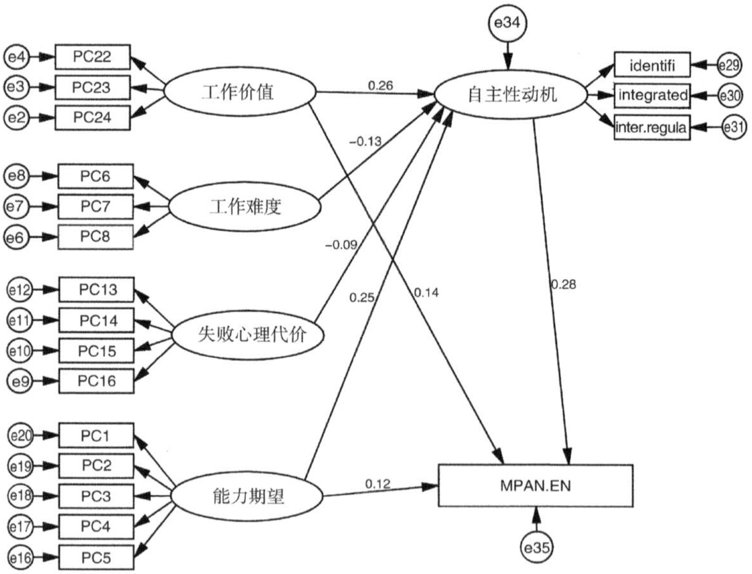

图7－6 家庭体育心理环境－自主性动机－身体活动结构方程模型图（修正）

综合7.3.4.1、7.3.4.2 和 7.3.4.3 的研究结果可以看出，锻炼动机的外部调节、内摄调节和自主性动机各维度在家庭体育心理环境与身体活动之间起着中介的作用，验证了3.4.3.2 研究假设7。

表7－11　家庭体育心理环境－自主性动机－身体活动结构方程模型（修正）参数估计摘要表

	Estimate	Std. Estimate	*P*	R^2
自主性动机<－－－－工作价值	0.306	0.257	***	0.704
自主性动机<－－－－工作难度	－0.151	－0.132	***	
自主性动机<－－－－失败心理代价	－0.143	－0.089	0.022	
自主性动机<－－－－能力期望	0.340	0.245	***	
MVPA.EN<－－－－－工作价值	1.334	0.139	***	0.155
MVPA.EN<－－－－－能力期望	1.355	0.122	***	
MVPA.EN<－－－－－自主性动机	2.219	0.276	***	

注：GFI＝0.955，AGFI＝0.940，RMSEA＝0.049，NFI＝0.946，RFI＝0.935，IFI＝0.958，TLI＝0.950，CFI＝0.958，PGFI＝0.714，PNFI＝0.785，NC＝4.142。

7.4　讨　论

7.4.1　不同背景下家庭体育心理环境的差异性讨论

从研究结果可以看出，家庭社会经济地位不影响父母对孩子身体活动能力的期望，也不影响父母对孩子从事身体活动价值的认识。虽然父母认为孩子应该进行身体锻炼，锻炼有助于孩子的发展，但从家庭体育物理环境和行为环境的差异性来看，不同层次的社会经济地位的家庭为孩子提供了有差异性的身体活动的物理环境和行为环境。也就是说，父母能意识到锻炼对孩子的重要性，但在现实中却表现出与意识不一致的行为。低收入家庭在失败心理代价的得分上显著高于中、高收入家庭，表明低收入家庭父母担心孩子身体活动失败。

7.4.2　家庭体育心理环境影响青少年身体活动的讨论

本研究探讨了家庭体育心理环境对青少年身体活动的影响，校正控制变量后，单变量回归分析和多变量回归分析结果显示，工作价值和能力期望能显著正向预测青少年身体活动，工作难度和失败心理代价显著负向预测青少年身体活动。

有一些研究指出，孩子的运动兴趣、最初运动的参与和自我运动能力的感知都与父母的信念和行为有关。父母的信念系统与父母和孩子的身体活动的相关性在很多研究中高频率出现。父母的信念系统指父母关于孩子在特定领域能力的感知和成功的价值[1]。有研究表明父母的信念与孩子的信念和行为强相关。父母是孩子最重要的人，推动着孩子不断社会化。从构建主义的视角来看，孩子对自我任务的感知不是来自真实世界本身，而是来自对真实世界感知的理解，而父母为孩子理解特定任务提供了非常重要的诠释，父母期望是孩子形成理解过程的主要源泉。其他领域研究结果支持了以上的观点。例如，Parsons[2]等人和 Jacobs[3]等人的研究认为父母感知孩子的数学能力与工作难度在数学考试分数与孩子对数学成绩的自我感知和期望中起着中介的作用。孩子对数学能力的自我感知与父母对孩子数学能力的感知直接相关，而不是与孩子过去的数学成绩直接相关。同样，父母对孩子成绩的感知与孩子自我能力感具有很强的相关性[4]。总之，父母作为孩子期望的社会化者，影响着孩子自我能力感，而父母是通过感知孩子完成特定任务的能力以及孩子为了很好地完成任务所做的努力来了解孩子的。

就本研究而言，当父母觉得孩子运动能力不错而且认识到运动的价值时，孩子可能会将父母的信念转化为参与身体活动的实际行动。当父母感知到运动对孩子是一件困难的事情或感知到运动失败代价大时，孩子的胜任感低，因而参与身体活动少。本研究支持了前人关于父母信念对青少年身体活动影响的研究[5]。

7.4.3 锻炼动机在家庭体育心理环境与青少年身体活动之间的中介作用

当把家庭体育心理环境、锻炼动机各维度和身体活动分别投入模型分析时，工作价值显著正向影响身体活动，还通过外部调节、内摄调节和自主性动机间接影响身体活动。能力期望直接影响身体活动，还通过外部调节、内摄调节和自主性动机

---

〔1〕 ECCLES J S, WIGFIELD A . Motivational beliefs, values, and goals [J] . Annual Review of Psychology, 2002, 53 (1): 109.

〔2〕 PARSONS J E, MEECE K. Socialization of achievement attitudes and belliefs: Parental influences [J] . Child Development, 1982, (53): 322 –339.

〔3〕 JACOBS, JANIS E . Influence of gender stereotypes on parent and child mathematics attitudes [J] . Journal of Educational Psychology, 1991, 83 (4): 518 –527.

〔4〕 PHILLIPS D. Socialization of perceived academic competence among highly competent children [J] . Child Development, 1987, 58: 1308 –1320.

〔5〕 DEMPSEY J M, KIMIECIK J C, HORN T S . Parental influence on children's moderate to vigorous physical activity participation: an expectancy –value approach [J] . Pediatric Exercise Science, 1993, 5 (2): 151 –167.

间接影响身体活动。工作难度通过外部调节、内摄调节和自主性动机间接影响身体活动。重要他人期望通过内摄调节间接影响身体活动。失败心理代价通过内摄调节和自主性动机间接影响身体活动。可见，动机在家庭体育心理环境和青少年身体活动之间起着中介作用。

父母对孩子运动能力期望的评价是父母与孩子在人际互动过程中形成的，父母通过参与到孩子运动锻炼中去，能感知到孩子的运动能力，了解孩子对运动的努力程度和喜好程度，父母也会在互动中将自己的价值信念传递给孩子。这种影响的机制可能是父母认识到了身体活动带来的价值，改变着父母对孩子身体活动的态度和行为。父母会有意识地为孩子提供支持性的身体活动环境，抑制静止性活动的环境。支持性环境包括前面所述的父母榜样、父母鼓励、父母后勤支持等，为孩子提供各类锻炼的设施，增强了孩子的自主性动机。抑制静止性活动环境包括限制孩子观看屏幕的时间、减少家庭屏幕氛围、减少家庭电子媒介数量等。这些因素不仅直接影响身体活动行为，还通过青少年的锻炼动机间接影响身体活动行为。当父母认识到锻炼的价值时，自己也有可能积极参与到身体活动中去，营造了家庭身体活动的氛围，树立了身体活动的榜样，通过这些机制影响青少年的锻炼动机。父母的言行举止，甚至价值信念本身就是孩子的动机源，支持性的身体活动环境将激发孩子锻炼的积极性，而消极性的环境将抑制孩子锻炼的热情。

7.5 结 论

（1）不同收入家庭在工作价值、能力期望、工作难度上没有显著性差异，在失败心理代价和重要他人期望上有显著性差异。

（2）不同文化程度家庭在工作价值、能力期望、工作难度、失败心理代价和重要他人期望上没有显著性差异。

（3）工作价值、能力期望正向预测身体活动，而工作难度、失败心理代价负向预测身体活动。

（4）外部调节、内摄调节和自主性动机分别在工作价值与身体活动之间起中介作用；外部调节、内摄调节和自主性动机分别在工作难度与身体活动之间起中介作用；外部调节、内摄调节和自主性动机分别在能力期望与身体活动之间起中介作用；内摄调节、自主性动机分别在失败心理代价与身体活动之间起中介作用；内摄调节在重要他人期望与身体活动之间起中介作用。

（5）以父母身体活动信念为核心，家庭支持为动力，物理环境为保障，三者共同作用是促进青少年身体活动的直接机制；家庭体育设施的可用性、易达性和父母的榜样、鼓励和后勤支持等满足青少年的自主性、能力感和关联性，增强青少年的自主性动机是促进青少年身体活动的间接机制。

8 案例研究

8.1 研究方法

本研究以质性研究为范式，通过对配对家长（或监护人）与孩子的访谈，探讨家庭体育环境如何影响青少年的身体活动。访谈是利用受访者“自己的话”获得数据最适宜的研究手段，通过访谈，受试者可以详细地描述和解释某种现象。本研究访谈的数据来源于22个半结构性的访谈，分别对11个家庭的家长和孩子进行了访谈。每个家庭访谈一位家长和一名学生，受访者由5位父亲、5位母亲、1位监护人（孩子姑姑）和11个孩子组成。11个家庭的基本概况见表8－1，其中家庭成员基本信息中的第一位家长接受了本次访谈。

表8－1　访谈家庭基本信息一览表

家庭序号	学生基本信息	家庭成员基本信息	居住地
1	男，12岁，初一 （与姑姑居住）	姑姑：28岁，教师，大专 爸爸：32岁，工人，高中 妈妈：30岁，销售员，高中	郊区
2	女，12岁，六年级	妈妈：39岁，厨房杂工，小学 爸爸：49岁，装修工人，小学 弟弟、妹妹	郊区
3	男，15岁，初三	爸爸；43岁，小型企业老板，高中 妈妈：40岁，公务员，大专	郊区
4	女，12岁，六年级	爸爸：45岁，工人，小学 妈妈：37岁，工人，小学 弟弟	郊区
5	女，13岁，初二	爸爸：55岁，居委会志愿者，中专 妈妈：54岁，家庭主妇，高中	市区
6	女，16岁，高一	妈妈：48岁，高中教师，本科 爸爸：51岁，警官，本科	市区
7	男，15岁，高一	爸爸：46岁，高中教师，本科 妈妈：44岁，高中教师，本科	市区

续表

家庭序号	学生基本信息	家庭成员基本信息	居住地
8	女，17 岁，高三	妈妈：45 岁，公务员，本科 爸爸：46 岁，公务员，本科	市区
9	女，12 岁，六年级	妈妈：36 岁，物业主管，高中 爸爸：38 岁，司机，高中 弟弟	市区
10	女，14 岁，六年级	爸爸：38 岁，小店主，小学 妈妈：36 岁，小店主，小学 弟弟、妹妹	郊区
11	男，18 岁，高三	妈妈：43 岁，教师，本科 爸爸：44 岁，厨师，中专	市区

访谈经过了如下几个阶段。

第一，制定访谈提纲。根据研究目的，分别制定了家长访谈提纲和学生访谈提纲。家长访谈提纲围绕以下 6 个主题：①父母对孩子身体活动的评价；②父母对自身身体活动的评价；③父母对孩子从事身体活动的价值、态度等方面的认识；④父母对家庭及周边体育物理环境的描述；⑤父母对孩子身体活动的支持与控制；⑥父母对孩子身体活动的影响。

学生访谈提纲围绕以下 6 个主题：①学生对自身身体活动的评价；②学生对父母身体活动的评价；③描述家庭及周边体育锻炼设施；④父母对自身参与身体活动的支持行为及态度；⑤父母对自己身体活动的影响；⑥学生参与或不参与身体活动的原因（动机）。

第二，确定访谈对象。通过联系广州市某学校的余校长，某小学的张老师（体育教师），某中学的郭老师以及某街道办事处的潘办事员，经过与家长们沟通并征得同意后，最终确定对 11 个家庭的家长和孩子进行访谈。

第三，正式访谈。访谈前笔者准备好录音笔或摄像机，在录音或摄像前，告诉受访者研究目的，经过受访者同意才进行录音或摄像。每位受访者访谈的时间为 20～30 分钟。访谈过程中，笔者与受访者进行谈话，家庭其他成员是回避的。由于本研究聚焦于青少年所处的家庭体育环境，青少年自身身体活动的经历和对参与身体活动原因（锻炼动机）的认知，父母对孩子参与身体活动的价值信念和这种价值信念如何传递给孩子以及父母如何影响孩子的身体活动等变量之间的关系，因此，在访谈的过程中，笔者逐步引导受访者将谈话主题转向本研究所关注的核心问题。

第四，访谈资料的转录、整理与分析。所有的录音或视频都逐字转录成文字，按动机、价值、家庭体育设施、父母支持、身体活动等关键词进行准确的分类。根据研究目的，理解数据之间的逻辑关系，并将其放置在逻辑序列之中。

8.2 研究结果

8.2.1 青少年身体活动的描述

为了理解家庭体育环境、锻炼动机对青少年身体活动的影响，笔者对青少年课外的身体活动参与情况进行了深入的访谈，将青少年身体活动参与程度分为高、低两类，具体见表8－2。

表8－2 青少年身体活动描述一览表

家庭序号	身体活动描述	参与程度
1	喜欢篮球，参与过乒乓球和轮滑。周一至周五，中午有时候与同学打乒乓球，下午放学后打篮球。周末打篮球多一些，下午或晚上都会打球	高
2	没有喜欢的运动项目。回家后主要是做作业，做家务，如打扫卫生、晾晒衣服、做饭。偶尔自己在家打乒乓球，过去一年中踢过几次足球	低
3	喜欢篮球，参与过轮滑、羽毛球。中午和下午放学后，喜欢打篮球，下午打到五点半或学校关门。是学校篮球队队长，周六要训练	高
4	没有自己喜欢的运动项目。除了学校的体育课以外，回到家很少从事体育锻炼，偶尔到家附近的广场上看大人跳广场舞，感觉无聊的时候也跟着跳两下	低
5	喜欢跳拉丁舞、街舞，经常与同学打篮球，有时与爸妈踢毽子、跳绳。每天晚上做完作业后，会自己跳跳舞，有时候约同学到学校打篮球。参加过舞蹈、游泳培训，跳绳比赛拿过第一	高
6	参与过跳远、体能训练。现在上高中了，每天的作业太多，但为了能拿到国家一级运动员证书，每天训练1～2个小时，周六、周日都有训练	高
7	参与过篮球、足球、跑步、羽毛球、乒乓球。小学、初中的时候每天都会打各种球，现在最喜欢打篮球。现在学习紧了，就周末约朋友打球，有比赛的时候，老爸会给我们训练	高

续表

家庭序号	身体活动描述	参与程度
8	没有喜欢的运动项目，偶尔在家做做拉伸。各种文化补习班非常多，作业都做不过来。小时候也打过羽毛球，但身体很差吃不消，就放弃了。其实，有时间也不会锻炼，主要是不喜欢锻炼	低
9	喜欢游泳，参与过田径和垒球。在市专业游泳队训练，每天上完课，会训练游泳，周日训练一天，周六休息。有田径比赛的时候会训练400米、800米，有时候也参加垒球训练	高
10	没有喜欢的运动项目。学校课外活动时，喜欢待在教室看书，回家就帮爸妈做家务，然后完成作业，有时候辅导妹妹学习，周末一般帮妈妈看店，做一些家务，做作业，偶尔在家门口跳绳，与弟弟打羽毛球	低
11	喜欢打篮球、踢足球，参与过羽毛球、乒乓球等。小学、初中时每天都会打球，现在就周末打篮球。小学、初中、高中时都是学校足球队的，有时候会有训练	高

从表8－2来看，家庭1、家庭3、家庭5、家庭6、家庭7、家庭9、家庭11的青少年身体活动参与程度高，我们称其为运动型青少年。而家庭2、家庭4、家庭8、家庭10的青少年身体活动参与程度低，我们称其为非运动型青少年。身体活动参与程度高的青少年每天都会锻炼（高中生除外），特别是他们都会利用周末的时间进行锻炼，而且从事的运动项目多元化（家庭6除外）。而参与程度低的青少年，没有自己喜爱的运动项目，除了体育课上教师要求完成的任务外，平时很少从事其他运动项目或偶尔参与锻炼。从运动项目来看，集体项目比较受欢迎，特别是篮球，这可能与广州市篮球开展的广泛性有关。另外，从访谈中我们了解到，青少年从事这些集体项目时更愿意与同学或朋友一起玩耍。

从对青少年的访谈中发现，运动型青少年（身体活动参与程度高）与非运动型青少年（身体活动参与程度低）在选择运动项目上有所不同，前者更倾向于选择技术性项目（各种球类、舞蹈等），而后者更倾向于非技术性项目（跑步、散步）。当然，这种技术性是相对而言的。运动型青少年所参与的项目一般是多个，并且一般有体育培训或校队训练的经历。

8.2.2 家庭体育心理环境对青少年身体活动的影响

父母对孩子参与身体活动的影响是非常显著的，这种影响可能是有意与无意、直接与间接、“策略”与“实践”交互作用的。父母影响孩子的关键点在于父母对孩子参与身体活动的价值信念。因此，理解父母关于孩子参与身体活动的价值，有助于理解父母在孩子身体活动实践中所采取的行动。

所有父母都认为，参与身体锻炼能够促进身体健康。这种认识一部分来自家长自身参与身体锻炼的切身体会，另一部分来自人云亦云的社会普遍的认识。家长们越是能够认识到参与身体活动价值的多样化，越是有可能采取实际行动支持孩子进行锻炼，而口头认可所谓的“健身价值”的父母，可能很难采取实际行动来改变孩子参与身体活动的程度。下面我们来看看家长们关于孩子参与身体活动的价值信念。

家长1：孩子以前比你想象中的还要内向一点，不爱说话。他有时候吃完饭就在床上躺着不爱动，也不爱和同学交流，胆子也特别小。但是后来带他出去玩，去和朋友一起打球，慢慢地他变得开朗了，现在你和他说话他会搭腔，你让他在床上躺一会儿，他还不愿意，他想去玩。

身体素质是很重要的，在我们班学生中肥胖呈现趋势化，通过锻炼可以改善。一方面体育锻炼让他们长得更高一点，另一方面他们对体育锻炼有了兴趣之后，就有事可做了，很多小孩在周末没有什么事情可以干，手机、电脑的吸引力很大，所以我觉得这方面也有好处，还有一个方面是，体育需要拼搏精神，进行体育锻炼之后，他愿意去拼搏，愿意去尝试。

家长1认识到了体育锻炼具有塑造性格、预防肥胖、长高、转移注意力、培养拼搏和勇于尝试的精神等价值。其他家长对参与体育锻炼带来的价值也有不同的认识。

家长7：像他（一样）没有特别爱好的体育项目的小孩在家没有什么事情干，就是看电脑打游戏，没有一个活动项目天天这样不行，我训练的时候就带着他加入我们的球队里来，招队员的时候就把他的同学多招几个。因为在一个球队里面要有人跟你配合，有人陪你玩，一个人练习是很枯燥的，自己练一下就不想玩了，把他的同学招进来后慢慢（孩子）就有一些兴趣了，当他不想练的时候，他的同学会拉着他一起玩，慢慢就会影响他。

至少他喜欢体育运动，身体素质会有提高，精神状态（会提高），锻炼与学习就是劳逸结合，就是智力和体力互相转换，因为每天学习压力也挺大的，疲惫啊，爬爬山、打打球适当释放一下，还是有很大作用的。在球场上释放一下，身体状态好了，学习压力也释放出来了。

家长11：看他（孩子）平时学习也比较紧，就是想让他出去走走。他有一些体育爱好，以后他走上工作岗位后，单位的活动他就可以参加，可能会更容易融入集体。

我们把孩子送去进行乒乓球训练，听说打乒乓球对孩子的视力有好处……

家长 7 是高中体育教师，对体育锻炼的价值有更深刻的认识，在培养孩子运动兴趣过程中，采取了一定的策略，如把孩子的同伴也拉到篮球队来一起训练，其认为体育锻炼具有缓解学习压力、健身和养成正确的生活方式等价值。家长 11 认识到让孩子学习运动项目，可以更好地在孩子以后的人生发展过程中起到作用，能够帮助孩子很好地融入集体，其认为体育锻炼具有健身、缓解学习压力和社交等价值。

家长 3：通过篮球项目培养他的情商，我发现他自己也有这方面的爱好，现在也喜欢沟通，喜欢搞一些比拼，身材也长起来了，越来越高。他跟教练关系也很好，跟队友的关系也很好。我经常跟他讲，篮球要眼观六路耳听八方，随时都要反应过来。另外，篮球项目可以让孩子懂规则、有责任感，孩子对社会没有认真的态度不行，我觉得这些方面是很重要的。

家长 3 是一个小型企业的老板，他对孩子参与篮球运动的价值有着不同的理解，认为篮球运动项目具有培养情商、形成责任感、健身和培养头脑灵活性的价值。

家长 6：我是不爱锻炼的，要我花两个小时的时间去走路，到处看看，我感觉是浪费时间，还不如看看书，或做做家务。我先生倒是非常喜欢锻炼，可以说是锻炼达人。我先生经常要我们（我和孩子）去爬山，甚至说只要我们去，所有的家务都包了。但我还是不愿出去。孩子从小是我管得多，我要求很严，孩子只听我的，她爸爸要求她锻炼，她都不听的。

孩子天生运动素质很好，每次校运会会拿很多名次，学校体育老师找过我，要给孩子训练，但我不同意，不想让孩子在这方面花很多时间。现在孩子上高中了，文化成绩一般，为了让孩子能上好点的大学，现在请教练给她训练跳远，争取能拿到一级运动员证书，上大学的时候能加分。

家长 6 让孩子参与了跳远训练，目的是让孩子能够获得一级运动员证书，而她本身不爱好体育项目，也不愿意让孩子在体育方面浪费很多时间，但出于孩子升学的考虑，她不得不做出让步，还聘请了教练为孩子进行专项训练。

家长 9：我们的出发点就是说对她身体有好处嘛，不会说今天去游泳了，就要拼到顶尖，但是能够达到顶尖肯定是最好的，最主要就是小孩子喜欢运动，我们不会强迫。

现在正考虑她上哪个中学，因为文化课这一方面（不太好），看哪个学校会收她，如果去不了重点，那就回去训练，不会放弃游泳，因为一个她喜欢游泳，再一个她长期训练，突然停下来，就会横着长。

我就希望她继续朝这条路（游泳）走下去，因为我跟她的教练、老师私底下都谈过，她不喜欢文化课，是肯定的了，但是她也会尽量把成绩做好。主要是她喜欢游泳，爱游泳这一方面，因为如果自己的爱好都不能坚持，做不到的话，心里面都会觉得特别遗憾，我们父母也会有一点遗憾，因为她游泳成绩相对来说还是不错的，她之前这么累都坚持下来了……

家长 9 与家长 6 的孩子虽然在体育方面都有很好的身体条件，但家长 9 对孩子进行专业化训练的目的与家长 6 既有所相同，也有所不同。相同的一面是都具有一定的功利性——孩子上学的问题，不同的是家长 9 考虑到孩子自身的兴趣，而家长 6 没有考虑。

家长 9 的表述道出了非常矛盾的心理，一方面希望孩子能在游泳方面有所成就，一方面也非常担心孩子的努力白费（不能取得好成绩），为此，家长 9 反复强调孩子自身喜欢这项运动，来缓解内心的担忧。

通过上述分析，我们发现，体育锻炼参与程度高的孩子，其家长具有不同的体育锻炼的价值信念。家长所持有的价值信念不仅仅是泛泛而谈的“健身价值”，而且是明确的、多样化的价值。显而易见，家长所持有的价值信念的确影响了孩子参与运动的程度。那么，身体活动参与程度低的孩子，其家长所持有的价值信念如何呢?

家长 2、家长 4、家长 10 都认为孩子参与身体活动具有健身作用，健身是一个很好的事情，但通过我们深入的访谈发现，这三位家长有一个共同的特点，就是平时自身很少参与身体活动，对体育锻炼的健身价值体验不深，所持有的健身观点仅仅是一种社会期望的观点。

家长 2：我知道锻炼对身体好，但是生了三个小孩之后根本找不出时间出来锻炼，要到学校厨房去做事，下午回家要做饭，然后晚上小孩子很多作业，我小的那个，我不陪在旁边真的是不写作业。周末要到老公的工地去帮忙，一天很累，也不想去锻炼了。

家长 4：我和她妈都是在这边（广州）打工，一天都要工作 12 个小时，上晚班的时候，可能一周与孩子说不了几句话，回到家（租的房子）吃完饭，倒头就睡，没时间出去锻炼。

家长 10：因为要送货啊，进货啊，太忙了。我昨天还在跟我老婆说这个话题，就是说担心孩子运动太少了。打算这样，把手头事情忙一下，现在对单收款的时候嘛，把那个款收了之后呢，不管怎么说尽可能把这个时间安排出来，就带他们去运动。因为小孩子一年比一年大，光说不做不行，所以忙完这些后，还是要去实行一下。

的确，这三个家庭因为职业、家庭收入等方面的原因，好像确实很难抽出时间来锻炼，也没有时间陪孩子锻炼。正因为缺乏体育锻炼的体验，所以不能真正理解锻炼的价值，更谈不上将健身价值传递给他们的孩子。

家长8：我这个解释可能别人无法理解。我六岁就开始学体育，是江苏省体工队的，从开始接触体育到退役这个过程，就很恐惧。那个时候，每天都是凌晨四点起床，我到现在还是到四点半就醒了，那么多年都过去了，心里还是有阴影。可能与以前教练的训练方式有关系，因为以前的训练就是死练，就是我们教练说的一句话："只要你不死，不倒下就要练，哪怕你做了手术，骨折了也要练，你要到训练馆，你还可以拉拉韧带，因为你这个腿受伤了，另外一只腿也可以练。"就是这种方式，所以还是有点恐惧感，有点阴影，我是带着一身伤病求着教练退役的，退役后我从来不联系以前的队友，以前的教练，我害怕这段经历。

我女儿如果喜欢哪一个（项目），我都不愿意，可能是因为我自己怕，训练的受伤比较多呀，所以她小时候（参与运动）我就不是很积极，我反而有点故意不让她去接触一个项目，和同学玩一玩可以，如果她说她特别喜欢一个项目，我反而不让她太专注，这个想想不应该。

家长8的人生遭遇使她对孩子参与体育锻炼持完全否定的态度，这种价值信念严重影响了孩子身体活动参与程度。

以上分析表明，不论父母对孩子参与身体活动持有何种价值信念，都会在孩子的社会化过程中以各种方式作用于孩子并形成孩子参与身体活动的动力或障碍。父母希望孩子能从身体活动中获得各种不同的收益，是因为身体活动本身的确具备各种不同的价值。而父母这种价值观的形成可能与父母自身的体验或重要他人的影响有关。

8.2.3 家庭体育行为环境对青少年身体活动的影响

家庭体育行为环境是指父母在孩子社会化过程中所采取的一些行为，这些行为可能促进或抑制孩子参与身体活动的程度。父母所持有的价值观会在日常生活中转化为具体的实践行为，这种行为有积极促进和消极抑制两种作用，积极促进作用可以分为支持、鼓励、榜样、一般性的指导和奖励。消极抑制作用有限制孩子锻炼行为和屏幕榜样。

8.2.3.1 父母支持

体育锻炼参与程度高的孩子都得到了父母不同程度的支持，没有父母的支持，其参与锻炼的机会可能受到不良影响。从访谈中我们了解到这些支持包括提供体育锻炼的装备、付费参与体育培训、提供交通便利、提供消费的经费（买水、门票）等。

家长1：我会送他（孩子）去（篮球场），然后陪他一会就走了，因为他的小伙伴都认识我，我是老师，我在那里的话，他们有时候会放不开。

我和他爸爸妈妈商量了一下，他妈妈跟我说想培养他一点兴趣爱好，他本身不是特别喜欢固定地去学些什么东西，我问了他很久，可能当时他觉得街舞挺帅的，然后他就学了半年吧。后来，他就跟我说他不想学了，我问他为什么，他觉得学起来是一种负担，不愿意学了，没兴趣了，所以我也没有再勉强他。后来他对篮球、轮滑之类的比较感兴趣，我就让他自己去玩一些其他东西。我给他买了乒乓球拍、篮球、羽毛球。像他这个年纪的孩子脚长得快，轮滑鞋小了，就要给他买新的。

很明显，身体活动参与程度高的孩子，他们的父母都有着类似的支持。例如，家长5每次都会把孩子参加比赛的过程用DVD录下来，这一行为从孩子上幼儿园一直保持到现在。家长3为了方便孩子打篮球，直接在他自己工厂的院子里架起了篮球架。家长6为了提高孩子的训练成绩，聘请了专门的教练。

反观身体活动参与程度低的孩子，在体育活动中，他们缺乏父母和金钱方面的支持，认为父母没有钱给他们买一些必要的体育锻炼装备。家庭2的孩子表达了锻炼器材的缺乏，有时候想打乒乓球就到邻居家去借。家庭4的孩子直接说道："妈妈给弟弟买了篮球，我告诉妈妈想要足球，但妈妈说没这么多钱买。"家庭资金的缺乏直接影响了孩子校外身体活动的参与，这一点无论是在与孩子的访谈中，还是与父母的访谈中都得到了证实，正如家长2所说的"我们家的孩子的确不能与别人比，我一个月就2000多块，他爸爸挣的钱要还房贷，三个孩子的开销很大"。家庭资金的缺乏，父母无暇管教孩子，不仅直接对孩子身体活动的参与形成不利影响，也极大地抑制了孩子参与身体活动的动机。

8.2.3.2 父母鼓励

"父母支持"与"父母鼓励"这两个词，目前还没有文献进行很好的区分。事实上，这两个词有时候被交替使用。一般认为，支持能使青少年参与到体育锻炼中去，而鼓励可以强化这种行为。一些研究认为，得到父母支持和鼓励的孩子更有可能参与到体育锻炼中去。从访谈结果可知，身体活动参与程度高的孩子都得到父母的鼓励，而身体活动参与程度低的孩子很少得到父母的鼓励。下面从访谈中抽取的内容说明了这一点。

孩子1：没有其他朋友打球的时候，姑姑会来陪我打乒乓球。

孩子3：每次比赛后，妈妈都会打电话问我们打得怎么样，比赛结果不好的时候会安慰我。

孩子5：我每次参加校运会，爸爸都会来看我比赛，给我录像，我很矛盾，有时候不想他来，因为他来我会紧张，怕不能取得好成绩，但他来了我也高兴。

孩子7：可以说，爸爸是将我引领到篮球运动中的第一人，我爸爸是高中体育老师，他自己是教篮球的。

孩子9：训练真的很累，但妈妈总是告诉我，要坚持，只有坚持才能出成绩。

孩子11：有时候学习累了或我几天没有到外面活动，爸爸就要我约同学去打篮球。

父母们不仅以各种形式鼓励他们参与各种身体活动，而且会经常组织家庭活动，全家一起爬山，一起散步或共同从事某项运动。

家长5：晚饭后，我们有时候会一起到天河公园散步，假期的时候，我们三人会到公园踢毽子，她毽子踢得不错。

家长7：他妈妈没有什么擅长的运动项目，我们就经常去爬山。

家长11：假期的时候，我们（整个家庭）会到广工（附近的学校）打乒乓球，有时候自己带一个简易的羽毛球网，打羽毛球。

从对身体活动参与程度低的家庭访谈结果来看，孩子们很少得到父母的鼓励，甚至有的父母限制孩子参与身体活动。这些孩子在平时或周末很少参与体育锻炼，要么做家务，要么与同学或朋友闲逛。

孩子2：爸爸妈妈一般不允许我出去玩，说我学习不好，玩多了就玩物丧志，然后就是不让出去……

我不想玩得太疯，玩得太疯衣服会脏，妈妈会骂我，而且弟弟玩疯的话，妈妈也会骂我，说我没有看好弟弟。

孩子4：他们（爸爸妈妈）上班很忙，没时间带我和弟弟去玩，周末我没什么事，就在外面闲逛……

家长们除了支持、鼓励孩子们从事身体活动外，有时候家长自身的身体活动行为对孩子参与身体活动会起到促进作用，家长榜样的作用是很大的。

家长 1：让他学轮滑，我也会跟着他一起学，学的时候我比他摔得还要多。我跟他说，再试一遍，加油！然后在旁边陪着他，他再次尝试的时候一定要陪着他，因为你不陪着他，他就可能放弃了。

他学骑自行车时，你骑车给他看，他觉得不难，是可以做到的事情，他才会去做，才愿意去尝试，等他兴趣上来了，他就会自己主动去做。

8.2.4　家庭体育物理环境对青少年身体活动的影响

从访谈结果来看，身体活动参与程度高的孩子，家庭及其周边的物理环境为他们提供了可供选择的锻炼器材、锻炼场地以及培训机构等。与之相反，身体活动参与程度低的家庭，如家庭 2、家庭 4 和家庭 10 中的体育锻炼器材是严重缺乏的。

孩子 2：篮球还是我上幼儿园的时候买的……家里没有乒乓球拍，想打的话就到邻居家去借……

我们小区有个游泳池，水放干的时候，就可以在里面踢球，没有足球，就拿一个放了气的篮球在那里踢着玩。

孩子 4：爸爸答应给我买个足球，到现在也没有给我买……

孩子 10：有时候，我与弟弟在门口打羽毛球，妈妈不让我们打，门口车太多，担心不安全。

另外，家庭所在的区域不同，其周边所拥有的体育设施也不同。家庭 2、家庭 4 和家庭 10 居住于郊区，可以明显看出，其周边的体育设施是匮乏的。家庭 1、家庭 3 虽然同样居住在郊区，但家庭 1 居住在学校附近，而家庭 3 在自家工厂的院子里建起了篮球架。即使这样，家长 3 说道："本来还想送孩子去学学武术，但培训的地方太远了，非常不方便。"即使居住在市区的家长 11 也在访谈中抱怨道："以前广工（学校）有一些露天的乒乓球台，现在那些台都烂掉了，没地方打球了。"家长 5 遇到了另外一个问题，他说："以前我住在我母亲那，打篮球很方便，现在我搬到这边来了，没有场地，很少打篮球了，偶尔回母亲家打打球。"

可见，家庭及家庭周边的体育设施是限制人们从事身体活动的一个重要因素，由于身体活动的坚持性本身很脆弱，当外界环境变化时，很容易导致身体活动行为的放弃，当个体打算去从事某项运动时，如果没有具备从事这项运动的设施、场地，就会极大地挫伤个体参与的积极性和内部动机。孩子 2、孩子 4 和孩子 10 身体活动的缺乏，消极的家庭体育物理环境（缺乏可达性的场地、器材）是其中的重要因素之一。

8.2.5 锻炼动机对青少年身体活动的影响

在前面的研究中，我们发现家庭体育环境影响了青少年的身体活动，这是从外部条件来考察的，但所有外部条件都要经过内因起作用。因此，青少年所具有的心理因素——锻炼动机是密切影响身体活动参与的内部因素。从我们与孩子的访谈中可以看出，身体活动参与程度不同的孩子其锻炼动机的类型是不一样的。

访谈员：周末一般情况下，你会做一些什么样的运动呢？

孩子2：在家，有时候到爸爸工地干活，有时候跟同学出去逛逛。看见别人练跆拳道，自己也乱踢踢。

访谈员：如果你爸爸送你去学跆拳道，你愿意吗?

孩子2：（摇头）浪费钱，而且我也学不会……

访谈员：如果现在有很多运动项目让你选择，你会选择什么项目？

孩子2：嗯……，我也不知道选什么。

访谈员：想一想，你有没有喜欢的运动项目，玩起来感觉很开心的运动项目？

孩子2：没有，在学校，老师要我们做一些跑步、踢球之类的运动，我其实都不愿意去。

孩子2虽然对其他人练习跆拳道感到好奇并模仿，但让她去学习，她认为自身能力不足，同时也感觉没有必要。可见，她对体育运动没有任何积极性，即使是在学校，也是被迫参与运动，其锻炼动机属于外部调节。孩子10在访谈中，也表达了与孩子2类似的想法。

访谈员：那你没想过要去学舞蹈、篮球、羽毛球、足球或者说其他的项目？

孩子10：嗯。想过，但是总是因为没有时间，所以就没有去报。我还是不愿意，因为我爸爸妈妈这样（忙），爸爸要送货，妈妈还要做饭，一般不在店里做饭，还要到家里做饭，所以就没有，我就不去报了。

访谈员：你去锻炼或者说你去跳绳、跑步，是你自己喜欢这些运动吗？是什么原因让你参加这些运动？

孩子10：我不是很喜欢运动，怕摔跤，怕被同学嘲笑……，跑步我也跑不快，跑一圈我感觉很累。

可见，孩子10没有体验到运动的乐趣，反而把运动当成一种负担，同时，也感觉自身的运动能力不足，没有锻炼动机的自主性，与孩子 2 一样，锻炼动机处于外部调节的水平。

孩子 8 是一名高中生，在访谈中她说道："学校上体育课的时候，做完热身就解散，自由活动，解散后我就回教室写作业。周末一般在家宅着，我一向体育细胞不发达，体育不怎么样，因为我本身不喜欢体育锻炼，体育锻炼都是为了应付考试（中考）和老师的要求。"显而易见，孩子 8 是在外部压力下参与了体育锻炼，其锻炼动机属于外部调节。

与身体活动参与程度低的孩子相比较，高参与度的孩子们却表达了对运动完全不一样的态度与体验。

孩子 1：我喜欢和朋友一起打篮球，虽然我个子不高，但我可以打后卫。为了练远投，我专门练习哑铃来提高手（臂）的力气。

我现在不是校队的，我想练好技术进校队。我想成为像艾弗森、库里和欧文那样的……

孩子 3：我很享受这个过程，就是融入集体的那种感觉，我们队非常团结，打球时出现了错误，我们都不埋怨，大家相互鼓励。

在打球的时候，我非常投入，忘掉了其他事情。

孩子 5：因为我感觉跳舞就很放松，很自在，没有约束。

小时候就很喜欢舞蹈，然后爸妈就带我去跳芭蕾，然后又跳拉丁，然后就觉得都挺好。上了初中就看到我们学校有很多（同学）跳舞很好的，他们都跳街舞之类的，我发现也不错，然后就喜欢上了。我一般是在家练好了才会在别人面前展示。

跳舞的话，老师和同学表扬我我很开心，如果是打篮球的话，别人打篮球都会叫我，就觉得挺好的。

孩子 7：篮球现在是我生活的一部分，如果我很长时间不打球的话，我会觉得学习很累，学习没有动力，它能调节我生活和学习上的压力。

比如说代表学校去打区赛，打不过人家，就有一种自己练了那么久都白练了的感觉，就感觉很沮丧，但也是自己水平的问题啊，然后就会想办法去提高自己的水平，就会更积极地去训练，或者把打球的效率再提高一点，让自己练得更多一点，更精一点。

作为一个团队，就是面对对手的时候，我们一出现问题，大家会积极地想办法去解决这个问题，会积极地面对这个问题，同时也会应对接下来的挑战，大家训练都很积极。

孩子11：和我同学一起玩很开心，因为大家一起那样打球就很热闹，我们都很认真，很投入，有时候很刺激啊，情绪也跟着输赢而变化，如果赢的话那肯定很兴奋，输的话有时候也很失落。其实，我还想通过打篮球，使自己的身体变强，能长高一点。

身体活动参与程度高的孩子们都纷纷描述了自己在运动过程中的感受，以及他们喜欢运动的原因。自我决定理论认为，当个体的自主性、能力感和关联性得到满足时，会极大地促进对某种行为的参与和坚持。孩子们都表达了希望能够和朋友或同学一起运动，因为这样能满足他们的认同感和归属感，这是关联性的一种体现。孩子们同样表达了在运动过程中的自由感，能忘记烦恼，能投入其中，能感受到其中的刺激与喜怒哀乐，这是自主性的一种体现。为了能提高技术，能进入校队，能击败对手，都在不断努力地提高自己的能力，这是能力感的一种体现。他们都喜欢自己的运动项目，都对运动充满热烈的激情和浓郁的兴趣，他们在运动中是快乐的。他们的锻炼动机属于自主性动机类型（认同调节、整合调节和内部调节）。

8.2.6 家庭体育环境对锻炼动机的影响

家庭体育环境包括家庭体育物理环境、家庭体育行为环境和家庭体育心理环境，这些环境因素是外部条件，能够激起个体的身体活动行为，能满足个体某种需要。个体的行为不仅受内部力量的驱使，外部刺激在行为唤起中也起着重要作用。特别重要的是，家庭体育环境在培养和激发青少年的锻炼动机中起着关键作用。父母在培养孩子锻炼动机的过程中，可能是直接或间接、有意识或无意识的。

家长7：他是从幼儿园的时候一直跟着我，我训练学生打篮球，他就自己在旁边玩，他当时一直到小学都没有什么特别的爱好。有时候带着他，有意识地让他跟过来玩一玩、练一练，他自己的同班同学，像他一样没有特别爱好体育项目的，孩子们在家没有什么事情干，就是看电脑打游戏，没有一个活动项目天天这样不行，我训练的时候就是带着他加入到我们的球队里面来。

招队员的时候就把他的同学也招进（篮球队）几个，因为在一个球队里面要有人跟你配合，有人陪你玩，因为自己一个人练习是很枯燥的，自己练一下就不想玩了，他的同学招进来后，他慢慢地就有一些兴趣了，当他不想练的时候，他的其他同学会拉着他一起玩，同学会影响到他。

我又给他创造了条件，带过来之后每天慢慢训练，刚开始还是不喜欢的，只是玩，没有达到兴趣这个地步，那个时候有意识地带他们去外面参加比赛，经过比赛，区里面的市里面的，参加比赛肯定是有赢有输，赢的时候表扬他刻苦了，输了就指出哪个地方不好。经过一个对比他就觉得体育竞技就是为了争那一口气，他们同学就说要把这个练好，把那个练好，慢慢之后就憋了那一口气。他的同学就会拉着他过来一起练习，到一定地步，年龄越大碰到的对手技术越高，经过不断练习，慢慢地每天都进步了，慢慢兴趣就培养出来了，原来周末的时候就看看电视啊，现在一到周末他就和同学去“天体”（天河体育馆）打球，慢慢地就形成了他自己的体育爱好小圈子。

这段访谈充分讲述了一位父亲培养孩子锻炼动机的心路历程。为了使孩子的练习不那么单调和枯燥，他把孩子的同学或伙伴召集到一起进行训练，通过同伴的力量来让孩子坚持枯燥的训练。因为每个人都有与他人关联的需要，有一种归属的需要，归属于他人，为他人所接受，这种关联性的需求是与生俱来的心理需求，这位父亲通过满足孩子关联的需要来培养孩子锻炼动机。

另外，这位父亲通过比赛杠杆的作用，来检验孩子们的能力，给予孩子们充分展示自我的平台，当取胜时归因于他们的刻苦与努力，当失败时归因于他们存在一些不足，激励孩子们自主训练，提高他们的能力。一方面让孩子们感觉他们是有自主性的，另一方面培养了孩子的责任心，促进责任感和自我价值感的发展，对于培养和激发锻炼动机尤为重要。

虽然其他家长没有像家长 7 这样有技巧性地去培养孩子的锻炼动机，但他们也在无意中培养了孩子的动机。例如，家长 3 说道：“暑假的时候，他会让他的朋友来我这打暑假工，那时候我安排他们一起打球，一起爬山，他非常高兴，因为他有同伴。”家长 11 在访谈中说道：“他爸爸见他没有与朋友一起运动，也要求他约朋友打球。”所有家长都通过自身的榜样、鼓励、支持来强化孩子锻炼的动机。

反观身体活动参与程度低的家庭，缺乏父母培养孩子锻炼动机的过程，甚至产生抑制孩子锻炼动机的行为。例如，家庭 2 的家长有时候利用跑步来惩罚孩子，这种行为可能让孩子认为体育锻炼是一种惩罚，从而对体育锻炼形成消极态度。

身体活动参与程度高的孩子，其家庭中都有多种可供选择的体育器材，家庭周边也有可供他们自由选择的场地，这些因素也是强化孩子锻炼动机的重要因素，孩子的自主性的需要可以在一定程度上得到满足。

8.3 讨 论

8.3.1 家庭体育环境对身体活动影响的讨论

Birchwood[1]等人研究指出，家庭体育文化的传递是决定个人参与运动的主要因素。从本研究调查的家庭来看，可以把这些家庭分为两类，一类是运动型家庭，而另一类是非运动型家庭。两类家庭的父母具有不同的身体活动的价值信念，同时给孩子提供了不同的家庭体育行为环境和物理环境。父母对孩子参与身体活动的价值信念是一种思维模式，这种思维模式左右父母的思考、感受和行动。身体活动的价值信念或思维模式影响父母看待孩子身体活动的行为，以及父母所做的决定。当某个思维模式启动时，它会带来一系列的想法、情绪和目标，这些会决定父母对孩子参与身体活动的后续行动或反应。父母对孩子参与身体活动的信念会成为父母自身不可分割的一部分，因为一旦赋予情景某种意义，那么随后的行为以及这一行为的某些结果也将由这一意义所决定，即“如果我们认为情景是真实的，它就会产生真实的结果”[2]。

运动型家庭的父母对孩子参与体育活动具有明确的、具体的和多样性的价值信念，如培养孩子责任感、塑造孩子的性格、培养孩子正确的生活方式、培养孩子良好的交际能力、培养孩子健康的体格、发展孩子处理问题的能力和为孩子未来发展做准备（升学）。而非运动型家庭的父母对孩子参与体育锻炼没有特别的价值信念，但都认为孩子参与体育锻炼具有健身作用，这种信念可能是来自社会的一种常识性认识，而不是来自自身参与身体活动的切身体会。需要强调的是，并不是说没有运动经历和体验的父母就不能培养出运动型的孩子，而是说，非运动型家庭没有正确的“体育文化”的信念，并且其家庭所构成的网络中可能也不具备正确的“体育文化”信念，体育锻炼在他们的生活中极少出现，即使偶尔出现，也是处于极其次要的地位，甚至可有可无，这一点在对其家长的访谈中得到佐证。

运动型家庭的父母会对孩子参与身体活动持一种积极的态度，这种积极的态度会在行动中表现出来。他们投入了一定的时间、精力和财力在孩子体育锻炼方面。

---

〔1〕 BIRCHWOOD D, ROBERTS K, POLLOCK G. Explaining differences in sport participation rates among young adults: evidence from the south caucasus [J]. European Physical Education Review, 2008, 14 (3): 283 -298.

〔2〕 高明华. 父母期望的自证预言效应农民工子女研究 [J]. 社会, 2012, 32 (4): 138 -163.

具体而言，父母会在日常生活中运用一些具体的策略和行为（直接的和间接的、有意的和无意的）来促进孩子们参与体育锻炼。运动型孩子的父母都有一个共同点，就是从小就让孩子参与各种不同的运动项目，并努力让孩子坚持参与运动。同时，他们尊重孩子自己的选择，如果孩子不喜欢某些运动，他们也不再勉强，充分给予孩子自主性。在孩子比较小的时期（小学阶段），父母通过与孩子一起运动、观看孩子参加各种比赛、及时地鼓励和评价等多种方式来支持他们参加体育锻炼。而在中学后，父母通过督促，提供各种体育装备、资金来继续支持他们参与体育锻炼。与此相反，对身体活动持消极态度的父母（非运动型家庭的父母），不会太关注锻炼带来的各种好处，也很少通过自身实际的体育锻炼来改善健康状况，他们把不参加体育锻炼归因于没时间、工作累，甚至会干扰或阻碍孩子参与身体活动，如认为孩子参与身体活动是不务正业、浪费时间。这会导致孩子成为身体活动的消极参与者。

父母的行为并不是自动地传递意义，而是经由解释被赋予意义。孩子知道“父母如何看待他参与身体活动”，知道自己在父母眼中是怎样的人，孩子会逐渐认可父母所传达的信念，并按父母所传达的信念行事。

8.3.2　家庭体育环境对锻炼动机影响的讨论

自我决定理论认为，人天生就有三种基本心理需求，即自主性、能力感和关联性。自主性和能力感构成了理解内在动机的基础，能力感对于探究动机和应对挑战是至关重要的，发展能力是个体生来就有的一种倾向，特别是对具有新颖性和挑战性的事物，个体会好奇地做出反应，并在此过程中发展自己的能力。但是，人们在体验到能力感之前必须体验到自主性。自主性属于那些没有外部控制或影响的情况下产生的行为，自主行为不需要外部控制。关联性来自归属感，要实现归属感需要价值内化，就是内化支配合作行为的许多重要规则，内化的过程中会产生自主性。需要强调的是，自主性并不意味着独立、分离或自私。相反，而是活动与任何行动相伴随的意志感。关联性产生于“共同命运感”。人具有追求这三种基本需求的本能，一旦这三种基本需求被满足，行为的坚持性就极有可能发生。

运动型家庭为孩子提供了各种可用的体育设施，体育设施的可用性和易达性促进了孩子的自主性动机，培养了孩子的锻炼能力，创造了关联性的机会。运动型家庭的孩子能够自由自在地选择自己喜欢的锻炼方式，孩子有足够的选择不同锻炼器材和场地的权利，这能极大地促进孩子的自主性。自主性需求的满足有助于孩子参与和维持身体活动。而非运动型家庭不能为孩子提供锻炼的设施，孩子身体活动就会受阻，一方面直接减少孩子锻炼的机会，另一方面降低了孩子锻炼的自主性动机。

家庭为孩子提供各种体育锻炼的设施，提高了孩子锻炼的自主性，增加了孩子锻炼的频率和机会。在长期的锻炼过程中，孩子的技能、体能得到提高，孩子能力感的增强，使孩子能够胜任各种锻炼项目。有的孩子与同伴一起玩耍时，不敢表现自己，甚至有些孩子会排斥自己不擅长的锻炼项目或游戏，其主要原因是孩子没有锻炼的能力，孩子在与同伴的比较中感到失落，这种能力感或胜任感的缺乏，会让孩子遭受到嘲笑，从而伤害孩子的自尊心和自信心。可见，能力感的增强，对于增强孩子参与身体活动是极其关键的影响因素，而能力感增强的唯一途径就是不断地练习与实践。

孩子锻炼机会的增加，为孩子与同伴的关联创造了机会，孩子们在各种身体活动或玩耍游戏中相互了解，相互认可和接纳，孩子们会感到一种归属感，各自会在这一集体中找到自己的角色，确立自己的身份，甚至形成一种所谓的“命运共同体”，关联性的满足会提高孩子参与身体活动的积极性，孩子会遵守集体的规则，会内化参与身体活动或游戏的价值，增强孩子参与身体活动的内部调节动机。

父母通过榜样、鼓励和提供后勤支持等培养了孩子自主性动机。社会学习理论提出了学习发生的三种普遍机制，其中观察学习或模仿是重要的机制之一，人们经常通过观察他人而习得社会态度和行为。在观察学习中，父母是孩子重要的信息来源。观察学习可以在没有任何外部强化的情况下发生。父母爱好身体活动，能为孩子树立身体活动的榜样。家庭有良好的锻炼氛围并经常组织家庭成员参与锻炼，增加了青少年身体活动的机会，孩子有可能通过模仿父母，从父母那里学到更多身体锻炼的手段和技术，增强孩子的锻炼能力，让孩子获得能力感，能力感的增强让他们从锻炼中体验到不同运动的乐趣，让他们体验到成功的喜悦，增强了孩子的自我效能。

鼓励作为一种支持的机制能增强孩子锻炼的信心，给予孩子身体活动积极的反馈，这种积极的反馈让孩子感受到父母的态度以及对自身行为的肯定和关注，培养了孩子身体活动的自尊心和自信心，强化了孩子的自主性动机。

8.4 结 论

通过案例分析，我们发现父母关于体育锻炼的价值信念、父母所提供的行为环境和物理环境都影响到青少年的锻炼动机和身体活动，支持了前面所提出的 6 个研究假设。具体的研究结论如下。

（1）运动型青少年参与的运动项目具有集体性、技能性等特征。

（2）父母越有明确的、具体的和多元性的体育价值信念，其孩子越有可能参与更多的身体活动。

（3）父母各种实际行为如支持、鼓励和榜样等能促进孩子参与身体活动。

（4）充足的、可用的体育设施有利于青少年身体活动的参与。

（5）运动型青少年，其锻炼动机属于自主性动机；而非运动型青少年，其锻炼动机属于外部调节。

（6）父母关于孩子参与身体活动的价值信念及其所实施的行为影响孩子的锻炼动机。

9 结论、启示与展望

9.1 结 论

本文对广州市中小学生的锻炼动机、身体活动进行了调查，对青少年的家庭体育环境进行了测量。在整合社会生态模型、自我决定理论和期望价值理论的基础上，探讨了家庭体育环境、锻炼动机和身体活动三者之间的关系。现将研究结论呈现如下。

（1）家庭体育物理环境问卷分为 8 个维度，包括家庭球类器材、力量练习类器材、家庭大型健身器材、家庭小型健身器材、户外健身器材、户外场地、移动电子媒介和固定电子媒介。其中，前 6 个维度可以进一步概括为一个高阶因子，命名为“家庭体育设施”。问卷的内部一致性信度、结构效度指标良好，达到统计学测量的要求。

（2）家庭体育行为环境问卷分为 10 个维度，具体分为家庭支持（身体活动榜样、身体活动偏爱、行动鼓励、口头鼓励、后勤支持）、家庭屏幕氛围（屏幕榜样、屏幕偏爱和利用屏幕）、玩耍限制和屏幕限制，问卷的内部一致性信度、结构效度指标达到统计学测量的要求。

（3）家庭体育心理环境问卷分为 5 个维度，分别是工作价值、能力期望、工作难度、失败心理代价和重要他人期望，问卷的内部一致性信度、结构效度指标达到统计学测量的要求。

（4）锻炼行为调节问卷分为 5 个维度，分别是外部调节、内摄调节、认同调节、整合调节和内部调节，问卷的内部一致性信度、结构效度指标达到心理学测量的要求。青少年日常身体活动问卷具有较好的重测信度与结构效度。

（5）中、高收入家庭在户外健身器材、力量练习类器材、移动电子媒介、家庭大型健身器材上的得分显著高于低收入家庭；低收入家庭在行动鼓励、口头鼓励、屏幕限制、后勤支持上的得分显著低于中、高收入家庭；低收入家庭在失败心理代价维度上的得分显著高于中、高收入家庭；低收入家庭重要他人期望得分显著高于中、高收入家庭。

(6) 中、高文化程度家庭在家庭球类器材、户外健身器材、移动电子媒介、力量练习类器材、家庭大型健身器材和户外场地上的得分显著高于低文化程度家庭；低文化程度家庭在身体活动榜样、行动鼓励、口头鼓励、后勤支持、身体活动偏爱及屏幕限制上的得分上显著低于中、高文化程度家庭，在屏幕榜样、玩要限制上的得分显著高于中、高文化程度家庭；低文化程度家庭在失败心理代价上的得分显著高于中文化程度家庭。

(7) 外部调节男女生不存在差异性；在内摄调节、认同调节、整合调节和内部调节上男生的各类动机水平都显著高于女生。小学生在锻炼动机的各个维度上的得分都比较高；初中生在自主性动机上的得分比较高而外部动机得分低；高中生的外部动机得分高，自主性动机得分低。

(8) 男生的身体活动水平显著高于女生，特别是高强度身体活动；低、中年级身体活动水平显著高于高年级；核心家庭孩子的身体活动水平显著低于主干家庭孩子的身体活动水平。

(9) 家庭球类器材、户外健身器材、家庭小型健身器材、户外场地能显著预测身体活动，其他维度不能显著预测；外部调节负向显著预测身体活动，而内摄调节、认同调节、整合调节和内部调节显著正向预测身体活动；父母支持的各维度能显著预测中高强度身体活动，家庭屏幕氛围各维度负向预测身体活动；屏幕限制、玩要限制正向预测身体活动；工作价值、能力期望正向预测身体活动，而工作难度、失败心理代价负向预测身体活动。

(10) 锻炼动机在家庭体育设施与身体活动之间起中介作用；自主性动机在固定电子媒介与身体活动之间起中介作用；锻炼动机在家庭体育行为环境和身体活动之间起中介作用；锻炼动机在家庭体育心理环境和身体活动之间起中介作用。

(11) 以父母身体活动信念为核心，家庭支持为动力，物理环境为保障，三者共同作用是促进孩子身体活动的直接机制；家庭体育设施的可用性、易达性和父母的榜样、鼓励和后勤支持等满足孩子的自主性、能力感和关联性，增强孩子的自主性动机是促进孩子身体活动的间接机制。

9.2 研究启示

规律的身体活动对青少年是必要的，青少年从中能获得身体的、心理的和社会的收益。但从本研究调查的青少年身体活动的现状来看，超过 50% 的青少年没有达到每天锻炼 1 小时的标准。大多数青少年似乎处于一种久坐不动的生活状态，这可能归因于各种环境因素，而目前的环境因素可能更容易抑制身体活动而加强静止性的生活方式。社会生态模型认为青少年身体活动受多种因素影响，包括个体、人际间、政策等方面。而家庭是其中一个很重要的因素，因为家庭是青少年居住的地方，青少年大多数时间在家庭中度过。家庭环境因素对身体活动的影响已经有一些证据，但理解动机和家庭环境之间的相互作用对身体活动的影响显得非常必要。以往的研究中，环境因素不包括心理环境，而本研究将心理环境因素纳入环境这一概念。为此，本研究探讨了家庭体育物理环境、家庭体育行为环境和家庭体育心理环境与锻炼动机、青少年身体活动的作用关系。

研究结果显示，家庭体育环境能直接影响青少年的身体活动，同时还通过锻炼动机间接影响身体活动。本研究为我们以家庭为基础促进青少年身体活动提供了理论支撑和实践指导，本着提高青少年锻炼动机和身体活动水平的目的，提出了以下几点启示。

9.2.1 从家庭体育物理环境角度促进青少年自主性动机和身体活动的启示

本研究为促进青少年身体活动带来的启示是：改变既定的物理环境能有效影响青少年的身体活动，身体活动的促进者们在特定的情境中设计出的“友好”的身体活动环境对促进青少年规律地参与身体锻炼非常重要。“友好”的身体活动环境是指一个有适当的体育器材和空间有助于个体进行身体活动的环境。例如，有安全、干净的场地方便青少年进行各种身体活动，便利的、可用的各种体育器材和场地等。

本研究的家庭体育物理环境虽然仅仅考虑到家庭及家庭周边（社区或街道）的环境，但对学校环境也一样具有指导意义。学校同样是青少年生活与学习的重要场所。为此，家庭、社区和学校能为青少年提供合适的体育资源去支持他们结构性的和非结构性的身体活动，对促进他们的身体活动是非常有效的。家庭、社区和学校为青少年提供充足的体育设施和运动器材，有助于满足他们的自主性心理需求，提高他们的内部动机或内化外部动机，驱使他们自愿地从事各种身体活动。例如，家庭、社区和学校能为青少年提供充足的、高品质的运动器材和空间，使他们能有不同身体活动的选择和机会，就会在很大程度上满足他们自主性的需求。

自我决定理论认为，人类有三种基本心理需要：自主性、能力感和关联性。自主性和能力感是构成内在动机的基础，在人们体验能力感之前必须体验到自主性。自主性属于那些在没有外部控制或影响的情形下产生的行为，自主性行为不需要外部控制。自我决定理论表明，人类生来就倾向于对挑战做出系统的反应，并在此基础上发展能力。当青少年有充足的、高品质的运动器材和空间进行身体活动时，可有效提高他们的运动技能，让他们感知到参与运动的能力感。能力感的基本心理需求得到满足，对维持身体活动行为非常有益。同样地，青少年具有了各种运动项目的选择机会，为他们相互之间的交流提供了更多的机会，特别是集体运动项目，可培养青少年的集体感、归属感，他们能明确自己在团队中的角色，自己能被其他同伴所认可，为了实现关联性或归属感，他们会内化支配合作行为的许多重要规则，他们不会感到团队控制了他们，而是感到自己处于变化的核心，产生一种“共同命运感”。为此，家庭、社区和学校应为青少年创造一个“需求－支持”环境，让他们产生更多的自主性、能力感和关联性的动机，从而满足他们的基本心理需求。心理需求的满足在环境因素和青少年自主性动机之间起着重要的中介作用，正如本研究结果表明的一样，自主性动机能显著影响身体活动。

9.2.2 从家庭体育行为环境角度促进青少年自主性动机和身体活动的启示

为青少年提供充足的、多样的体育设施有助于激发他们锻炼的内部动机，促进身体活动参与的坚持性。物的支持是基础，为青少年锻炼提供了可能性。对孩子而言，静止性活动似乎比身体活动更具竞争力，此时，重要他人的支持显得格外重要，特别是父母的支持本身就是孩子身体活动的动力源。家庭体育行为环境与锻炼动机、身体活动关系的研究结果带来的启示是：一方面，父母需要参与到孩子身体活动中去，并对孩子身体活动给予积极的社会性支持和反馈；另一方面父母要限制孩子静止性活动。限制孩子静止性活动，能直接减少青少年久坐不动行为，也为他们参与身体活动提供了时间和空间。父母支持，特别是自主性的支持提高了孩子参与身体活动的内部动机，这些支持包括父母身体活动榜样、父母鼓励的话语、安慰和许可参与身体活动，也包括后勤支持，如为孩子提供交通的便利、为孩子付费参与运动培训或购买运动装备。

父母参与的意义在于为孩子提供角色楷模和经验的诠释；父母参与其中才能从孩子的视角更好地理解孩子的情感，理解孩子真正的需求，尊重孩子自己的决定和目标设置过程，为孩子扫清各种障碍；父母参与其中才能提供积极、合理和及时的信息反馈，同时要强调坚持和努力的重要性。如前所述，孩子天生就具有三种基本心理需要，即自主性、能力感和关联性。父母要为孩子提供更多不同的锻炼机会，提供可供选择的身体活动，满足孩子的自主性需求；父母通过激励孩子努力地练习，提高身体活动的技能和体能，满足能力感的需求；父母让孩子参与到其他同龄孩子的身体活动中去，让孩子感受到关联性。满足孩子三种基本心理需求，可以激发内部动机和提高参与身体活动的坚持性。需要注意的是，当父母给孩子设立身体活动目标时，要切实可行，目标既不能太难实现，也不能很容易达到，需经过一番努力才能达到的目标最能激发内部动机。在对孩子进行评价时，父母应以鼓励、肯定为主，聚焦于孩子自身能力的提高而少一些横向的社会性比较，尽量少一些批评的言语，避免伤害孩子的内部动机。

9.2.3 从家庭体育心理环境角度促进青少年自主性动机和身体活动水平的启示

家庭体育心理环境主要测量了父母对孩子参与身体活动的期望和价值信念。Frome 和其同事的研究发现，父母的榜样作用不影响孩子的态度，但父母关于孩子学业成绩的信念与孩子感知到的能力和成绩期望直接相关，而与孩子过去的成绩没有关系[1]。这说明父母的信念影响孩子的感知、动机和行为。从某种程度上说，父母的信念比父母本身的行为更重要，父母的行为可能被其信念影响，父母对孩子参与身体活动的信念包括对孩子从事身体活动的价值的认识、对孩子能力的感知、目标取向以及孩子参与身体活动的理由。本研究结果显示，父母的价值信念直接影响孩子参与中高强度的身体活动，同时也影响锻炼动机，父母的能力期望通过锻炼动机间接影响身体活动。该研究结果给我们的启示是：拓展父母关于身体活动促进健康的知识，让父母树立正确的身体活动的信念。

知识与信念是不可分的，父母如果没有理解和掌握关于身体活动促进健康的知识，就不可能形成正确的信念。如何让父母掌握更多的关于身体活动促进健康的知识，从而形成正确的身体活动的信念？笔者认为可以从以下几个方面着手：第一，加强家庭、学校的联系与互动。学校体育教师是运动健身的从业者，他们掌握着丰

---

〔1〕 FROME P M, ECCLES J S. Parents' influence on children's achievement – related perceptions. ［J］. Journal of Personality & Social Psychology, 1998, 74 (2): 435.

富的体育技能和健身知识。通过学校组织运动健身知识的讲座，父母参与到健身知识的讲座中去，获得相关知识。第二，社区、街道可以开展以家庭为单位的小型运动会，让家长参与到运动中去，通过运动实践来获得相关知识。第三，相关政府部门可以编写运动健身知识的小册子，派送到千家万户，指导家庭健身。

9.2.4　从锻炼动机角度促进青少年身体活动的启示

本研究表明了锻炼动机在家庭体育环境与身体活动之间起中介作用，锻炼动机是青少年参与身体活动的内部机制。因此，父母需要激发和培养孩子的锻炼动机，这是最为关键的一点。

第一，满足青少年追求乐趣的需要。体育锻炼的魅力之一就是具有鲜明的挑战性、趣味性。可让青少年通过自己的努力，感受到战胜挑战后的成功喜悦。为此，根据青少年的自身能力设置相应的运动项目，其难度要适中。

第二，满足青少年归属集体的需求。归属感是每个人的心理需求，青少年参与体育锻炼，其中最重要的一个因素就是与同伴们一起玩耍，希望能得到同伴们的认可与接纳。父母可以让孩子多参加一些集体项目。

第三，创造青少年展示自我能力的平台。青少年掌握一定的技能后，可以创造一些机会，让他们参与到比赛中去，通过比赛来展示他们的能力，并对比赛结果进行正确的引导与归因，激发青少年进一步提高自身能力。

第四，合理运用强化手段。父母对孩子的各种支持、鼓励都要及时、有度。对好的表现要肯定，对不足的地方要提出合理的改进措施，以口头表扬为主，物质奖励要尽量少。

第五，给予自主权，培养青少年责任感。给予青少年自主性，可以加强自主性动机，增强责任感和自我价值感。让青少年自己规划体育锻炼，制订锻炼计划，则他们会有更强烈的责任感去执行制订的计划。

9.3　研究局限与未来展望

9.3.1　研究局限

（1）本研究青少年身体活动的测量采取的是主观回忆法，测量可能存在误差。由于青少年回忆的特点，特别是小学生非结构性的身体活动非常多，学生准确无误地回忆一周的全部身体活动的确有困难。另外，对每次身体活动时间的准确把握也是一个挑战，以往文献经验表明，青少年回忆身体活动的时间总量可能高于实际时间。还有一些不可避免的偶然事件对学生的身体活动也存在影响，如天气因素，学校、家庭组织的活动都可能影响学生的身体活动。总之，对身体活动的测量一直是困惑研究者们的问题。

（2）抽样方面存在不足。由于人力、财力、时间和社会资源等因素的限制，不能从全国各地进行问卷调查工作，仅对广州的中小学生进行了调查，在调查过程中没有采取完全随机抽样的方法进行抽样，而是采取了方便抽样的方法，样本数据的来源具有一定的局限性，难免有失偏颇，研究结论的普遍性受到限制。

（3）本文的数据是通过学生和父母填写调查问卷收集而来的，虽然学校领导或班主任对问卷的填写做了严格要求，但父母问卷是在业余时间完成的，父母填写问卷的主观性可能较强，填写问卷的意愿与态度会影响数据的准确性，这可能增加了测量的误差，从而影响测量的可靠性。

（4）在研究设计方面，本研究采取的是因果模型来探讨变量间的因果关系。但本研究调查的是横截面的数据，本质上仍然反映的是变量之间的相关关系，没有纵向考查学生和父母在各变量上的动态变化特征。严谨的因果关系应该采用纵向研究，受时间、经历、经费和资源等条件的限制，笔者很难在读博的有限时间内完成。

9.3.2 未来展望

鉴于本文的不足和未经研究之处，笔者对今后的研究做以下几点展望。

（1）在身体活动测量方面，可以采取加速度计对青少年的身体活动进行客观测量，将主观回忆与客观测量结合起来进行评价，最大限度地减少身体活动测量的误差。

（2）在抽样方面，可以在不同地区选取不同的受试者进行研究，扩大样本数量，提高样本的代表性，使研究结论更具有普遍性。

（3）研发适合我国特点的家庭体育环境问卷。本研究的家庭体育环境问卷，是在国外相关问卷的基础上，结合我国情况改编而来的，在此基础上，可以对现有的家庭体育环境问卷进一步完善，准确反映我国的家庭体育环境，更全面地反映我国父母与孩子在身体活动互动中的行为，从而使家庭体育环境问卷更适合我国文化。

（4）可以采取纵向的跟踪研究或准实验研究，对青少年的身体活动、锻炼动机进行跟踪调查，描绘变量的动态特征。也可以设计准实验，具体可以通过让父母掌握健身方面的知识，改变父母的身体活动的信念，指导父母制定促进孩子身体活动的策略，改善家庭体育物理环境，加强父母对孩子身体活动的自主性支持等方式对家庭体育环境进行改变，进而对比实验前后孩子锻炼动机和身体活动的变化，来检验家庭体育环境的影响。

（5）在父母问卷填写方面，可以与相关学校合作，通过学校将学生家长统一组织起来，采取同一时间、同一地点、同时测量的方法来收集信息，减少调查的随意性，增强问卷的可靠性。

附　录

附录一

问卷一　家庭体育行为环境问卷（初版）

亲爱的家长：

您好！我们正在进行一项有关家庭与孩子体育锻炼的研究。下面的句子是关于您及您配偶对孩子进行体育锻炼的限制与支持，请您根据描述的情景结合自己实际的做法来选择答案，并在相应的数字上打上“√”。

否定←	1	2	3	4	5	→肯定
	从不	很少	有时	经常	总是	

例如，当您被问到“您同意孩子加入运动团队或俱乐部吗？”这一问题时，备选答案 1、2、3、4、5 所表达的意思如下：

如果对您来说，您完全不同意孩子加入运动团队或俱乐部，就请您选择数字“1”。

如果对您来说，大多数情况下不同意孩子加入运动团队或俱乐部，就请您选择数字“2”。

如果对您来说，有时候同意孩子加入运动团队或俱乐部，就请您选择数字“3”。

如果对您来说，大多数情况下同意孩子加入运动团队或俱乐部，就请您选择数字“4”。

如果对您来说，您完全同意孩子加入运动团队或俱乐部，就请您选择数字“5”。

请您放心，您所填写的信息仅用于课题组研究，感谢您的支持！

	从不	很少	有时	经常	总是
1. 当孩子在家玩耍时，他/她应该保持安静	1	2	3	4	5
2. 当孩子在室外玩耍时，我经常要求孩子不要到处跑	1	2	3	4	5
3. 当孩子表现好时，我会把体育锻炼或身体活动作为一种奖励	1	2	3	4	5
4. 周一至周五，我会严格控制孩子看电视或视频的时间	1	2	3	4	5
5. 当孩子表现好时，我会将看电视、电影或玩电子游戏作为一种奖励	1	2	3	4	5
6. 当孩子在家玩耍时，他/她能使用玩具和体育器械进行身体活动（如大肌肉活动像跑、跳、翻滚等）	1	2	3	4	5
7. 当孩子在室外玩耍时，我经常要求孩子保持衣服干净	1	2	3	4	5
8. 我会经常将体育锻炼或玩耍作为完成其他事情的交换条件（如你完成作业后，我才让你到外面去打球）	1	2	3	4	5
9. 周六至周日，我会严格控制孩子看电视或视频的时间	1	2	3	4	5
10. 当孩子表现不好时，为了惩罚孩子，我会禁止孩子看电视、视频或玩电子游戏	1	2	3	4	5
11. 当孩子在家玩耍时，我经常要求他/她安静下来	1	2	3	4	5
12. 当孩子在室外玩耍时，我经常要求孩子保持安静	1	2	3	4	5
13. 我经常会将让孩子额外地到外面玩耍当作一种奖励	1	2	3	4	5
14. 周一至周五，我会严格控制孩子玩电子游戏的时间	1	2	3	4	5
15. 我经常会将让孩子额外地看电视、玩电子游戏或看视频当作一种奖励	1	2	3	4	5
16. 当孩子在室外玩耍时，我经常会要求孩子不要把衣服弄脏	1	2	3	4	5
17. 我经常用体育锻炼或身体活动来控制孩子的行为	1	2	3	4	5
18. 周六至周日，我会严格控制孩子玩电子游戏的时间	1	2	3	4	5
19. 我经常将看电视作为一种手段来控制孩子的行为（如如果你不安静下来，就不准看电视）	1	2	3	4	5
20. 我不允许孩子天黑之后在外边进行身体运动或玩耍	1	2	3	4	5
21. 我经常会因为孩子的坏行为而不允许他/她到外面玩	1	2	3	4	5
22. 我一直控制孩子看电视的时间	1	2	3	4	5
23. 当孩子空闲在家时，我会控制孩子看电视的时间	1	2	3	4	5
24. 我会有意让孩子远离电脑	1	2	3	4	5
25. 我们家都喜欢体育活动	1	2	3	4	5
26. 我的家庭会经常把体育锻炼作为一种休闲活动	1	2	3	4	5
27. 我喜欢体育锻炼	1	2	3	4	5
28. 在常规一周里，我会经常告诉孩子久坐不动的习惯不利于健康	1	2	3	4	5
29. 我经常会参与孩子的体育运动会、体育比赛、体育课程或体育培训（如观看孩子的各种体育比赛和表演）	1	2	3	4	5

续表

	从不	很少	有时	经常	总是
30. 我认为每天不需要太多的锻炼	1	2	3	4	5
31. 我喜欢和孩子一起看电视	1	2	3	4	5
32. 我会尝试让孩子走路或骑自行车，即使孩子不想这样做	1	2	3	4	5
33. 我会密切注意孩子看电视和玩电子游戏的时间	1	2	3	4	5
34. 我经常用自己的行为去鼓励孩子进行体育锻炼	1	2	3	4	5
35. 在常规一周里，我会经常送我的孩子到外面去玩，以便我有时间做自己的事	1	2	3	4	5
36. 有时候，我们家为孩子付费进行体育锻炼或体育培训	1	2	3	4	5
37. 我喜欢和其他人一起运动	1	2	3	4	5
38. 在我的空闲时间里，我喜欢看电视或电影	1	2	3	4	5
39. 我会随时观察孩子进行足量的锻炼	1	2	3	4	5
40. 我会密切关注孩子进行体育锻炼的次数和总量	1	2	3	4	5
41. 我喜欢和孩子一起进行体育锻炼	1	2	3	4	5
42. 我会经常告诉孩子体育锻炼对身体健康有好处	1	2	3	4	5
43. 我会经常参与到孩子的体育活动中去	1	2	3	4	5
44. 我不想过多地谈论参与体育锻炼	1	2	3	4	5
45. 在常规一周里，我经常与我的孩子一起看电视或者视频	1	2	3	4	5
46. 我会尽可能地让孩子徒步或骑自行车外出玩耍（不管有没有父母陪伴）	1	2	3	4	5
47. 我会经常用我的行为鼓励我的孩子久坐不动	1	2	3	4	5
48. 我会因为我的孩子参与体育活动而表扬他/她	1	2	3	4	5
49. 在常规一周里，我经常送我的孩子去锻炼	1	2	3	4	5
50. 我喜欢谈论我所从事的身体活动或将要做的某些事情	1	2	3	4	5
51. 在常规一周里，我会经常因为天气不好而为孩子打开电视或视频	1	2	3	4	5
52. 在常规一周里，我的孩子会经常听到我说太累了不想进行身体锻炼	1	2	3	4	5
53. 在常规一周里，我会经常说一些事情去鼓励孩子参与体育活动	1	2	3	4	5
54. 在常规一周里，我会为孩子到外面进行体育培训或进行体育活动提供交通方便	1	2	3	4	5
55. 和其他事情相比，我认为体育锻炼不是很重要	1	2	3	4	5
56. 在常规一周里，我的孩子会经常看见我看电视或视频	1	2	3	4	5
57. 在常规一周里，我的孩子会经常听到我谈论体育锻炼方面的事情	1	2	3	4	5
58. 在常规一周里，我会经常尽量让孩子进行身体活动而不是让孩子看电视	1	2	3	4	5

续表

	从不	很少	有时	经常	总是
59. 在常规一周里，我经常教我的孩子一些运动项目	1	2	3	4	5
60. 我不喜欢体育锻炼后那种汗淋淋或疲劳的感觉	1	2	3	4	5
61. 在常规一周里，为了更好地做一些事情，我会为孩子打开电视或电脑或其他视频媒介	1	2	3	4	5
62. 在常规一周里，我的孩子会经常看到我进行体育锻炼	1	2	3	4	5
63. 在常规一周里，我会经常说一些鼓励的话让孩子不要久坐不动	1	2	3	4	5
64. 我同意孩子加入运动团队或俱乐部（如足球、篮球、舞蹈）	1	2	3	4	5
65. 我认为锻炼或身体活动并不是多么有趣	1	2	3	4	5
66. 我或配偶经常与孩子进行大强度体育锻炼（如游泳、跑步、跳绳等）	1	2	3	4	5
67. 我经常鼓励孩子运用自家周围的资源进行体育锻炼（如公园和学校）	1	2	3	4	5
68. 我经常让孩子加入能进行身体运动的社区项目中	1	2	3	4	5
69. 我经常进行 30 分钟或中高强度身体活动	1	2	3	4	5
70. 我或配偶经常与孩子进行中等强度体育锻炼（如慢跑、快走、骑自行车等）	1	2	3	4	5
71. 我经常给孩子说一些增加运动或锻炼自信的话语	1	2	3	4	5
72. 我会寻找途径让孩子在假期的时候能进行体育锻炼（如让孩子参加夏令营）	1	2	3	4	5
73. 当孩子运动时我会密切关注并给予反馈	1	2	3	4	5
74. 我会让孩子选择自己喜欢的运动	1	2	3	4	5
75. 我会以各种方式帮助孩子进行锻炼	1	2	3	4	5
76. 我会为孩子购买体育锻炼的装备	1	2	3	4	5

家长知情同意书

尊敬的家长：

您好！

本人是上海体育学院博士研究生，期望了解您孩子的健康信息和身体锻炼的情况。同时，我们也希望了解您对孩子进行体育锻炼的一些看法。因此，我们希望您和您的孩子能帮忙填写一份与健康教育和体育锻炼有关的问卷，您所提供的客观、真实的信息会帮助我们更好地了解这个问题。您的孩子所要填写的问卷内容大致和您目前所填写的问卷内容相似。

参与本次研究纯属自愿性质，学生和家长可自行决定是否参与，也可在调查过程中自由退出。本次研究所收集的个人资料仅作为整体统计计算，个人信息不会公开，个人的测试结果绝对保密。

麻烦您将填写完的问卷连同家长知情同意书，请孩子带回学校交给老师。您孩子将会在老师的引导下填写问卷，请您放心。

不论您的答复如何，都非常感谢您的配合与协助！

学生班级：________年级________班级

请在符合您想法的位置打“√”

■我同意孩子填写问卷____________________

■我不同意孩子填写问卷__________________

家长签名：____________________________

附录二

问卷二 家庭体育物理环境问卷

以下是对您家中的体育设施、电子产品及您家附近体育设施的调查，请您评价家中或家附近是否有该器材，并评价自己使用该器材的频率。例如，评价等级共分为六级："0" 表示没有该器材，"1" 表示非常少使用，"2" 表示比较少使用，"3" 表示有时候使用，"4" 表示经常使用，"5" 表示很多次使用。

家中的体育器材

	没有该器材	非常少使用	比较少使用	有时候使用	经常使用	很多次使用
1. 篮球	0	1	2	3	4	5
2. 足球	0	1	2	3	4	5
3. 排球	0	1	2	3	4	5
4. 羽毛球	0	1	2	3	4	5
5. 乒乓球	0	1	2	3	4	5
6. 网球	0	1	2	3	4	5
7. 棒球/垒球	0	1	2	3	4	5
8. 毽子/沙包	0	1	2	3	4	5
9. 旱冰鞋/溜冰鞋/滑板	0	1	2	3	4	5
10. 跳绳	0	1	2	3	4	5
11. 呼啦圈	0	1	2	3	4	5
12. 其他（请举例）：		1	2	3	4	5

家中的健身器材

	没有该器材	非常少使用	比较少使用	有时候使用	经常使用	很多次使用
13. 跑步机	0	1	2	3	4	5
14. 椭圆机	0	1	2	3	4	5
15. 握力器/扩胸器/臂力器	0	1	2	3	4	5
16. 弹力绳/弹力带	0	1	2	3	4	5
17. 瑜伽垫/瑜伽球/瑜伽砖	0	1	2	3	4	5

续表

	没有该器材	非常少使用	比较少使用	有时候使用	经常使用	很多次使用
18. 哑铃/杠铃	0	1	2	3	4	5
19. 自行车	0	1	2	3	4	5
20. 跳舞机	0	1	2	3	4	5
21. 其他（请举例）：		1	2	3	4	5

家中的电子产品

	没有该产品	非常少使用	比较少使用	有时候使用	经常使用	很多次使用
22. 电视机	0	1	2	3	4	5
23. 笔记本	0	1	2	3	4	5
24. 台式电脑	0	1	2	3	4	5
25. 手机	0	1	2	3	4	5
26. 平板电脑	0	1	2	3	4	5
27. wifi/宽带	0	1	2	3	4	5
28. DVD	0	1	2	3	4	5
29. 其他（请举例）：		1	2	3	4	5

家附近（步行 10～15 分钟的路程范围内）的体育设施

	没有该器材	非常少使用	比较少使用	有时候使用	经常使用	很多次使用
30. 广场或空地	0	1	2	3	4	5
31. 漫步机/扭腰机/背部按摩器	0	1	2	3	4	5
32. 秋千/滑梯	0	1	2	3	4	5
33. 沙盒/沙坑	0	1	2	3	4	5
34. 篮球场	0	1	2	3	4	5
35. 网球场	0	1	2	3	4	5
36. 羽毛球场	0	1	2	3	4	5
37. 排球场/足球场	0	1	2	3	4	5
38. 乒乓球桌	0	1	2	3	4	5
39. 游泳池	0	1	2	3	4	5
40. 其他（请举例）：		1	2	3	4	5

附录三

问卷三 家庭体育心理环境问卷

以下的问题是关于您对孩子参加体育活动情况的评价，请根据您的真实情况，考虑下面的语句，并在您觉得最符合您想法的地方打“√”。

1. 您觉得孩子的运动能力有多好？	1. 一点也不好	2. 不好	3. 不确定	4. 好	5. 很好
2. 如果将孩子与其他同龄的孩子的运动能力从最差排到最好，您会把孩子排在哪里？	1. 最差	2. 差	3. 不确定	4. 好	5. 最好
3. 您觉得孩子今年的运动表现如何？	1. 很差	2. 差	3. 不确定	4. 好	5. 很好
4. 您觉得您的孩子今年体育课中的运动表现如何？	1. 很糟	2. 糟糕	3. 不确定	4. 好	5. 很好
5. 和其他学生比较，您预期您的孩子的运动表现如何？	1. 差很多	2. 差	3. 不确定	4. 好	5. 很好
6. 跟班上大部分同学比起来，您觉得运动对孩子而言有多难？	1. 很简单	2. 简单	3. 不确定	4. 难	5. 很难
7. 通常您觉得运动对孩子而言有多难？	1. 很简单	2. 简单	3. 不确定	4. 难	5. 很难
8. 跟学校其他科目比起来，您觉得体育对孩子而言有多难？	1. 很简单	2. 简单	3. 不确定	4. 难	5. 很难
9. 您觉得孩子要多努力才能在体育课上得到好成绩？	1. 一点点努力	2. 稍微努力	3. 不确定	4. 努力	5. 很努力
10. 您觉得孩子要多努力才能把运动技能表现得更好？	1. 不用很努力	2. 稍微努力	3. 不确定	4. 努力	5. 很努力
11. 您觉得孩子要多努力练习，体育课考试才能得到好成绩？	1. 一点点努力	2. 稍微努力	3. 不确定	4. 努力	5. 很努力
12. 和其他科目比起来，要把体育学好，您觉得孩子要付出的努力必须比其他科目	1. 少很多	2. 少一点	3. 不确定	4. 多	5. 多很多

续表

13. 您担心孩子运动时会做不好	1. 经常如此	2. 有时	3. 不确定	4. 偶尔	5. 从未如此
14. 您担心孩子运动时会表现不好	1. 经常如此	2. 有时	3. 不确定	4. 偶尔	5. 从未如此
15. 您担心孩子运动时表现不好会被别人取笑	1. 经常如此	2. 有时	3. 不确定	4. 偶尔	5. 从未如此
16. 您的孩子运动时曾被别人取笑	1. 经常如此	2. 有时	3. 不确定	4. 偶尔	5. 从未如此
17. 学校的大部分老师希望您的孩子参与运动	1. 愈多愈好	2. 多点好	3. 不确定	4. 少点好	5. 愈少愈好
18. 您希望您的孩子参与运动	1. 愈多愈好	2. 多点好	3. 不确定	4. 少点好	5. 愈少愈好
19. 同学或朋友希望您的孩子参与运动	1. 愈多愈好	2. 多点好	3. 不确定	4. 少点好	5. 愈少愈好
20. 您觉得孩子有多喜欢运动?	1. 很不喜欢	2. 有点喜欢	3. 不确定	4. 喜欢	5. 很喜欢
21. 通常，您觉得运动对孩子而言	1. 很无聊	2. 无聊	3. 不确定	4. 有趣	5. 很有趣
22. 学校中所学到的运动技术与知识，对于孩子校外的日常生活	1. 一点用都没有	2. 有点用	3. 不确定	4. 有用	5. 很有用
23. 学会高超的运动技术对于孩子毕业后想做的事以及就业	1. 不是很有用	2. 有点用	3. 不确定	4. 有用	5. 很有用
24. 您觉得孩子付出努力去学习更好的运动技术值得吗?	1. 很不值得	2. 不值得	3. 不确定	4. 值得	5. 很值得
25. 您觉得孩子能在运动方面做出高难度的动作重要吗?	1. 一点都不重要	2. 有点重要	3. 不确定	4. 重要	5. 很重要

附录四

问卷四　青少年日常身体活动问卷

以下问卷大约需要 15 分钟，请根据自己平时生活和参加体育及休闲活动的习惯填写。

姓名：　　学校：　　班级：　　性别：□1 男□2 女　出生日期：　　年　月　日

活动项目	你是否经常参加这项活动？	星期一至星期五总共参加了多少分钟？	星期六至星期日总共参加了多少分钟？	在这些活动中，你有无吃零食的习惯？1 从不、2 很少、3 有时、4 经常
例如：看电视/影碟	是√　否	300 分钟	270 分钟	3
1. 上课（文化课）	是　否			
2. 做作业/课外补习	是　否			
3. 看电视/影碟	是　否			
4. 上网	是　否			
5. 玩电脑游戏/游戏机	是　否			
6. 看课外书	是　否			
7. 乘车上下学	是　否			
8. 其他（如聊天、练习乐器等）	是　否			

活动项目	你是否经常参加这项活动？	星期一至星期五		星期六至星期日		自我感觉	组织类型
		总共参加了几次？	总共参加了多少分钟？	总共参加了几次？	总共参加了多少分钟？	①轻松②有点累③很累	①学校②个人
例如：跑步	是√ 否	2	40分钟	1	15分钟	②	②
9. 排球	是 否						
10. 篮球	是 否						
11. 足球	是 否						
12. 羽毛球	是 否						
13. 乒乓球	是 否						
14. 手球	是 否						
15. 广播操	是 否						
16. 舞蹈	是 否						
17. 健身操	是 否						
18. 体操（引体向上、仰卧起坐、俯卧撑等）	是 否						
19. 武术	是 否						
20. 跑步	是 否						
21. 跳高	是 否						
22. 跳远	是 否						
23. 投掷	是 否						
24. 跳绳	是 否						
25. 游泳	是 否						
26. 轮滑/旱冰	是 否						
27. 踢毽子	是 否						
28. 游戏	是 否						
29. 骑自行车	是 否						
30. 步行	是 否						
31. 劳动	是 否						
32. 上下楼梯	是 否						
33. 其他（注明：　　）	是 否						

附录五

问卷五 锻炼行为调节问卷

亲爱的同学们：

你们好！我们正在进行一项有关青少年参加体育活动的研究，非常需要你帮忙填写这份问卷。问卷中所有问题没有标准答案，你填写的答案没有对错之分，请你依照自己最真实的感觉和平时的体育活动来回答就可以了。如果有不会的生字或有任何问题，请举手问老师，不要私下互相交谈或看别人的答案。请记住要回答所有题目，不要遗漏！

问卷中提到的“体育锻炼或体育活动”包括散步、跑步、羽毛球、乒乓球、篮球、足球、跳绳、游泳、轮滑、排球、健美操、广场舞、街舞、跆拳道、武术（太极拳）、骑自行车、体育游戏、各种身体练习和各种民族体育项目等。

请同学们先看看这个范例，然后按照范例回答后面的题目。

在下面的调查中，很多问题的答案分成了 5 个等级，请根据你的实际情况来选择最合适的答案。

否定←	1	2	3	4	5	→肯定
	非常不同意	大部分不同意	一半同意	大部分同意	非常同意	

例如，当你被问到“体育锻炼是很好的娱乐活动”这一问题时，备选答案 1、2、3、4、5 所表达的意思如下：

如果对你来说，体育锻炼完全不是娱乐活动，就请你选择数字“1”。

如果对你来说，大多数情况下体育锻炼不是娱乐活动，就请你选择数字“2”。

如果对你来说，体育锻炼一半是娱乐活动而一半不是，就请你选择数字“3”。

如果对你来说，大多数情况下体育锻炼是娱乐活动，就请你选择数字“4”。

如果对你来说，体育锻炼完全就是娱乐活动，就请你选择数字“5”。

最后，请注意：你填写的答案是你真实的情况或感受，而不是你认为应该这样！

感谢你的合作，下面开始回答！

请根据你的真实情况，在合适的选项上“√”。

	非常不同意	大部分不同意	一半同意	大部分同意	非常同意
1. 我进行身体锻炼是因为其他人说我应该这样做	1	2	3	4	5
2. 我不锻炼时我会感觉内疚	1	2	3	4	5
3. 我重视锻炼的益处	1	2	3	4	5
4. 我锻炼是因为它有趣	1	2	3	4	5
5. 我不理解我为什么必须去锻炼	1	2	3	4	5
6. 我锻炼是因为它和我的人生目标一致	1	2	3	4	5
7. 我锻炼是因为我的朋友、家人和同学说我应该这样做	1	2	3	4	5
8. 当我错过锻炼时我感到很羞愧	1	2	3	4	5
9. 规律的锻炼对我非常重要	1	2	3	4	5
10. 我不能理解为什么我对锻炼反感	1	2	3	4	5
11. 我认为锻炼是我身份的一部分	1	2	3	4	5
12. 我喜欢我的锻炼课程	1	2	3	4	5
13. 我锻炼是因为如果我不这样做其他人不会喜欢我	1	2	3	4	5
14. 我不能理解锻炼的意义	1	2	3	4	5
15. 我认为锻炼是我成之为我最基本的一部分	1	2	3	4	5
16. 有时不锻炼感觉自己像一个失败者	1	2	3	4	5
17. 我认为努力使自己规律地锻炼非常重要	1	2	3	4	5
18. 我发现锻炼是一项快乐的活动	1	2	3	4	5
19. 我锻炼是因为我感受到了来自朋友和家人的压力	1	2	3	4	5
20. 如果我不锻炼我会焦躁不安	1	2	3	4	5
21. 我从锻炼中获得了快乐和满足	1	2	3	4	5
22. 我认为锻炼是在浪费时间	1	2	3	4	5
23. 我认为锻炼和我的价值观一致	1	2	3	4	5